ベル・フックスの
「フェミニズム理論」
―周辺から中心へ―

ベル・フックス[著]

野﨑佐和　毛塚翠[訳]

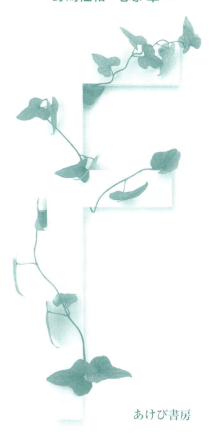

あけび書房

姉妹たち──アンジェラ、グウェンダ、ヴァレリア、テレサ、サラへ
わたしたちが分かち合ってきたすべてのために
わたしたちが一緒に乗り越えてきたすべてのために
そして、今も続いている親密さのために

訳者まえがき

　本書は2015年に出版された『フェミニズム理論　周辺から中心へ』3版を翻訳したものです。初版は1984年ですから、上梓されてから33年ということになります。

　著名なフェミニストというだけでなく、教師であり、アメリカを代表する思想家であり、文明批評家としての多彩な顔を持つベル・フックスの30冊を超える著作の中でも本書は彼女の代表作とされています。

　今回、出版に際して、訳者の判断で、章タイトルのみであった全ての章に小見出しをつけ、かなりの改行を加えました。古典ともいうべき文献に手を入れる難しい作業に何度もくじけそうになりながら、最後までやり通すことができたのは何としても若い人に読んでもらいたいという気持ちからです。願いどおり、本書は小見出しや改行に慣れた日本人にもなじみやすい仕上がりになったのではないかと思います。

　この本を最初に訳したのは18年前、高校3年生だった娘に読ませたかったからです。現在、娘は36歳、二児の母親として子育てに忙しい毎日を送っています。当時、自分でプリントアウトした冊子に添付したまえがき「高校生のあなたに」という文章はネット上で読むことができます。興味のある方は検索してみてください。（あけび書房ホームページの本書欄ご参照）

　また、出版のために共訳者の毛塚さんと本書を訳し直してみて改めて思ったのは、執筆されて33年経っているのにもかかわらず、その内容がまるで古びていないということです。目線がきわめて低いこと、一見容赦ないように見えて実は優しいことなど、ベル・フックスの良さはたくさんありますが、彼女の本当にすごいところは人間にとって何が普遍的な問題なのかを見抜く力を持っていることなのです。

　今、フェミニズムにある種の偏見があることは否めない事実です。偏見ならまだしも、若い人たちにとって、フェミニズムはそういえば昔そんなこともあったぐらいの認識しかないというのが本当のところでしょう。そのためにフェ

訳者まえがき　　1

ミニズムについて学ぶ機会もなく、自分の抱えている問題がフェミニズムの問題であることに気づいていないことも少なくありません。

　フェミニズムを学びたいという人にとって、現代フェミニズム思想の教本の一冊として位置づけられている本書は十分に答えてくれるものだと思います。ただ、わたしは、何だか生きづらさを感じている人、自分のパートナーや家族との関係がうまくいかないという人、女性であっても男性であっても構いません、そういう人にこそ本書を手に取ってほしいのです。

　些細な問題だと思っていたことが実は深刻なフェミニズムの問題だったということもあるからです。

　かつて、女性として、妻として、そして母としての「あるべき」生き方にがんじがらめになったわたしが救われたように、あなたの抱えている問題を解き明かす糸口が、もしかしてこの本のなかに見つかるかもしれません。

　ご一読いただければ幸いです。

2017年９月　　　　　　　　　　本書共訳者　野﨑佐和

ベル・フックスの「フェミニズム理論」

もくじ

訳者　まえがき………1
原著者　謝辞・序文………8

第1章 黒人女性—フェミニズム理論を形づくる………18

ベティ・フリーダンとその著書『女らしさの神秘』
女性の現実に対する一面的な見方
「共通の抑圧」という概念
ブルジョワ的イデオロギー
抑圧された集団の一員としての批判
黒人女性を沈黙させようとする企て
黒人女性の特異な世界観

第2章 フェミニズム—性差別をなくすための運動………39

フェミニズムとは一体何なのか
リベラル・フェミニスト
フェミニストを表明しない女性たち
ラディカル・フェミニスト
ライフスタイルとしてのフェミニズム
社会運動としてのフェミニズム
性差別をなくすための運動

第3章 フェミニズム運動—その重要性………59

「男性は女性の敵である」という戦略上の失敗
すべての抑圧を根絶する闘いの第一歩
家庭生活を肯定する
基本理念としてのフェミニズム

第4章 シスターフッド—社会運動としての連帯………70

シスターフッドの意味と価値

犠牲者としての女性の絆

内なる性差別主義

連帯を阻む人種差別主義

白人至上主義

人種差別主義を学び直す

「内面化された」人種差別主義

女性間の差異

階級差別と階級闘争

性差別、人種差別、そして階級差別による分断

対立から連帯へ

第5章 男性—闘いの同志たち………101

フェミニズム運動は「女の仕事」？

反男性的な感情

分離主義と反男性的な立場の合流

男性のための意識高揚（CR）グループ

男性を洗脳する性差別主義的なイデオロギー

男性と日常を共にする

「男性解放運動」

闘いの同志たち

第6章 パワー—力の見方を変える………122

女性と権力

新しい価値体系を模索する

決断力を備えた役割モデル

力の見方を変える

『弱者の力』
消費者としての力

第7章 仕事—その本質を問い直す………137

ブルジョワ階級の偏見
非白人女性たちが抱いた危惧の念
女性の貧困
新しい経済プログラム
家事の価値
仕事の本質を問い直す

第8章 女性を教育する—取り組むべき課題として………152

識字能力の重要性
戸別訪問による口伝え
「言い換える」能力
理論と実践の対立
反知識主義

第9章 暴力—根絶するための運動………163

増大する女性への暴力
家庭内暴力
資本主義と男性支配
「暴力の輪」
暴力と愛情の同一視
軍国主義と家父長制
帝国主義の企て
社会秩序の手段としての暴力

第10章 子育て—画期的な育児………182

ゆゆしき障害物としての母性
母性への関心の高まり
父性と母性
男性の子育てに対する責任回避
性差別主義的でない子育て
画期的な育児

第11章 セクシュアリティ—性的抑圧に終止符を打つ………200

「性解放」
セクシュアリティの規範を変える
異性愛しか認めない考え方
「あるべき」セクシュアリティの基準
性的抑圧に終止符を打つ
セクシュアリティを解放する

第12章 フェミニズム革命—闘いをつうじた発展………214

革命の過程としての改革
反乱としてのフェミニズム
今、求められるリーダー
失望し、去っていった女性たちへ

訳者 あとがき………224
項目索引・人名索引………226
引用・参考文献一覧………233
原著者・訳者紹介………238

謝 辞

　フェミニズム運動に積極的にかかわっている女性や男性のなかで、すべての女性が生活や仕事において幸運に恵まれてきたわけではない。実際のところ、そうした女性たちはごく少数しかいなかった。わたしたちの多くは、滅多に支援してもらうことも認めてもらうこともできずに、一人きりでフェミニズムの闘いを強いられるような状況や環境のなかで生きている。

　『わたしは女ではないの？　黒人女性とフェミニズム』（1981年）を執筆していた頃、わたしはたった一人でその仕事に取り組んでいた。そして、この本が出版されることによって、フェミニズムの活動家、特に黒人女性のフェミニズム活動家たちともっと親しくなることができるだろうと期待していた。

　皮肉なことに、フェミニズム運動にかかわっているもっとも歯に衣着せぬ言い方をする黒人女性のなかには、わたしの執筆した本やわたしをまるでくずのように扱う反応を示す者もいた。仕事に対する重く厳しい評価は覚悟していたが、敵だとは思ってもいなかった、そして今でも敵だと思っていない女性たちから、あれほどの敵意と侮辱を示されようとはまったく予想だにしていなかった。そうした反応にもかかわらず、わたしは今でも彼女たちと共にフェミニズムの闘いに身を捧げている。このことが意味しているのは、わたしたちはひとつの見解に縛られることなくフェミニズムに取り組むことができるということである。

　そして、それはまさに、わたしたちが基本的にコミュニケーションの能力を持っているということであり、社会運動として身を挺するなら、わたしたちは一緒に話し合うことも闘うこともできるはずだということなのである。しかし、不幸なことに、人は建設的な対立を恐れずに向き合うよりむしろ、無視し、退け、拒絶しがちである。あるいは互いに傷つけさえしがちである。

　もし、わたしの本を読むことによって、自分の人生における性差別の影響やフェミニズム運動の重要性について考え直したり、あるいは初めて考えたりせざるを得なくなった黒人女性たちの圧倒的な支持を得られなかったら、わたしはひどく失望し、幻滅していたにちがいない。そうした彼女たちや他の多くの女性や男性のおかげで、わたしは孤立しないで本書を執筆することができた。

わたしはとりわけ、妹であるヴァレリアとグウェンダ、友人であり同志でもあるビヴァリー、仲間のネイト、そしてサウス・エンド・プレス出版社の人びとによる心遣いと賛同に対して感謝している。こうした励ましによって、わたしのフェミニズム運動に対する取り組みは新たな力を得ることができた。

　そして、フェミニズムに関する書物の価値はそれがフェミニズムの活動家にどう受け入れられるかだけでなく、フェミニズムの闘いの外側にいる女性や男性をどれだけ引きつけられるかによって決められるというわたしの信念は強められたのである。

1984年　　　　　　　　ベル・フックス

序 文 （新版）

灯火

　フェミニズム運動は今もなお、世界のなかで起こっている社会正義のための
もっとも力強い闘いのひとつであり続けている。

　わたしが、フェミニズムに関する最初の著作『わたしは女ではないの？　黒
人女性とフェミニズム』の草案を書きあげたのは19歳のときだった。その本
が出版されたのは、それから10年ぐらい後だった。そして、その10年の間に、
わたしはフェミニズムに関する理論を構築することにさらに没頭するようにな
った。

　現代フェミニズム運動について、しばしば人は当初から、あたかも基盤とし
ての一連のフェミニズムの原則や信条が存在していたかのように話をしがちで
ある。あるいは記述しがちである。しかし実際には、フェミニズムという反乱
が1960年代後半に始まったとき、そうした一連のフェミニズムの原則や信条
は多くの場合、それまで互いの存在も知らない女性間の多様な背景のなかから
現れたのである。明確に定義された綱領など何もなかったのである。

　ベティ・フリーダンが、特権階級の高等教育を受けた白人女性に影響を及ぼ
している性差別を訴えるために「名前のない問題」について執筆していたと
き、セプティマ・クラーク、エラ・ベイカー、ファニー・ロー・ハマー、アン・
ムーディといった黒人女性たちは、全米の黒人女性とともに、黒人市民権運動
の内部にあった性差別主義と闘っていた。そして、白人女性たちは、黒人解放
運動を勝手になぞらえ、自分たちの性差別主義に対する抵抗運動を女性解放運
動、すなわちウーマンリブと称した。

　誰が「ウーマンリブ」という言葉を「最初に」使ったのかは知らない。そし
て、そのことは重要ではない。重要なのは、現代フェミニズム運動の歴史をひ
もとくことによって分かったのは、女性たちがあらゆるところで性差別主義と
闘っていたということである。そうした女性たちの出会いと話し合いを発端と
して、その集団的な反乱はウーマンリブとして人びとの間に広まり、後に発展
してフェミニズム運動となった。

　フェミニズムの闘いは、時や場所を選ばず、それが女性であろうと男性であ

ろうと、人が性差別主義、そして性差別主義的な搾取や抑圧に抵抗するときに起こるものである。ある集団の人びとが家父長制を根絶するために組織として統制のとれた戦略で共に行動を起こすとき、その行動はフェミニズム運動なのである。

わたしがフェミニストとしての意識を持つようになったのは、家父長主義的な家庭で育ったためである。わたしのフェミニストとしての反抗は、父親の家父長主義的な信念に対して、そして余分な教育を受けることは自分の娘が真の女性になるための「妨げ」になるのではないかという母親の不安に対して、自分から進んで高等教育を選択することによって始まった。フェミニズム運動に参加したのは大学２年生のときだった。キャンパスではどこでも若い女性たちが急進的な社会問題（黒人解放闘争、社会主義、反戦、そして環境問題における権利）に取り組んでいたが、わたしたちが関心を持っていたのはもっぱらジェンダー問題だった。

ウーマンリブを立ちあげてきた活動家たちの業績を利用しながら、あるいは行動宣言や声明書を作成しながら、あらゆるところで女子学生たちは、過去を検証するよう奨励された。そして、秘められた物語やフェミニズムの遺産を見つけだし、明らかにするよう奨励された。そうした作業が起こることによって、女性を中心とした別の分野の学問——フェミニズム理論——が生まれたのである。最初の頃のフェミニズム理論は、過去の歴史や忘れ去られた女性活動家や作家たちなどを掘り起こすことに焦点を絞ったフェミニズムの学問や社会学的な視点から女性の生活の現実を記録する仕事とは違って、性差別主義的なジェンダーの役割を批判的に検証し、考え直してみる場だった。

それはまた、運動のための革命的な青写真——そのとおりにすれば、わたしたちを家父長主義的な文化の変革にまで導いてくれるはずの青写真——を提供してくれるためのものでもあった。1970年代後半までに、フェミニズムの思想家たちは1960年代後半の急進主義から現れてきたフェミニズム思想の弁証法的な批評に着手していた。そして、そうした批評が新しいビジョンのフェミニズム理論の基盤を形づくることになった。

フェミニズムの思想と実践は、同盟を結んだ急進的な有色女性や白人女性が「ジェンダー」こそ女性の運命を左右する主要な要素であるという考えに厳密に挑み始めたとき、根本的に変わった。初めて出席した女性学のクラスは、わたしを除いた全員が白人女性であり、そのほとんどが特権階級の出身者だっ

た。わたしが、子どもが子宮から産まれるときもっとも重要だと思われる要素はジェンダーであるとする支配の起源についての議論を妨げたとき、それがクラス全員をどんなに狼狽させたか今でもありありと思いだすことができる。

　わたしは、黒人の両親の子どもが子宮から産まれ出るとき、最初に重要視される要素は肌の色であり、それからジェンダーであると言い切った。なぜなら、人種とジェンダーがその子どもの運命を左右するからである。ジェンダー、人種、そして階級の連動する本質を受け入れることは、フェミニズム思想の方向性を変化させる視点だった。

　フェミニズム運動の初期において、わたしたちが気づいたことは、ジェンダー、人種、そして階級が結びつき、女性の運命を左右しているという現実を受け入れるのはそれほど難しいことではないということだった。難しいのはむしろ、そのことがどのようにして具体的にフェミニズムの実践を形づくり、特徴づけるのかを理解することだった。

　フェミニストたちはしばしば、一般大衆を基盤にしたフェミニズム運動をつくりあげる必要性について話し合ったが、そうした運動を立ちあげるためのしっかりした基盤などどこにもなかった。ウーマンリブ運動は、狭い土台の上に形づくられてきたというだけではなく、何よりもまず特権階級（そのほとんどが白人）の女性に関係する問題にしか注意を呼び起こさなかった。

　わたしたちは、一般大衆を基盤にした運動のための考えや戦略を示してくれる理論を必要としていた。そうした理論が、ジェンダー、人種、そして階級の理解に根ざしたフェミニズム的な視点からわたしたちの文化を検証してくれるに違いなかったからである。そうした必要性に答えて、わたしは本書『フェミニズム理論　周辺から中心へ』を執筆したのである。

　今日、フェミニズムにたずさわっている人が、ジェンダー、人種、そして階級を喚起することはそれほど珍しいことではなくなってきた。しかし、その多くが白人で特権階級の出身だったフェミニズム思想家が当初、こうした物の考え方に対して寛大ではなかったことはしばしば忘れられている。人種、性、階級的な視点からジェンダーについて語ろうとする急進的で革命的なフェミニズム思想家は、運動を破壊したり、運動の焦点を違ったものにしてしまったりする裏切り者として告発された。そして、わたしたち黒人女性の著作も無視され、酷評されることが多かった。また、学術的ではないとか、あまりにも挑発的だとかと考えられることも少なくなかった。

当時、わたしたち黒人女性や有色女性は、白人の同志たちに人種について語るよう奨励されることが多かった。しかし一方で、フェミニズム運動の他の点についてのわたしたちの考えはすべて無視された。わたしたち黒人女性は、幅広いフェミニズム的な関心事を訴えるフェミニズム理論をつくりあげる責務を共有することで、こうしたわたしたちの物の見方に対する封じ込めに事実上、抵抗した。こうした責務が本書の倫理的な基盤である。

　フェミニズム運動のもっとも肯定的な側面のひとつは、特有の批評や論争のある知的な環境を今までずっと育んできたことである。そのなかには有色人種の女性たちの声も含まれるが、急進的な考え方をする人びとの声をすくいあげることで、フェミニズムの理論と実践の様相は変化することになった。その見識不足によって誤った考えを持つに至った多くの白人女性は、拒絶されたにもかかわらず、そうした拒絶を克服し、過去において自分たちがジェンダーについてどのように語ってきたか、どのように記述してきたかを新たに検証し始めた。

　わたしたちの社会において、フェミニズム運動のように自己批判的であり続けてきた社会運動は他に存在しなかったし、今でもそうした運動は他に存在しない。必要とあればその方向性を変えることも辞さないフェミニストたちの姿勢が、フェミニズムの闘いの強さとバイタリティの大きな源であり続けてきた。いかなる社会の仕組みの変革においても、そうした自浄作用はもっとも大切なものである。わたしたちの人生が固定したものでも静止したものでもなく、いつも変化しているように、わたしたちの理論は新しい情報に対して、流動的で、オープンで、そして敏感であり続けなければならない。

　本書『フェミニズム理論　周辺から中心へ』が出版された当初、それは新しいビジョンを待ち望んでいたフェミニズム思想家によって歓迎され、賞賛された。しかし、個々の読者はこの理論を「挑発的」「人心を騒がす」と感じ、書評には「情け容赦のない詳細な分析」といった言葉が用いられた。そして、当時の主流派フェミニストは本書やいずれの他のフェミニズム理論を「あまりにも批判的」あるいは「あまりにも過激」と解釈し、完全に無視した。

　フェミニズムの世界はまだ、明確なビジョンを持つ本書『フェミニズム理論　周辺から中心へ』を受け入れる準備ができていなかったのである。より多くのフェミニズムの思想家（なかでも特に白人女性）がゆっくりと、人種、性、そして階級を視野に入れた視点からジェンダーを考察することを受け入れ

序文（新版）　13

るようになるにつれて、わたしの仕事の真価もそれなりに注目され始めた。今では、本書は現代フェミニズム思想を肯定的に、そして建設的に変えていく明確なビジョンを持った教本のなかの一冊として位置づけられている。

本書で示されているフェミニズム運動のための青写真は、驚くほど完成されたものである。そして、それは以前と同じようにわたしたちの現在の状況に対して今日的な意義を持ち、わたしたちが今でもなお切実に必要としている一般大衆を基盤としたフェミニズム運動を立ちあげるためのガイドラインを提供している。そして、最近の多くのフェミニズム理論に比べて、はるかに理解し易い言葉で書かれており、言葉を広めるために一般的な言語を見出したいというフェミニストの望みを具体的な形で実現している。

フェミニズムの学問と理論は、この本が初めて出版された1984年当時から、この社会のほとんどの人びとの生活とは遠くかけ離れたものになってしまっている。こうした隔たりが、フェミニズムという思想は自分たちとはあんまり関係のないもの、重要ではないものと多くの人びとに思わせてしまった。わたしは本書のなかで、すべての人びとに訴えかけることのできるフェミニズムに関する書物が必要とされていることを強調している。なぜなら、それがなければ、批判的な意識を育てるフェミニズム教育は起こり得ないからである。

フェミニズム運動は、帝国主義的で、白人至上主義的で、そして資本主義の家父長制の社会システムであるわたしたちの社会のなかで生きる少女、少年、女性、そして男性の生活に深く肯定的な変化をもたらしてきた。たしかに、くだらないフェミニズムも珍しくはない。しかし、すべての人びとが現代フェミニズム運動によって生じた文化的な革命の恩恵を受けてきたという事実は変わらない。

たしかに、わたしたちの仕事に対する見方、働き方、そして人の愛し方は変化してきた。しかし、フェミニズム運動はまだフェミニズム革命を成就させたわけではない。家父長制社会は今でもなお続いているし、性による偏見や性差別主義的な搾取や抑圧も根絶されていない。その結果として、フェミニズムによってわたしたちが得てきたものは常に危険にさらされている。

わたしたちはすでに、女性の性や生殖に関する権利における大きな損失を目の当たりにしている。女性に対する暴力はエスカレートし、職場でも日々ジェンダー的な偏見が再び台頭しつつある。フェミニズムに対するきびしい批判が家庭内暴力の責任を運動に負わせ、女性や男性にフェミニズム的な考え方に背

を向けるよう、そして性差別的なジェンダー役割に戻るよう促している。家父長主義的なマスメディアは、フェミニズムを酷評するか、あるいはフェミニズムなど不必要で不毛な運動だと公言している。

そして、日和見主義的な女性たちは、フェミニズムの成功を賞賛するだけでなく、女性がすさまじい勢いでこの国の貧困層の大多数を占めつつある世界において、シングルマザーが社会病理化している世界において、貧しい人びとや低所得者層が自分たちのためのいかなる国家援助も受けることのできない世界において、そしてあらゆる年代のほとんどの女性が基本的な健康管理をすることのできない世界において、「すべての女性の生活は向上してきた」ので運動はもはや必要ではないなどと言っている。

このような悲惨な現実にもかかわらず、ビジョンのあるフェミニズムの言葉による伝達はますます、教育を受けた一握りのエリート集団の間だけで話し合われている。もし、このような状態が続くなら、フェミニズムのメッセージは聞かれなくなり、最後にはフェミニズム運動は破局を迎えることになるだろう。

フェミニズムの闘いに新たに着手するために、そしてわたしたちが確実にフェミニズムの未来に向かっていくために、わたしたちは今でもなお、すべての人びとに訴えかけられ、フェミニズム運動がすべての人びとの生活をより良いものに変えることができるということを認識させてくれるフェミニズム理論を必要としている。

この理論、たとえば本書で提供されているような分析はいつも、わたしたちに挑戦的である。そして、わたしたちを動揺させ、挑発する。また、わたしたちの認識の枠組みを変え、思考方法や物の見方を変化させる。それが革命というものである。

そして、もしわたしたちが性による偏見のない世界に——平和で自由で正義が広く一般に存在し、誰にも支配されることのない世界に——生きようとするなら、フェミニズム革命は必要である。もし、わたしたちがフェミニズムへの道を踏み外さないなら、これがフェミニズムの導いてくれる世界である。本書『フェミニズム理論　周辺から中心へ』は、わたしたちをそうした世界へと導いてくれる灯火であり続けるだろう。

2015年　　　　　　　　　　　　ベル・フックス

序　文（初版）

　周辺にあるということは全体の一部分であるということである。しかし、それは主体の外側にあるということでもある。

　ケンタッキー州の小さな町の黒人にとって、鉄道の線路は自分たちが周辺に追いやられていることを日々思い知らせるものだった。線路の向こうには舗装された道路があり、わたしたちが入ることのできない店があり、食事することのできないレストランがあり、そしてまともに顔を合わせることのできない人びとがいた。線路の向こうには、わたしたちがメイドや掃除夫や売春婦のようなサービス業でしか働くことのできない世界があった。わたしたちは、その世界に入ることはできたが住むことはできなかった。わたしたちは、いつも線路を越えて周辺へ、町はずれの掘っ建て小屋や廃墟のような家へ戻らなければならなかった。

　必ず戻ることが法で定められており、そうしなければ罰せられる危険があった。わたしたちのように生活することで——端に追いやられることで——わたしたちは独特のやり方で現実を見るようになった。わたしたちは外側から内を、そして内側から外を見た。わたしたちは、周辺だけでなく中心にも注目することによって、その双方を理解した。

　こうした見方は、わたしたちに世界全体が主に周辺と中心というふたつの存在から成り立っていると気づかせた。わたしたちの生きるすべは、表向きには周辺と中心が分離していることを認識しながら、一方で自分たちがその全体にとって必要不可欠な一部であることを自認し続けることだった。

　日常生活の構造からわたしたちの認識に深く刻みこまれた、こうした全体に対する感覚は、わたしたちに対立的な世界観——わたしたちを抑圧する人びとのほとんどが知らない物の見方——をもたらした。そして、貧困と絶望を乗り越えるための闘いにおいて、そうした世界観はわたしたちを元気づけ、手助けしてくれた。また、わたしたち一人ひとりの気持ちや結びつきを強めてくれた。

　すべての可能性を追求したいという強い気持ちは、本書『フェミニズム理論　周辺から中心へ』の執筆におけるわたしの視点を特徴づけてきた。多く

のフェミニズム理論は中心に生きる特権階級の女性によって著されたものである。そして、そうした女性たちの現実に対する視点に、周辺に生きる女性や男性の生活に対する認識があったり、配慮がなされていたりすることはほとんどない。

　結果として、フェミニズム理論は全体性に欠け、さまざまな人間の経験を包括した幅広い分析に欠けている。フェミニズムの理論家は対立させるのではなく、むしろ統合させるのに役立つ、多くの人びとの経験を包括した理念や分析を発展させる必要性に気づいている。しかし、そんな理論は複雑であり、ゆっくりにしか形づくられない。もっとも優れた先見性を持つ、そうした理論は周辺と中心の両方を認識している人間によって立ちあげられるだろう。

　わたしが処女作『わたしは女ではないの？』のリサーチと執筆に取りかかったのは、黒人女性によって著された、あるいは黒人女性について書かれた文献があまりにも少なかったからである。そして、本書『フェミニズム理論　周辺から中心へ』を執筆した理由は、周辺と中心の双方に向かって発信されたフェミニズム理論がなかったからである。

　わたしは冒頭で、フェミニズムの理論と実践のさまざまな側面が持っている限界を探究し、新しい方向性を提案している。また、広く知られていたり、論じられていたりする考えを繰り返すことを避け、かわりにこれまで取りあげられてこなかった問題や古い問題に関する新しい視点を取りあげるようにした。結果として、長くなってしまった章もあれば、とても短くなってしまった章もあるが、どの章も総合的な分析を意図していない。

　全体をつうじて言えることは、もし革命的で社会を変えてしまうような影響力を持とうとするなら、フェミニズムは一般大衆を基盤とした社会運動であらねばならない、という信念によってわたしの考えは形づくられてきたということである。

　　　　　　　　　　　1984年　　　　　　　　　　　ベル・フックス

第1章

黒人女性

フェミニズム理論を形づくる

ベティ・フリーダンとその著書『女らしさの神秘』

　アメリカのフェミニズムは、性差別主義的な抑圧にもっとも苦しめられている女性たちから生まれたことはない。そうした女性たちは、日々心も体も、そして魂もあまりに強く抑えつけられて、自分たちの生活の状態を変える力など持ってはいないからである。彼女たちは沈黙の民である。こうした女性たちは毎日の生活のなかで疑問も持たず自分の運命を受け入れ、組織だって抗議することもなく、集団で怒りの声をあげることもない。だがまさにそのことが、彼女たちがもっとも苦しめられているという証拠なのである。

　それにもかかわらず、今でも現代フェミニズム運動のさきがけとされているベティ・フリーダンの著書『女らしさの神秘』（1963年）を読むと、そうした女性たちはまるで存在していないかのように書かれている。『女らしさの神秘』はこれまで、フェミニズム運動においても、さまざまな面で批判され、攻撃すらされてきた。わたしがあらためて、この本について注意をうながすのは、フリーダンのこの著作で最初に発表された女性の社会的な地位の本質についての、疑いようのない偏見に満ちた前提が今でもフェミニズム運動の傾向と方向性を形づくっているからである。

　「名前のない問題」というフリーダンの有名な言葉は、アメリカ社会における女性たちの状況を説明するためによく引用される。しかし実際のところ、こ

の言葉は、余暇にも家庭にも子どもにも買い物にも飽きて、自分の人生には、もっと何かあるはずだと高望みしている専業主婦たちの状況、つまり、大学教育を受けた中産階級や上流社会の白人既婚女性という、きわめて選ばれた人びとの陥っている状況を指摘している。フリーダンは、第1章をこう締めくくっている──「わたしたちはもはや、『夫や子どもや家庭だけでなく、それ以上の何かが欲しい』という女性たちの内なる声を無視することはできない」。そして、この「それ以上のもの」とは仕事、それも専門職を意味するキャリアだと彼女は言うのである。

だが、フリーダンと同じように家事から解放され、白人男性と同じように専門職につくことのできる女性が増えたとき、誰がそうした女性の子どもの面倒を見るために、そして家庭を維持するために狩りだされることになるのだろう。フリーダンは、そうしたことについて何も論じていない。夫も子どもも家庭もない女性たちが必要になることを述べていない。また彼女は、非白人女性が存在していることや白人女性のなかにも貧しい人びとがいることを無視している。家政婦、子守り、工場の労働者、事務員、売春婦であることが、有閑階級の主婦であることより精神的に満たされることなのかどうか、彼女の本にはそうしたことは一切書かれていない。

フリーダンは、自分や自分と同じ白人女性の陥っている状況は、それはそのまま、全アメリカ女性を蝕んでいる状況であるとした。そうすることによって、彼女は自分が持っていた大多数の名もないアメリカ女性に対する階級差別主義、人種差別主義、そして性差別主義から人びとの目をそらさせたのである。フリーダンの著書の文脈から考えれば、彼女が性差別主義の犠牲になっていると考えているのは、性差別主義的な条件によって無理やり家庭に縛りつけられている大学教育を受けた白人女性であることは明らかである。彼女はこう主張している。

　　専業主婦だというまさにそのことが、女性にどんなに虚しく、存在感のない、自分がまるで価値のない人間であるかのような感覚をつくりだしてしまうことなのか、今すぐ理解される必要がある。専業主婦の役割には、大人の知性を持った女性が、人間としてのアイデンティティの感覚、すなわちそれがなくては男性であろうと女性であろうと、人間が真の人生を送ることができない自分という安定した核、あるいは「わたし」という感覚を保ち続けることが

できないようにさせる側面がある。わたしは、今日のアメリカの能力ある女性たちにとって、専業主婦という存在それ自体に何か危ういものがあると確信している。

たしかに、こうした白人の有閑階級の主婦特有の問題やジレンマは、彼女たちにとっては考慮しなければならないし、変えていかなければならない現実問題としての関心事だった。しかし、それは大多数の女性にとって差し迫った社会的な関心事ではなかった。大多数の女性は、経済的な死活問題、そして民族差別や人種差別などといった切実な心配事をかかえていた。

フリーダンが『女らしさの神秘』を著した当時、女性の３分の１以上が労働者だった。専業主婦志望の女性が多かったにもかかわらず、実際にそのモデルになるようなアイデンティティを持ち得たのは、暇と金を持て余していた女性たちだけであった。そして、フリーダンの言葉を借りれば、彼女たちは「今の時代においてもっとも進歩的な考え方をする人びとから、まるでビクトリア朝時代の偏見によって人形の家に閉じ込められていたノラのように、家庭に入って生きていくように言い渡された」女性たちだったのである。

初期の作品を読むかぎりフリーダンは、大学教育を受けた白人の専業主婦の苦境がアメリカ社会の女性の生活における性差別主義や性差別主義的な抑圧の影響を推しはかるための適切な事例かどうかということについて、何の疑問も抱いていなかったようである。彼女は自分自身の人生体験を乗り越えることができず、アメリカにおける女性の生活についての広い視点を持つことができなかっただけなのである。

わたしはフリーダンの業績を否定しているわけではない。それは依然として、選ばれし集団、すなわち高学歴の白人女性にとって我慢できないほどの性差別に対する有益な論議であることに変わりはない。ただ別の見方をすれば、それは自己陶酔、無神経、単なる感傷、そして言いたい放題の事例研究のひとつとしてみなすこともできる。そして、その事例研究は、フリーダンがその著書『女らしさの神秘』の「進んでいく非人間化」と題する章で、白人の専業主婦が孤立によって受ける心理的な影響をナチスの強制収容所での捕虜の、人としての尊厳が監禁によって受けた衝撃になぞらえたときその頂点に達する。

女性の現実に対する一面的な見方

　フリーダンは、現代フェミニズム思想の基礎を形づくった。重要なのは、彼女の著書における女性の現実に対する一面的な見方が、現代フェミニズム運動の際立った特徴になってしまったことである。その先駆者としてのフリーダンと同じように、今日でもフェミニズム思想を我がもの顔で語る白人女性たちは、女性の現実に対する自分たちの物ごとの見方が女性全体の実際の体験にそったものであるかどうかを疑問視することはほとんどない。偏見に対する意識が最近ますます強くなってきているにもかかわらず、自分たちの物ごとに対する見方がどれほど人種的、階級的な偏見に満ちているかということにすら気づいていない。

　白人フェミニストの書いた文献のなかには、人種差別主義的な考え方が多く見られる。そして、そのために、白人至上主義は強化され、女性は民族や人種の壁を越え、社会運動として闘うために結びつくことができない。過去において、フェミニストが人種によって階級が分かれている事実に対して注意を引いたり、攻撃したりしなかったために、人種と階級の結びつきは覆いかくされてしまった。アメリカ社会の階級構造はまさに、白人至上主義という社会における人種的な仕組みによってつくりあげられてきた。すなわち、人種差別主義や資本主義社会における人種差別主義の機能を分析することによって初めて、階級の関係というものを全体として理解することができるのである。

　階級闘争は人種差別をなくそうとする闘いと密接に結びついている。リタ・メイ・ブラウンは、初期の評論「最後のわら」（1974年）のなかで、女性たちに階級の意味について十分に検証するよう呼びかけている。そして、こう説明している。

　　　マルクスは階級を生産手段としての関係と定義している。しかし、階級の
　　意味するものはそれだけではない。階級は、人の行動や基本的な人生について
　　の考え方にも深くかかわっている。その人の階級によって決定される体験
　　は、その人の人生についての考え方の正当性を立証する。たとえば、どのよ
　　うに行動するように教育されているのか、何を自分自身や他人に対して期待
　　しているのか、どのように将来を考えているのか、どのように問題を理解し、
　　解決しようとしているのか、どのように考え、感じ、行動しようとしているの

かなどといった人生についての考え方の正当性を立証する。

　中産階級の女性は、階級主義的な行動に正面から取り組んだり、自身の階級主義的な行動を変えたりしないですむ巧妙なトリックであるところのマルクス主義的な用語としての階級を喜んで受け入れている。それにもかかわらず、彼女たちが決して認めようとしないのはそうした行動パターンである。そして、中産階級の女性たちが認め、理解し、変えていかなければならないことこそ、こうした行動パターンなのである。

　フェミニズムの言語表現を支配し、その理論のほとんどを構築し、主張している白人女性は、人種的な社会の仕組み、階級の及ぼす心理的影響、そして人種差別主義的で性差別主義的な資本主義の国家における自分たちの社会的立場をほとんど、あるいはまったく理解していない。

　たとえば、1979年に出版された現代女性運動の論考『夢見る人とディーラー』において、レア・フリッツに次のような文章を書かせたのはこうした認識の欠如である。

　　性差別主義的な暴政のもとでの女性の苦悩は、すべての女性の間の共通の絆である。そして、それは暴政のなすさまざまな形を超越している。苦悩というものは測ることもできないし、比較することもできない。

　　「裕福な」女性を発狂させたり、自殺に追い込んだりする退屈や虚しさは、福祉のおかげでかろうじて生き延びてはいても、どうにか自らの精神を保っている貧しい女性の苦悩より耐えがたいものなのだろうか？　そうではないのだろうか？

　　このような違いを測る方法はない。しかし、家父長主義的な階級という仕切りを取りのぞいて「裕福な」女性と貧しい女性を比べれば、両方とも抑圧されており、両方ともみじめだという事実において、両者は共通しているのかもしれない。

　フリッツの声明は、今まで多くのフェミニストの表現を特徴づけてきた女性の間の社会的な分断に対する意図的なごまかしというだけではない。それが希望的観測に過ぎないことを示しているまた別の事例である。多くの女性が性差別主義的な暴政のために苦しんでいるのは明らかである。しかし、そのことは

「女性間の共通の絆」をでっちあげる根拠にはならない。

　人種と階級のアイデンティティが、女性が分かち合っているとされている共通の体験をしのぐほどの、生活や社会的な地位やライフスタイルの質における差異をつくりだしているという現実を実証する証拠はたくさんある。そして、そうした差異は滅多に乗り越えられることはない。物質的に恵まれ、高等教育を受け、さまざまなキャリアやライフスタイルを選択することができる白人女性が「苦悩というものは測ることはできない」と主張するとき、その動機は疑われなければならない。

　間違いなくフリッツは、このような発言をした最初の白人フェミニストである。わたしはこれまでこのような発言が、いかなる人種であろうと、貧しい女性によってなされたのを耳にしたことはない。ベンジャミン・バーバーが著した女性運動に対する評論「フェミニズムの解放」（1975年）には異議を唱えるべきところもたくさんある。しかし、次のような彼の主張には同意できる。

　　　苦悩とは必ずしも、ひとつのものさしで測ることができるような固定した普遍的な体験ではない。なぜなら、それにはその人間の状況やニーズや切望が関係しているからである。しかし、この言葉を用いる際には、社会における優先順位が決定されるための、また苦悩のさまざまな形態や程度がもっとも注目されるための、いくつかの歴史的かつ社会的パラメーター、すなわちその物ごとの本質がよく分かるように数値に置き換えられた母数のような客観的な判断基準がなければならない。

「共通の抑圧」という概念

　現代フェミニズム思想の中心となる教義はこれまでずっと、「すべての女性は抑圧されている」という主張だった。それは今でもそうである。こうした主張は、女性は共通の運命を分かち合っているということを意味している。また、一人ひとりの女性の生活において、性差別主義が及ぼす抑圧的な力の程度を決定する体験の多様性は階級、人種、宗教、そして性的指向などといった要素によって生じるわけではないということも意味している。

　支配システムとしての性差別主義は制度化されているが、この社会のすべての女性の運命を絶対的に決定づけてきたわけではない。抑圧されているという

ことは選択肢がないということを意味している。これが、抑圧される者と抑圧する者の間の重要な接点である。たとえ、それがどんなに不十分なものであっても、この社会の多くの女性はたしかに選択肢を持っている。それでも、搾取や差別ほど、アメリカ合衆国における集団としての女性の運命を正確に表現している言葉はない。

多くの女性が性差別主義に対する組織的な抵抗運動に参加しないのは、性差別主義がまさに女性から完全に選択肢を取りあげてこなかったからに他ならない。多くの女性は自分が性のために差別されていることに気づいてはいても、それが抑圧だとは考えてはいない。資本主義では家父長制が体系化されている。そのために、たとえ自由がある程度認められていても、性差別主義はいくつかの領域で女性の行動を束縛している。ただそれが完全な束縛でないために、多くの女性は自分たちが搾取されたり差別されたりしている事実から目をそむけている。それだけでなく、抑圧されている女性などいないとさえ思い込んでいる。

アメリカ合衆国には抑圧された女性たちが存在している。そして、そうした抑圧に対して声をあげることは当然なことであり、やらなければならないことである。フランスのフェミニスト、クリスティーヌ・デルフィーは、評論「唯物論的フェミニズムのために」（1980年）のなかで、「抑圧」という言葉を使うことが重要なのは、その言葉を使うことによって、フェミニズムの闘いが急進的な社会運動として位置づけられるからであると指摘している。クリスティーヌ・デルフィーの視点は、彼女の論文集『Close to Home』（1984年）のなかで詳しく論議されている。

　　フェミニズムが新たな高まりを見せるようになった時期と、「抑圧」という言葉が使われるようになった時期がちょうど重なっている。常識とか日常会話といった支配的なイデオロギーは、抑圧についてではなく、「女性の境遇」について語られる。「女性の境遇」では自然主義的な説明しかできない。すなわち、手の届かない、そして人間の行動では変えることのできない自然発生的な束縛としか言及できない。

　　一方、「抑圧」という言葉は、政治的な選択、説明、そして状況にさかのぼって言及することになる。「抑圧」と「社会的抑圧」は同じ意味の言葉であり、むしろ社会的抑圧という言い方は持って回った表現である。なぜなら、

政治的という言葉のもともとの概念、すなわち社会的ということは、抑圧という概念のなくてはならない重要な部分だからである。

　しかし、アメリカ合衆国でフェミニストたちが「共通の抑圧」を強調したのは、社会的に運動を展開していくための戦略というよりも、保守派やリベラル派と呼ばれる女性たちが、どれほど自分たちが自らの階級の利益を主張し、促進するための運動をつくりあげようとしたかをごまかすための過激な政治用語の私物化だった。

　女性たちは、共通の抑圧という概念によって生じた共に結びつきたい、そして思いを共有したいという衝動によってつながった。しかし、「抑圧された者同士団結しよう」というようなスローガンは、多くの特権階級に属する女性が自分たちの社会的地位と多くの女性の地位との違いを黙殺するための言い訳を提供することになった。それは、性差別主義的な考え方が労働者階級の女性に強いてきた多くの束縛から解放するための表現であっただけではなかった。中産階級の白人女性が基本的にフェミニズム運動の焦点を自らの利益に絞ることを可能にすると同時に、自らの状況を「抑圧」と同義語にする共通という巧みなレトリックを用いることを可能にした人種や階級における特権的な旗印でもあったのである。

　言葉の意味を操作することを企んだのは一体誰なのか？　アメリカ合衆国において、特権に恵まれた白人女性以外のどんな女性集団が、大学、出版社、マスメディア、そして金の力を利用することができただろうか？　もしも、中産階級の黒人女性が、自分たちは「抑圧」されてきたと運動を始めたとしても、それを真剣に受けとめてくれる人はいなかっただろう。また、黒人女性が公的な発言の場を設け、自らの「抑圧」について語ったとしても、四方八方から非難され、攻撃されるのがおちだっただろう。

　白人のブルジョワ階級のフェミニストはそうではなかった。なぜなら彼女たちは、人生における運命を変えたいと熱望している自分たちのような多くの女性の聴衆に訴えかけることができたからである。自分たち以外の階級や人種の集団に属する女性たちから隔絶されていたために、彼女たちの目の前には自分たちの主張する共通の抑圧という想定の是非を問う比較対象がいなかったのである。

　初期の頃、女性運動で急進派の参加者たちは、女性がそうした隔絶を自覚す

第1章　黒人女性　　25

ることや交流の場を持つことを要求していた。広い層の女性たちに向かって多くのメッセージを発信しようとした『今こそ解放の時！』（デボラ・バブコックス、マデリーン・ビキン、1971年）、『ウーマンリブ　将来の青写真』（スーキー・スタンブラー、1970年）、『階級とフェミニズム』（シャーロット・バンチ、ナンシー・マイロン、1974年）、『ラディカル・フェミニズム』（アン・コート、エレン・レヴィーン、アニタ・ラポレ、1973年）、『シスターフッドは力強い』（ロビン・モーガン、1970年）といった著作はすべて、1970年代前半に出版されている。そして、その読者は必ずしも白人、中産階級、大卒、十代を対象にした文章も多く、成人だけではなかった。スーキー・スタンブラーは著書『ウーマンリブ　将来の青写真』（1970年）の導入部分で、そうした急進的な精神をこう明言している。

　　　女性運動家は、有名人やスーパースターをつくりあげようとするマスメディアのために、いつもわき道に脱線させられてきた。これはわたしたちの基本理念に反することである。わたしたちは、名誉や名声を鼻にかけるような女性たちと関係を結ぶことなどできない。わたしたちは、特定の女性の利益や特定の女性集団のために闘っているわけではない。わたしたちは、すべての女性にかかわる問題に取り組んでいるのである。

ブルジョワ的イデオロギー

　運動の初期、こうした意見は多くのフェミニストによって支持されていた。しかし、それは長続きしなかった。フェミニズムの文章を書いたり、あるいは労働における平等を要求するフェミニズム運動によって利益を得たりして、名誉や名声や金を手に入れる女性が多くなるにつれて、自分勝手な日和見主義が横行し、集団闘争の訴えの土台は崩されていった。そして、家父長制社会、資本主義、階級差別、そして人種差別に反対する気もない女性たちが、自らを「フェミニスト」と称した。

　そうした女性たちの期待はさまざまだった。特権階級の女性は自分たちと同じ階級の男性との社会的平等を望んだ。同じ労働に対して同じだけの賃金を要求する女性もいれば、今とはまったく違ったライフスタイルを望む者もいた。そして、これらの特権階級の女性にとって正当な要求の多くは、社会を支配する資本主義的な家父長制によって簡単に取り込まれてしまった。フランスのフ

ェミニスト、アントワネット・フーケは著書『警告』（1980年）のなかで、こう述べている。

　　フェミニスト集団の提案する行動は、著しく挑発的である。しかし、挑発であぶりだされるのは社会の矛盾の一部分でしかない。挑発では社会のなかの根本的な矛盾を暴くことはできない。フェミニストは、自分たちは男性との平等を求めているわけではないと主張している。しかし、彼女たちの行動は明らかに矛盾している。フェミニストとは、男女を逆転させただけの支配的な価値観を持つブルジョワ階級のアバンギャルド、すなわち時代の先頭に立つ革新的な人びとである。

　　価値観を逆転させただけでは何ものも生まれない。改革はすべての人びとのためでなければならない！　ブルジョワ的な秩序、資本主義、男性中心主義は、必然的に多くのフェミニストを取り込んでしまうことになる。そんな女性たちが「男性」になるということは結局、男性の数が少し増えるという意味でしかない。性が違うということは、その人間がペニスを持っているかどうかなのではなく、その人間が男根崇拝的な男社会の経済に取り込まれているかどうかで決まるのである。

　アメリカ合衆国のフェミニストたちも、こうした矛盾には気づいていた。キャロル・エールリヒは、評論「マルクス主義とフェミニズムの不幸な結婚　救うことはできるのか？」（1981年）のなかで、こう指摘している。「ブルジョワ・フェミニズムへ向かうことでフェミニズムの急進的な本質が力を失っていく」につれて「フェミニズムはますます、行き当たりばったりで、安全で、革命とはほど遠い様相を呈してきたように思われる」と。そして、「わたしたちはこんなことをいつまでも続けさせるわけにはいかない」と強調している。

　　フェミニズムは、成功の衣を身にまとうことでも、会社の重役になることでも、選挙によって選ばれることでもない。そのことを女性たちは知っておかなければならない。そして、そのことを見極めることは、ますます難しくなってきている。フェミニズムは、夫婦でキャリアを追いかけることでも、スキー休暇をとって夫や可愛い子ども2人とたくさんの時間を過ごすことでもない。

　　なぜなら、自分にはそんなことをする時間も金もない家政婦が必要なすべてのことを代わりに引き受けているのだから。フェミニズムは、女性のための

銀行を開くことでも、どうしたら積極的に（攻撃的に、ではなく）なれるのかを伝授してくれる金のかかるワークショップに参加して週末を過ごすことでもない。そして何より、刑事やＣＩＡの諜報員や海軍の将校になることでは絶対にない。

　しかし、こうした歪められたフェミニズムのイメージが、わたしたちが思っているより現実に近いとしたら、わたしたちにその責任がまったくないとは言えない。わたしたちは、人びとの生活にそくした明確で有意義な、そして新しい分析を提供するように、そして有益かつアクセスしやすい組織として機能している集団、たとえば、集会、NPO、会社などを用意するように、もっともっと努力してくるべきだった。

フェミニズムの闘いが、保守的なリベラル・フェミニストの利益のために、たやすく取り込まれてきたのは決して偶然ではない。それは、アメリカ合衆国のフェミニズムがブルジョワ的なイデオロギーに過ぎなかったからである。ジラー・エイゼンシュティンは、著書『リベラル・フェミニズムのラディカルな未来』（1981年）のなかで、北米フェミニズムにおける自由主義的なルーツについて論じている。そして、その導入部分でこう説明している。

　　この研究における重要な発見のひとつは、自由主義的な個人主義のイデオロギーがフェミニズム理論の構築に影響を及ぼしている役割である。今日のフェミニストは、個性を重んじる個の理論を論じないだけでなく、意識しないまま、人間というものは本質的に競い合うものであり、別個の独立した個体からなるという自由主義的な個人主義のイデオロギーを取り入れている。
　　わたしたちが議論しているフェミニズム理論において、この問題に関して大きな混乱がみられる。社会集団における個人の重要性を認める個の理論と、個人は競い合うものであると決めてかかる個人主義のイデオロギーが異なるものであることを自覚しないかぎり、解放におけるフェミニズム理論のどこがわたしたち西欧社会に似ているかという理由を十分に説明することはできない。

「人間というものは本質的に競い合うものであり、別個の独立した個体からなるという自由主義的な個人主義」のイデオロギーは、あまりにもフェミニズ

ムの思想のなかに浸透してしまっているために、フェミニズムの闘いが潜在的
に持つ急進主義の土台を崩してしまう。ブルジョワ女性がフェミニズムを自分
たちの階級の利益のために不当に利用してきたという事実の根拠は、これまで
生みだされてきたフェミニズム理論によって十分過ぎるほど示されてきた。た
とえば、そのひとつの例が「共通の抑圧」という考え方である。フェミニズム
の闘いを取り込もうとする相手に抵抗するためには、今までとは違ったフェミ
ニズムの視点——新しい理論——すなわち、自由主義的な個人主義によって毒さ
れていない新しい理論を提唱することから始めなければならない。

　フェミニズム理論を我がもの顔で語る女性たちが排他的であったために、新
しく多様な理論が事実上、つくりだされてこなかった。フェミニズムにはそれ
なりの基本方針があり、今までとは違う戦略や基盤の必要性を感じる女性たち
は排斥されたり、発言させてもらえなかったりすることに気づかされることも
少なくない。確立されたフェミニズムの概念に対する批判や、それに取ってか
わるような考えが奨励されることはない。そのことは最近、セクシュアリティ
に関する議論が多くのフェミニストによってなされたが、その論争などを見て
も明らかである。

　また、フェミニズムの理論や実践から締めだされた女性たちの集団は、批判
をつうじて、排除された要因に気づいて初めて自分たちの居場所を見つけるこ
とができる。多くの白人女性は、女性運動のなかで、自分の個人的問題を発散
させる解決方法を見出した。運動から直接的に利益を受けた女性たちは、運動
が自分たちの生活やわたしたちの社会の大多数の女性の生活に対して革命的な
影響など与えてこなかったと感じている人びとよりも、運動を批判したり、そ
の構造を厳密に検証したりすることを避ける傾向がある。

　そして、これはブラック・フェミニズムと称される黒人女性のフェミニスト
集団だけの問題でなく、他の集団にも言えることだが、たとえそれが押しつけ
られたものではない自分たち自身の規範に従って行動する集団をつくりあげて
いたとしても、フェミニズム運動において自分が認められていると感じている
非白人の女性は自分たちの基本方針の定義だけが正当な論説である、と信じ込
んでいるようにさえ思われる。そうした非白人の女性は、さまざまな声に耳を
傾け、批判的な会話をし、論争することを奨励するよりむしろ、一部の白人女
性と同じように自分たちとは違う意見を抑え込もうとする。活動家や作家たち
は広くその業績が知られていくにつれ、まるで他の女性の声を聞くべきかどう

第1章　黒人女性　㉙

か判断することができるのは自分たちだけであるかのような行動を取るようになる。

スーザン・グリフィンは、評論「すべてのイデオロギーへの道」（1982年）のなかで、こうした独断に陥りがちなフェミニズム全体に見られる傾向を警告している。

　　ある理論がイデオロギーへと変わるとき、それは自己や自己認識を破壊し始める。もともと感情から生まれたものなのに、それは感情とは関係ないふりをするようになる。感覚とは関係ないふりをするようになる。イデオロギーは体験を無視して、それ自身を基準として体験を体系づける。イデオロギーが存在するというだけで知っているものとみなされる。イデオロギーだと言いさえすればそれは真実だとみなされる。誰もイデオロギーに新しい息吹を吹き込むことができなくなる。体験はイデオロギーに衝撃をあたえるものではなくなり、情報を提供するものでもなくなり、そして変えていくものでもなくなる。

　　イデオロギーは、その世界観に合わないどんな些細なことでも好ましく思わない。真実の否定に対して声をあげることで始まったはずなのに、今やイデオロギーはその体系に合わないどんな真実も否定する。人の現実に対する感覚を取り戻すことから始まったはずなのに、今やイデオロギーは現実の人びとをその規範で縛りつけ、自分勝手なイメージで自然な人間のあり方を定義し直そうとする。イデオロギーが説明できないものはすべて敵だという烙印を押される。イデオロギーは解放のための理論として始まったはずなのに、新しい解放の理論におびやかされ、心の牢獄を築きあげてしまう。

抑圧された集団の一員としての批判

　わたしたち黒人女性は、フェミニズム思想の特定の集団だけが主導権を握るような支配に対して、理論というものは過程でしかなく、そのために理論を批判し、異議を唱え、検討し直し、新しい可能性を追求することが、どうしても必要なのだと主張しながら抵抗をしている。こんなふうに執拗に批判するのは、わたしが抑圧された集団の一員だったからであり、性差別主義的な搾取や差別を体験しているからである。そして、わたしのフェミニストとしての意識を形づくってきた存在は、世間で広く知られているフェミニズム分析ではなかったからである。これは多くの女性にも言えることである。

フェミニズム運動によって、自分たちは抵抗することができる、そして抵抗すべきなのだと気づかされるまで、男性支配に抵抗しようなどと考えてもみなかった白人女性はたしかに存在している。しかし、わたしがフェミニズムの闘いを自覚したのは社会環境から刺激を受けたためである。南部の父権支配的な黒人労働者階級の家庭で成長したわたしは、母親や姉妹や兄弟たちと同じように、程度の差こそあれ、家長としての父親のひどい仕打ちを体験し、そのことに対して憤りを覚えていた。わたしたちは皆憤りを覚えていた。わたしは憤ることで、社会における男性支配の仕組みというものに対して疑問を持つようになり、性差別主義的な社会への適合に抵抗することができるようになった。

　白人のフェミニストは、自分たちがフェミニズムについての考えを表明するまで、黒人女性が性差別主義的な抑圧が存在することも知らなかったかのように振るまうことが多い。そして、自分たちが黒人女性に対して解放のための「唯一」の分析、そして「唯一」のプログラムを提供していると思い込んでいる。また、日常的に抑圧的な状況のなかで生活している他の女性集団と同様に、黒人女性も実際の体験から家父長主義的な社会の仕組みに気づくことが多いということを理解することができないだけでなく、想像することすらできない。たとえ、それが自主的で組織化された基盤を持つ抵抗ではなかったとしても、そうした女性たちが抵抗するための戦略を立てていることを解ろうともしなければ、推しはかることもできない。

　こうした黒人女性は白人フェミニストたちが、まるで「新たな」神のお告げでもあるかのように、男性の暴政や女性に対する抑圧に焦点を絞ろうとしていることに気づいていた。そして、そうした焦点の絞り方が自分たちの生活にはほとんど影響を与えないであろうということも感じていた。中産階級や上流階級の白人女性が「自分たちが抑圧されていることを証明する」理論を必要としているということは、黒人女性にとっては彼女たちの特権的な生活のあり様を指し示すもうひとつの目安でしかなかった。それは、本当に抑圧された人びとは、たとえ組織された抵抗運動に没頭していなくても、あるいは自分たちの抑圧の本質を文章にしてはっきりと表現することができなくても、そのことを認識しているということを意味している。

　こうした黒人女性は、女性の抑圧という基本方針の分析から解放につうじる何ものも見出すことはなかった。わたしたち黒人女性の多くはフェミニズムという言葉を知らないし、使おうともしない。しかし、黒人女性が「フェミニズ

第1章　黒人女性　㉛

ム」という問題に関して多くの人びとを集団的に組織化してこなかったという事実も、ジェンダーについてのわたしたち黒人女性の分析や理論をアメリカの一般の人びとと共有させてくれるような権威のある団体と接触してこなかったという事実も、わたしたち黒人女性の生活のなかにフェミニズムが存在していることを否定するものではない。また、そうした事実は、より多くの聴衆に向かって訴えかける白人や非白人のフェミニストとの関係において、わたしたち黒人女性を従属した立場に位置づけるものでもない。

わたしは13歳までに、家父長主義的な社会の仕組みを理解していた。そのために、わたしのなかには若い中産階級の白人女性とはまったく違うフェミニズム運動に対する期待が形づくられていた。1970年代の初め、わたしがスタンフォード大学の女性学の講座に初めて出席したとき、白人女性は「場を共有できる」喜びでお祭り騒ぎだった。彼女たちにとって、それは重要かつ記念すべき出来事だったのである。わたしは、女性が互いに場を共有しないような生活をそれまで知らなかった。互いに助け合うことも、守ることも、深く愛し合うこともしないような生活をそれまで知らなかった。

また、わたしはそれまで、白人女性が自らの社会的な地位や意識に人種や階級が大きな影響を及ぼしていることに対して無知であることを知らなかった（南部の白人女性は、アメリカ合衆国の他の地域の白人女性より、人種差別や階級差別についてより現実に即した見方をすることが多い）。白人の同級生は、「あなたたち白人は、黒人女性の人生経験について何も知っていないし、何も分かっていない」というわたしの言葉をことあるごとに持ちだしたが、わたしは少しも悪いとは思わなかった。人種的に隔離された共同体のなかで育ったにもかかわらず、わたしは白人女性の生活について知っていた。しかし、黒人の近所に暮らしたり、黒人と同じ学校に通ったり、黒人の家庭で働いたりしていた白人女性はただのひとりもいなかった。

わたしは、フェミニストの集まりに参加したとき、白人女性たちがわたしや他の非白人の参加者に対してへりくだった態度で接していることに気づいた。黒人女性に向けられたそうしたへりくだった態度は、女性運動が「白人女性の所有物」であることを、つまりわたしたち黒人女性が参加できるのは白人女性が認めてくれ、勇気づけさえしてくれたからであるということをわたしたちに思い起こさせるための手段のひとつだった。結局のところ、わたしたちは運動を正当化するために必要とされていたのである。白人女性は、わたしたちを対

等だとはみなしていなかった。対等にも扱っていなかった。

　そして、わたしたち黒人女性から直接、体験談を聞かせてもらうことを期待していたが、その体験の正当性を判断するのは自分たちの役割だと思っていた。たとえ、その背景が貧しい労働者階級であったとしても、大学教育を受けた黒人女性が、本物の黒人ではないと退けられてしまうことはよくあることだった。わたしたち黒人女性は、運動の活動家として頭数に入れられていなかった。なぜなら、白人女性は、「本物」の黒人は貧しい黒人なまりでしゃべり、教育を受けておらず、裏通りなどのいかがわしい場所の事情に詳しいといったさまざまな偏見で凝り固まっていたからである。

　たとえ、わたしたち黒人女性があえて、運動の批判をしたり、フェミニズムの考えをつくり直したり、新しい考えを提言したりする責任を自分たちで引き受けようとしても、わたしたちの声は無視され、却下され、沈黙させられてしまうだけだった。わたしたち黒人女性の主張が聞いてもらえるのは、それが白人女性の受け入れている支配的な言説、すなわち既成のフェミニズム思想の意向を反映しているときだけだった。

黒人女性を沈黙させようとする企て

　黒人女性を沈黙させようとする白人フェミニストの企てが文章にされることは滅多にない。しかし、そうした企ては、会議室や教室や居心地のよい居間のような私的な場所であまりにも多く起こっている。そして、そうした場所にひとりきりで参加した黒人女性は、白人女性グループの人種差別主義的な悪意に直面することになる。ウーマンリブ運動が始まったときから、黒人女性は個人的にそうしたグループに参加していた。しかし、多くの黒人女性は最初のミーティングのあと再び参加することはなかった。アニタ・コーンウェルが、著書『一人の犠牲からなる三人　同性愛の黒人フェミニストの記録』（1978年）で、こう述べているのは正解である。「非常に不幸なことに、人種差別を受けかねない恐怖が、これほど多くの黒人女性が女性運動に参加しようとしない大きな理由のひとつであるらしい」。

　最近、人種差別の問題に焦点が絞られるようになり、そのことについての論議が取り沙汰されるようになってきた。しかし、黒人女性に接するときの白人フェミニストたちの態度はほとんど変わっていない。「内なる人種差別主義を

第1章　黒人女性　　33

学び直す」ことについての論文や本を執筆するのに忙しい白人女性が、黒人女性との関係においては見下すような態度をとったり、へりくだった態度をとったりすることが少なくない。こうした事実は驚くべきことでもない。なぜなら、そうした白人女性の書くものは、歴史的な背景や社会的な枠組みのなかで人種差別主義と取り組んでいるというよりむしろ、白人の読者を対象とし、読者が自らの態度を改めることだけに焦点を絞っていることが多いからである。

　人種に関する白人女性の特権的な言語表現において、わたしたち黒人女性は運動の「主体」ではなく、「客体」にされている。「客体」であるかぎり、わたしたちは対等ではなく、劣った者として扱われたままである。たとえ、白人女性が真剣に人種差別主義を問題にしていたとしても、彼女たちの行動や表現から判断すれば、彼女たちが未だに白人至上主義のイデオロギー特有の家父長的な態度に縛られたままであることがうかがわれる。

　そうした女性のなかには自分たちこそ、当然、自らの人種差別主義の問題を解決したと思い込んでいる人種差別主義的な白人女性と、彼女たちが理性的な言語表現などできないと思い込んでいる、怒れる黒人女性の間のコミュニケーションの仲介をしなければならない「権威者」だと考えている者もいる。もちろん、そういった女性たちが高圧的な態度を変えないかぎり、人種差別主義、階級差別主義、そして教育におけるエリート主義の仕組みはそのまま継続していくだろう。

　1981年、わたしは大学院に進学し、フェミニズム理論についての授業で課題図書リストを与えられた。しかし、そのリストに載っていた文献は、白人女性や白人男性によって書かれたものばかりだった。そして、たったひとりの黒人男性の著作以外に黒人、アメリカ原住民、ヒスパニック系、あるいはアジア系女性が書いた資料も、そうした女性について書かれた資料もなかった。こうした手落ちを批判したとき、白人の女性たちはわたしに怒りと敵意を向けてきた。それがあまりにも激しかったので、わたしはこのクラスを続けることはできないのではないかと思ったほどだった。

　こんなにクラス全員がよってたかって怒りをぶつけるのは、わたしを精神的に追いつめ、授業中の議論に発言することができないようにするだけでなく、授業に出席することもできないようなクラスの雰囲気をつくりあげるためなのではないかというような意味のことを口にしたとき、わたしはこう告げられた。「わたしたちは怒っていない。あなたが怒っているのだ」と。クラスが終

わってから数週間して、わたしはひとりの白人の女子学生から、一通の手紙を受け取った。その女子学生は自分の怒りを認め、わたしに対する攻撃を悔やんでいた。手紙にはこう書かれていた。

　　　わたしはあなたを分かっていなかった。あなたは黒人だったのです。あのクラスが始まってからしばらくして、わたしはあなたの発言にことごとく反応している自分に気がつきました。しかも、それは常に反論するためでした。議論が、どうしても人種差別の問題でなければならないというわけではありませんでした。わたしは自分でも気づいていなかったけれど、あなたの間違いをひとつでも証明することができれば、あなたがすべてについて正しいわけではない、ということが証明できると考えていたようです。

そして、次のようにも書かれていた。

　　　ある日、わたしは授業中に、西洋哲学の主要な源流であるプラトンの世界観にあまり囚われていない人びとも存在しているのではないかと発言したことがあります。自分たちは支配階級に優遇されながら15年間教育を受けてきたが、プラトンの世界観の影響を受けずに人生のスタートを切った人間よりも、そうしたいわゆる弱肉強食の世界観に囚われているのかもしれないと発言したつもりでした。それ以来、親友であり、仲間であり、そして同僚でもあったクラスメートが話しかけてこなくなりました。わたしたちがすべての女性の代弁者にはなり得ないという可能性が彼女の自尊心と博士号を脅かしたのでしょう。

　白人のフェミニストが、黒人女性を激しく個人攻撃している状況において、攻撃されているのは自分であり、自分こそ犠牲者であると思っていることはしょっちゅうだった。わたしは、わたしが組織した人種が交じり合った女性グループのなかで、白人の女子学生と激しく議論したことがある。その学生は、わたしがフェミニズム理論のクラスでどのようにして相手を「一掃」したかという噂を耳にしており、自分もまた「一掃」されてしまうのではないか不安だと訴えた。怒りをむき出しにして攻撃してくる大勢の人にたった一人で立ち向かったのはわたしであり、そんなわたしに状況を支配することなどできなかった

第1章　黒人女性　35

と、わたしは答えた。泣きながらクラスを出て行ったのはわたしだった。わたしが「一掃」したとされる他の誰でもなかったのである。

　強く超人的な黒人女性という人種差別主義的な固定観念は、多くの白人女性の心に影響を及ぼしている根も葉もない社会通念である。そのために、この社会で黒人女性がどれほど犠牲にされやすいかが無視されてきた。そして、支配的な白人女性が黒人女性の犠牲を支持し、永続させるのに担っている役割も見て見ぬふりをされてきた。

　リリアン・ヘルマンは、自叙伝的な作品『ペンティメント』（1973年）のなかで、こう書いている。「生まれ落ちたときから生涯をつうじて、わたしは黒人女性たちから命令されてきた。彼女たちを欲し、憤りながら、服従しなかったときにはわけの分からない不安を感じたものである」。ヘルマンの作品のなかに出てくる黒人女性たちは召使いとして彼女の家のなかで働いており、身分は彼女と決して対等ではなかった。たとえヘルマンは子どもであっても、黒人女性たちが問いただし、アドバイスし、助言したとき、彼女はいつも支配的な立場にあった。すなわち、黒人女性たちが自由にそうした権利を行使することができたのは、彼女やそのほかの権限を持った白人がそれを許していたからに過ぎない。ヘルマンは、黒人女性たちに及ぼしている自らの権力を認めようとせず、むしろ黒人女性たちの手に権力があったとしている。

　つまり、ヘルマンは自分と黒人女性の関係の本質をあいまいにしている。黒人女性に神秘的な力と強さを投影することで、白人女性は無力で受動的な犠牲者であるという偽りの自身のイメージをつくりあげるとともに、白人至上主義で男性支配のこの国において限界があるとはいえ、自分たちの攻撃性や権力、そして他人を支配し、あやつりたいという自分たちの願望から注意をそらしている。多くの白人女性の社会的地位におけるこのような知られざる側面が、彼女たちが人種差別主義を乗り越えて、アメリカ合衆国での女性の全体的な社会的地位を理解するための広い視野を持てなくさせている。

　大抵の場合、特権階級のフェミニストたちは、女性のさまざまな集団に訴えかけることも、一緒に話し合うことも、そしてその声を代弁することもできなかった。今でも代弁することができないままである。なぜなら、彼女たちは性、人種、そして階級における抑圧の相互関係を十分に理解していないだけでなく、そうした相互関係を真剣に受けとめようともしていないからである。

　女性の運命に関するフェミニストたちの分析はもっぱら、ジェンダーに焦点

が絞られる傾向があり、フェミニズム理論をつくりあげるための堅固な土台を築くことができないでいる。そうした分析は、女性の現実をごまかすためにジェンダーだけが唯一の女性の運命を左右する決定要素であると主張する西欧の家父長主義的な精神の支配的な傾向を反映している。

　たしかに、人種、あるいは階級における抑圧を経験していない女性たちにとっては、これまでも、そして今でもジェンダーにだけ焦点を絞るほうがより簡単だったのだろう。社会主義フェミニストは階級とジェンダーの両方に焦点を絞ってはいるが、彼女たちには人種を軽視する傾向がある。そして、人種が重要であるとはしながらも、人種を考慮に入れない分析を提供し続けている。

黒人女性の特異な世界観

　集団としてわたしたち黒人女性は、この社会のなかで特異な立場におかれている。わたしたちは集団として職業階層の底辺にあるだけでなく、わたしたちの全体的な社会的地位は他のどんな集団よりも低い。こうした立場におかれているために、わたしたちは性差別主義的で、人種差別主義的で、そして階級差別主義的な抑圧の矢面に立たされている。同時に、わたしたち黒人女性は、搾取したり抑圧したりすることのできる「他者」をいかなる社会制度においても持つことが許されなかった。そのために、搾取者や抑圧者の役割を担うよう社会において適合されてこなかった集団でもある（子どもは、両親によって抑圧されていたとしても、社会制度上の他者ではない）。

　白人女性と黒人男性には二通りの「他者」がいる。彼らは抑圧者として振るまうこともできるし、被抑圧者になることもあり得る。黒人男性は人種差別主義の犠牲にされるかもしれないが、性差別主義によって女性に対して搾取者や抑圧者として振るまうことが許されている。白人女性は性差別主義の犠牲にされるかもしれないが、人種差別主義によって黒人に対して搾取者や抑圧者として振るまうことができる。白人女性の集団も黒人男性の集団も、自らの利益のための解放運動を率いてきた。そして、自分たち以外の集団を抑圧し続けている。白人女性の人種差別主義がフェミニズムの闘いを徐々に衰えさせているように、黒人男性の性差別主義は人種差別を根絶するための闘いを徐々に衰えさせてきた。

　このふたつの集団だけでなくどんな集団であろうと、支配階級である白人男

性との社会的平等を手に入れることが解放であると定義しているかぎり、そうした集団はこれからも他者を搾取し、抑圧し続けることによって特権を得ることになる。

黒人女性は、差別し、搾取し、抑圧してもよいとされる、社会制度上のいかなる「他者」も持たない。そのために、世の中に広く行き渡っている階級差別主義的で、性差別主義的で、そして人種差別主義的な社会構造やそれに付随するイデオロギーに直接立ち向かった実際の体験をしている者も少なくない。こうした実際の体験によって、たとえ、それが現在の社会システムのなかでどんなに他者との関係のうえで成りたっていたとしても、わたしたち黒人女性の意識は、特権を持っている人びととは異なった世界観を構築するよう形づくられているということができるだろう。

今も続くフェミニズムの闘いにとって、黒人女性が自らの虐げられた境遇によってもたらされた、ある意味で特別な、そして有利な立場を自覚することはきわめて重要なことである。そして、人が人を差別することのない世の中に思いを巡らせ、そういう世の中をつくりあげようとするだけでなく、そうした視点で世界を支配している人種差別主義的で、階級差別主義的で、そして性差別主義的な覇権を批判することもまた、きわめて重要なことである。

わたしが言いたいのは、わたしたち黒人女性はフェミニズム理論を形づくっていくうえで中心的な役割を果たすことができるということである。今までなかった貴重な提言のために貢献できるということである。解放運動としてのフェミニズムの理論と実践の形成は、集団としての責任であり、それは共有されなければならない。知られているように、わたしはこれまでフェミニズム運動のさまざまな側面を批判している。しかし、その批判がときには厳しく容赦のないものであっても、わたしは決してフェミニズムの闘いを傷つけようとしているわけではない。解放のためのイデオロギー、そして解放のための運動をつくりあげていく仕事を豊かにしようとして、共有しようとして批判しているのである。

第2章

フェミニズム

性差別をなくすための運動

フェミニズムとは一体何なのか

フェミニズムについて語るときに一番問題なのは、わたしたちがフェミニズムとは一体何なのかについての意見の合意に至っていないということである。あるいは、その運動を統一することができるような定義を持っていないということである。合意された定義がなければ、わたしたちは理論を構築するための、あるいは総合的な意義のある実践にたずさわるための確かな基盤を持つことができない。カルメン・バスケスは、近著『革命的な倫理に向けて』（1983年）のなかで、明確な定義がないことに失望し、こうコメントしている。

> わたしたちは、「フェミニズム」とは一体何なのかについての合意すらできていない。フェミニストが何を信じられるのか、そして誇りある行動指針をどのように定義するかなどについてはなおさらである。この資本主義のアメリカという国の人びとは、個人主義という強迫観念に取りつかれ、自分の欲しいものさえ手に入れることができればそれでいいと思っている。アメリカのフェミニズムは、あなたのお気に召すまま何でもありになってしまった。フェミニズムの定義は、フェミニストの人数だけあるとくすくす笑いながら言う仲間もいる。決してそれは笑いごとではない。

たしかに、笑いごとではない。それは急進的な社会運動としてのフェミニズムに対する無関心が広まっていることを示している。それは女性の間には連帯などあり得ないという思い込みをうかがわせる絶望的な表現である。そして、それは男性支配の文化のなかで、伝統的に女性の運命を特徴づけてきた社会の仕組みに対する無知のあらわれでもある。

アメリカ合衆国のほとんどの人びとはフェミニズムを、もっと一般的な言い方をすれば「ウーマンリブ」を、女性が男性と社会的に平等になることを目的とした運動だと考えている。マスコミや運動の主流派によって一般に広められた、こうした大まかな定義によって、問題をはらんだ疑問が生じている。

白人至上主義的で、資本主義的で、そして家父長主義的な階級構造において、男性たちも平等ではないとしたら、女性はどんな男性と平等になりたいと思っているのだろうか？　女性は平等とは何なのかということについてのビジョンを共有しているのだろうか？　また、女性解放をこのように単純に定義してしまえば、個人が差別、搾取、そして抑圧される程度を、性差別主義と結びついて決定する人種や階級といった要因が暗黙のうちに無視されることになる。女性の権利問題に関心を持っているブルジョワ白人女性が単純な定義で満足してきた理由は明らかである。言葉の上で自らを抑圧された女性と同じ社会区分に位置づけることで、人種や階級における特権に注意を呼び起こさないよう望んでいるのである。

下層階級や貧しい女性、なかでもとりわけ非白人の女性であったら、女性解放を女性が男性と社会的に平等になることだとは決して定義してこなかっただろう。なぜなら、非白人の女性たちは、毎日の生活のなかで、すべての女性が同じ社会的地位を共有しているわけではないことを絶えず思い知らされているからである。同時に、自分たちと同じ社会集団の多くの男性が搾取され、抑圧されていることも知っている。自分たちと同じ集団の男性が社会的、政治的、そして経済的な権力を持っていないことを知っているために、非白人の女性はそんな男性たちと同じ社会的地位を共有することが解放だなどとは決して考えない。

非白人の女性は、自分たちのそれぞれの集団の男性が自分たちには認められていない特権を持つことを性差別主義が可能にしているということに気づいている。しかし一方で、彼らが仲間うちで男性優位主義を大げさに表現するのは、すべてにおいて特権を持っている社会的地位にある人間としての表現というよ

りむしろ、支配者集団の男性との関係において、弱くて無力であることをいつも思い知らされている男としての感覚に起因しているとみなす傾向がある。

女性解放運動が始まったそのときから、そうした女性たちがフェミニズムを疑わしく思っていたのはまさにその定義に本来備わっている限界に気づいていたからである。また、そうした女性たちは、男性との社会的平等を目指すものとして定義づけられたフェミニズムは主として、中産階級や上流階級の白人女性の社会的地位に影響を及ぼす運動にはなるかもしれないが、労働者階級や貧しい女性の社会的地位にはほとんど影響を与えないだろうということにも気づいていた。

フェミニズム運動を定義し、組織化した女性運動の最前線にいる女性が皆、女性解放を男性との社会的平等を手に入れることだとみなして満足していたわけではない。黒人女性の活動家セレスティン・ウエアは、著書『ウーマンパワー　女性解放のための運動』（1970 年）の冒頭において、「目標」という見出しでこう述べている。

　　　　ラディカル・フェミニズムは、すべての人間関係における支配とエリート主義の根絶に取り組んでいる。これは、自己決定を究極の善とすることであり、今日わたしたちが知っている社会の転覆を必要とする。

シャーロッテ・バンチのような個々のラディカル・フェミニストの分析は、たとえ主として性差別主義に焦点を絞ってはいても、社会における支配の仕組みに関する詳細な理解、そして支配のさまざまなシステムが連動していることに対する認識にもとづいていた。彼女たちのそうした見方は、社会を改革することにより一層関心を持っていた女性運動のリーダーや参加者たちに評価されてはいなかった。

フェミニズムのパンフレット『女性と新世界』（1976 年）の匿名の著者たちは、ウーマンリブで活動している多くの女性は支配を根絶したり、社会を変革したりするような急進的な運動として定義されたフェミニズムよりも、自分たちと同じ階級の男性との社会的平等を手に入れる改革としてのフェミニズムの概念にはるかに満足を覚えていたと指摘している。

　　　　どんな組織でも、地域でも、民族からなる集団でも、女性解放運動の組織

というものにはひとつの共通点があった。すなわち、彼女たちは、一連の理念というよりむしろ、生物学的事実や社会学的事実にもとづいて結びついていた。ウーマンリブでも、女性たちは女性であるということ、そしてすべての女性は男性の支配の対象であるということで結びついていた。わたしたちは、すべての女性は仲間であり、すべての男性は抑圧者であるとみなしていた。

わたしたちは、アメリカの女性がアメリカの男性と同じように、どれほど物質主義的で個人主義的な価値観を持っているかを決して問題にしようとはしなかった。そして、アメリカの女性がまさにアメリカの男性と同じように、互いに尊敬し、協力し合い、そして社会的責任をとるという新しい価値観にもとづく新しい社会を築くための闘いに自から取り組む気持ちなど持ってはいないということについて考えてみようともしなかった。

リベラル・フェミニスト

フェミニズム運動で活動している多くの女性が、それ自体を目的とした改革にだけ興味を持ち、革命的な変化へと向かう過程のひとつの段階としての改革にはまったく関心を持っていなかったことが今明らかになっている。ジラー・エイゼンシュティンは、著書『リベラル・フェミニズムのラディカルな未来』（1981年）のなかで、社会改革のために努力している自由主義的な考え方をする女性たちの潜在意識のなかにある急進主義を楽観的に指摘している。しかし、それが表面化する過程は明らかにしていない。

エイゼンシュティンは、リベラル・フェミニストの主義主張が急進的な意味を含んでいる例として、政府の支援を受けて1978年にヒューストンで開催された女性の権利問題に関する会議でかかげられた要求をあげている。

ヒューストン会議では、世界や国家や家族や個人生活においてわたしたち女性の運命を決定づける、女性の声と役割が十分に反映された人間の権利としての要求が報告されている。特に報告されたのは次の要求である。
1. 家庭内暴力の根絶と被害者の女性のためのシェルターの設置
2. 女性起業への支援
3. 児童虐待の解決
4. 公的負担による性差別主義的でない育児制度
5. 就業を希望し、就業が可能な女性のための完全雇用政策

6. 婚姻関係における専業主婦の保護
7. メディアにおける性差別主義的な女性描写の禁止
8. 女性の性と生殖に関する自由の確立と強制的不妊手術の禁止
9. 少数民族の女性に対する二重差別の救済
10. 強姦法の改正
11. 同性愛に対する差別撤廃
12. 性差別主義的でない教育の確立
13. 女性に関するすべての福祉改革案の見直し

　こうした自由主義的な改革は女性の生活に良い影響を及ぼすかもしれない。しかし、それらは決して支配のシステムを根絶するという考え方には結びつかない。そして、これらの要求のどこにも、社会における支配の仕組みを根絶することは強調されていない。しかし、これらの要求のどれかひとつでも達成しようとするなら、社会における支配の仕組みを撤廃する必要がある。文化を基盤とした集団的な抑圧に挑戦したり、変革したりしないでも、自分たちと同じ階級の男性との平等を達成することができるというリベラル・フェミニストの信念に一貫しているのは、支配の問題がまるで抜け落ちてしまっているという点である。そして、リベラル・フェミニズムが潜在的に持っている改革を急激に進めようとするラディカルな側面、すなわち急進主義が実現される可能性を否定してしまうのがまさにこうした信念なのである。

　ブラジル人の学者エレイエス・サフィオティは、1967年の著作で早くも、ブルジョワ階級のフェミニズムは常に「基本的に、そして無意識的に支配階級のフェミニズム」であり続けてきたことを強調している。そして、評論「階級社会の女性たち」（1978年）のなかでこう述べている。

　　いかにプチブル的なフェミニズムの実践に革命的な内容が含まれていても、それは中産階級の人びと、なかでも社会的に上昇しようとしたそれほど裕福でない人びととの努力によってもたらされた結果である。しかし、そうした革命的な内容を実現するために、プチブル・フェミニストたちは既成の社会構造をただ発展させようとしているだけで、決して現状に挑戦しようとしているわけではない。

　　このように、プチブル・フェミニズムは常に、男女間の社会的平等を確立

することを目的としながら、そこにあらわれている意識は、ただ欲望を満たしたいだけのユートピアの住人のままである。そして、彼らは社会の部分的な変革をなし遂げるために闘っているに過ぎない。すなわち、そこにある信念は、拠りどころとしている土台を損なうことなく革命が実現され得るというものである…。こうした意味で、プチブル・フェミニズムはフェミニズムなんかではない。実際それは、その内部の矛盾をカムフラージュすることによって、階級社会の強化を手助けしてきた。

　自由主義的な女性たちの社会への抗議に関する急進的な側面は、今日の白人至上主義的で資本主義の家父長主義的な国家において、女性がより多くの平等の機会を手に入れることを目的にした自由主義を維持するために必要とされる、批判的で分析的な推進力を提供するイデオロギーを支えるシステムとして機能し続けていくだろう。こうした自由主義的な考え方をする女性たちの権利獲得活動は、本質的にフェミニズムの闘いの重要性をおとしめている。
　哲学者ミハイロ・マーコヴィックは、評論「女性解放と人間解放」（1976年）のなかで、自由主義の限界についてこう論じている。

　　抑圧された社会集団の解放にとって大きな障害であり続けている自由主義のもうひとつの基本的な特性は、人間の本質に関するその概念である。ロック以来のすべての自由主義的な哲学者がわたしたちを何とか納得させようとしてきたように、人を征服し支配する衝動である自分本意、そして攻撃性が人間の特性だと定義するなら、市民社会での抑圧は、すなわち国家によって規制されていない社会的な領域での抑圧は、生活における現実になる。そして、男性と女性の間の基本的な市民としての関係は常に、闘いの場であり続けることになるだろう。そうなると、基本的に男性より攻撃的ではない女性は、男性に比べて劣った人間として隷属させられる運命を受け入れるか、あるいはもっと権力に執着して男性を支配しなくてはならなくなる。いずれにせよ、男女両性にとっての解放が実現することはない。

　フェミニズムにおける自由主義的な視点には、社会を根本的に変えてしまうような意味合いのある改革も含まれている。しかし、それらの改革は、本当に実行されたら、革命的な変化のお膳立てをしてしまうものであるために執拗に

反対されてしまう。それほど脅威的ではない「フェミニスト」の要求に対して社会がより寛容なのは明らかである。そして、それは現状を維持する手助けをする可能性さえある。

ジーン・グロスは、1977年に出版された評論「マルクス主義的な見地からのフェミニズム倫理」のなかで、フェミニストの戦略が取り込まれていくひとつの事例を示している。

> わたしたち女性がすべての面で自分たちの生き方を変えたいと思うなら、資本主義は特有の方法で少しずつ変化を取り込んでいく能力があるということに気づかなければならない…。資本主義は、わたしたち女性が望んでいるような変化を実現させ、今度はそれを使ってわたしたち女性にしっぺ返しをしてくる。たとえば、家庭内の抑圧に気づいた多くの既婚女性が離婚しているが、彼女たちは無防備なまま労働市場に放り込まれてしまった。多くの女性にとって、そのことはタイプライターの列のなかに自分の居場所を確保することを意味している。今や企業は、離婚した女性たちを搾取できることに気づきつつある。そうした仕事の回転率は信じられないほど高い。なぜなら「文句を言えば、すぐに首にすることができる」からである。

これが資本主義のしたたかさをよくあらわしているのだが、特に仕事に関するかぎり、多くのリベラル・フェミニストの改革は本当の意味で女性を経済的に解放することはなく、ただ資本主義的で物質主義的な価値観を強化してしまうだけである。

フェミニストを表明しない女性たち

自由主義的な考え方をする女性たちだけが、自らの利益を追い求めようとするフェミニズムの原動力として描かれてきたわけではない。いずれの形にせよフェミニズムによってもたらされた社会改革から利益を享受してきた女性のほぼ全員は、自分がフェミニズムを支持しているとみなされることを望んでいない。

女性に関する問題を取り扱う会議が全米で開催されている。フェミニズム運動がなければ、そうした会議は決して、組織されることも資金を提供されるこ

ともなかったはずなのに、そうした会議の参加者も自分たちがフェミニズムを支持しているとみなされることを望んでいない。そして、フェミニズム運動に公的にかかわることをしぶるか、あるいはフェミニズムの主張を冷笑するかのいずれかである。

　アフリカ系アメリカ人、アメリカ原住民、アジア系アメリカ人、そしてヒスパニック系アメリカ人の女性たちは、フェミニズム運動を支持などしたら疎外されるのではないかと懸念している。経済的な所得の増大だけでなく、名誉や名声を手に入れた女性たちでさえ、自らの業績がフェミニズムを支持している多くの女性から注目を浴びるとき、自分とフェミニズム運動のかかわり合いから注目をそらそうとすることがある。そうした女性たちのなかにはフェミニズムという言葉を使うことをさけるために、自分の女性問題に対する関心を表現する別の言葉をつくりだそうとする者さえいる。

　組織化された社会運動としての活動とは関係のない新しい言葉がつくりだされることは、すでにフェミニズムに取り組むことに乗り気ではなかった女性たちにフェミニズムへの参加を拒むための都合のいい言い訳を提供しがちである。これは、再定義というよりむしろ、フェミニズムに対する歪められた定義を無批判に受け入れてしまうことである。女性たちはひとつひとつの問題については支持しても、フェミニズム運動なるものからは縁を切ろうとしている。

　サンフランシスコのある新聞に掲載された「姉妹たち　その本音」（1983年）という記事のなかで、コラムニストのボブ・グリーンは、多くの女性が「フェミニズム」という言葉に対して明らかに反感を抱いていることについてコメントしている。グリーンは、多くの女性が「どう見てもプライドの高いフェミニストであるとしか考えられないのに、何か不愉快なものであるかのように、あるいは何か自分たちとは結びつけて考えてはもらいたくないものであるかのように、『フェミニズム』という言葉を退けてしまうこと」に興味を持っている。そうした女性たちは、たとえ特定集団の女性の社会的地位を向上させてきたフェミニズムがもたらした改革によって自分たちが恩恵を受けてきたことをしばしば認めていたとしても、フェミニズム運動に参加しているとは思われたくないのである。

　　それはどうしようもないことである。結局いま、「フェミニズム」という言葉は、多くの聡明で野心的で知的な女性たちを困惑させたり、不快にさせたり

している。彼女たちは単に、かかわり合いたくないだけなのである。

　まるで、その言葉には、自分たちが結びつけられたくない不愉快な意味で
も含まれているかのようである。彼女たちは、主流派フェミニストのあらゆる
信念に文字どおり賛成するだけで、たとえ自分がフェミニストだと思っていて
も、そのことを決して口にしようとはしない。

　多くの女性がフェミニズムを支持したがらないのは、その言葉の意味をはっ
きりと知らないからである。また、搾取され、抑圧された民族集団の女性がそ
の言葉を退けるのは、人種差別主義的な運動を支持しているとみなされたくな
いからである。すなわち、フェミニズムは白人女性の権利を目標とし、その達
成のために努力することと同一視されていることが少なくない。

　多くの女性が、フェミニズムとレズビアニズムとは、すなわちフェミニズム
と女性間の同性愛とは同じ意味の言葉だとみなしている。そのために、同性愛
を嫌悪する女性たちは、レズビアンを支持しているいかなるグループともかか
わり合いを持つことを拒絶する。

　あらゆる社会運動と同一視されることを、特に急進的だとみなされている運
動と同一視されることを避けるために、「フェミニズム」という言葉を恐れる
女性たちもいる。もちろん、どんな形であれ、女性の権利運動とかかわり合い
たくないと思っている女性たちもいる。そのために、彼女たちはフェミニズム
運動を拒絶し、反対するのである。ほとんどの女性は、フェミニズムの肯定的
な意味よりも「ウーマンリブ」の否定的な見方につうじている。わたしたちが
今、何とかして再生し、維持していかねばならないのは、フェミニズムという
言葉の肯定的で社会的な重要性であり、力である。

　フェミニズムは今や、明確な意味のない言葉であるかのように思われてい
る。言葉を定義する際の「何でもあり」のアプローチの仕方によって、その言
葉には実質的に意味がないということにされてきた。「何でもあり」というこ
とは、たとえ保守的な右翼であろうと、愛国心に燃える共産主義者であろうと
その社会的視点にかかわらず、男性との社会的平等を求める女性であれば誰で
も自分をフェミニストと決め込むことができるということである。

　フェミニズムを定義するほとんどの試みにおいて、この運動の階級差別主義
的な性質が反映されている。そういった定義はたいてい、自由主義に端を発し
ており、それぞれの女性の自由や自己決定における権利に焦点を絞っている。

バーバラ・バーグは、著書『記憶にある門　アメリカのフェミニズムの起源』（1979年）のなかで、フェミニズムを「女性解放についての非常に多くの局面を包括している幅広い運動」と定義づけている。しかし、バーグが強調しているのは、より多くの一個人としての自由を女性が獲得していくことである。そして、そうした定義をさらに発展させながら、こうつけ加えている。

> それは、女性が自らの運命を決定する自由、性によって定められた役割からの自由、そして社会の抑圧的な制約からの自由である。また、自らの考えを十分に表現し、それらを誰からも邪魔されることなく行動に移すことのできる自由である。フェミニズムは、個人の道徳心や判断に関する女性の権利が認められることを要求する。フェミニズムは、女性の本質的な価値はその女性の一般的な人間性に由来し、その人間関係で決まるものではないことを主張する。

こうしたフェミニズムの定義は、政治とはほとんど無関係な、いわゆるノンポリ的な語り口をおびている。しかし、こうした定義こそ、多くの自由主義的な考え方をする女性たちにとって魅力的なのである。こうした定義は、個人の自由という非常に感傷的な観念を呼び起こす。そして、そうした観念は急進的な政治行動を強調した定義より受け入れやすい、

ラディカル・フェミニスト

今や多くのラディカル・フェミニストは、個人の自由に価値を見出す自立した人間としての女性に焦点を絞ったフェミニズムも、男性との機会均等を達成することに焦点を絞ったフェミニズムも、社会の性差別主義的な考え方や男性支配をなくすことはできないということに気づいている。フェミニズムは、性差別主義的な抑圧をなくすための闘いである。

したがって、フェミニズムは必然的に、帝国主義や経済拡張や物質的な欲望より人間の個人的な成長を優先させるような社会を再構成するためのかかわり合いというだけでなく、さまざまなレベルで西洋文化に行き渡っている支配のイデオロギーを根絶するための闘いなのである。こうした形で定義すると、わたしたち女性が単に生物学的に同じだという理由でフェミニズム運動に参加す

るようでは、その将来性はない。そして、このような定義をしたフェミニズムにかかわるためには、参加している一人ひとりが理想や信念にもとづいた批判的な社会運動としての意識を持たなければならない。

「個人的なことは政治的なことである」というスローガンは、女性の日常的な現実が政治によって、すなわち社会の仕組みによって特徴づけられ、形づくられ、そのために必然的に政治的であるということを強調するために用いられた。そして、このスローガンはしばしば、女性たちに差別や搾取や抑圧を体験することがそのまま、その人間の社会的地位を形づくっている観念的で制度化された装置を理解することにつながっていると思わせるための手段にされてきた。

その結果として、自らの状況を十分に検証してこなかった多くの女性は、自らの政治的な現実について、そして集団としての女性の政治的な現実との関係について、知識にもとづいた理解をまったくと言っていいほど深めることができなかった。女性たちは、個人的な体験を語ることに焦点を絞るよう奨励された。世界中で植民地化された人びとの運命を変えるために活動している革命家のように、フェミニズム活動家たちが自らの現実を直視し、表現できるようになることが自身の再生に達するまでの道のりにおいて重要な第一歩であると強調するのは当然だった。

しかし、それはあくまでも始まりに過ぎない。女性たちが、自らの苦悩を語ることが批判的で政治的な意識を発展させていくことであると考えるようになったとき、フェミニズム運動の進展は行き詰まった。このような不完全な展望から始まることによって、理論や戦略が全体として不適切で方向の違うものになってしまったのも驚くようなことではない。

過去の分析におけるこうした不備を修正するために、わたしたちは今、女性が自分たちの政治的な現実を鋭く、包括的に理解することができるよう奨励しなければならない。より広い展望は、政治的と言われる個人的な問題、全体としての社会の仕組みの両方を検証して初めて手に入れることができる。また、グローバルな視野を持った革命的な戦略を検証して初めて手に入れることができるのである。

個人的な体験だけでなく、集団としての体験を強調する社会運動として定義されたフェミニズムは、性差別主義的な定めが自分たちの運命であるといった政治に無関心な立場を過去のものとし、女性に政治意識を発展させていくよう

第2章 フェミニズム　49

な新しい領域へ踏み込むよう要求する。

　女性は日常生活の体験をつうじて、わたしたち女性の多くが滅多に政治、すなわち社会の仕組みについて議論をしないことを知っている。女性は、現代フェミニズムの最盛期に性差別主義的な政治、すなわち性差別主義的な社会の仕組みについて話し合っていたときでさえ、こうした重大な政治問題とのかかわり合いを女性の社会的地位についての複雑で詳細な分析にまで発展させることができなかった。むしろ、男性を「敵」だと、すなわち男性こそが女性のかかえるあらゆる問題の元凶だと主張したのである。

　その結果として、わたしたちはもっぱら、女性と男性優位主義や性差別主義的イデオロギーとの関係性ばかりを検証することになった。「男は敵」という考え方に焦点を絞ることは、マーレーン・ディクソンが評論「ウーマンリブの興亡　階級制の分析」（1977年）のなかで強調しているように、「個人と個人を対立させ、社会において何が搾取なのかをあいまいにする」世界観を引き起こす「心理的抑圧の仕組み」をつくりだすことだった。

　フェミニズム運動の焦点は女性と男性の社会的平等であるべきであるという一般的な考えと縁を切ることによって、また集団を抑圧する文化を根絶することを重視することによって、わたしたち自身の分析には女性の政治的な現実のあらゆる側面を探求することが必要になってくる。それは、人種や階級における抑圧もまた、性差別主義と同じくらい関連性を持ったフェミニズムの問題として認識されることになるということを意味している。

　フェミニズムが、社会や政治において女性の現実の多様性に注意を向けるよう定義されれば、それはすべての女性の体験を、とりわけその社会的な状況が文章にされることも、研究されることも、あるいは政治運動によって変えられることもほとんどなかった女性たちの体験を中心としたものになる。「男は敵」というような単純なスタンスにばかり目を向けることをやめれば、わたしたち女性は、支配システムやその維持と永続化における自らの役割を検証せざるを得なくなる。

　適切な定義がなかったために、その見解が自由主義的であれ急進主義的であれ、ブルジョワ女性が運動のリーダーシップやその方向性を支配し続けるのは容易だった。こうしたひと握りの人間が主導権を独占する傾向は、ほとんどのフェミニズムの組織において現在も続いている。搾取され、抑圧されている集団の女性はいつも、権力を握っている女性によって、自分たちの状況は絶望的

だとか、自分たちは支配様式を打ち破るには無力だとか思うよう仕向けられている。こんなふうに適合させられてきたために、そうした女性たちはフェミニズム運動の白人ブルジョワ階級によるひと握りの人間が主導権を独占するような支配に対して、フェミニズムを酷評し、拒絶し、退ける以外にはないとしばしば感じてきた。

　こうした反応は、フェミニズムの理論と実践の方向づけを支配し続けようとする女性たちにとって少しも脅威ではない。そうした女性たちは、わたしたちが黙って、彼女たちの考えを無抵抗に受け入れてほしいと思っている。そして、わたしたちがフェミニズム運動に関する自身の考えを発展させていくよりもむしろ、「自分たち」に対して反論してほしいと思っているのである。

ライフスタイルとしてのフェミニズム

　フェミニズムは、性差別主義的な抑圧をなくすための闘いである。その目的は、特定の集団の女性にだけ利益を与えることではない。あるいは、特定の人種や階級の女性にだけ利益を与えることでもない。フェミニズムは、男性よりも女性に特権を与えるものではないのである。フェミニズムは、すべてのわたしたちの生き方を意義のあるものへと変えていく力を持っている。何より重要なことは、フェミニズムがライフスタイルでもなければ、出来合いのアイデンティティでも、あるいは人が苦もなく手に入れることのできる役割でもないということである。

　社会を変えるためのフェミニズム運動のエネルギーをその本来の目的に向かわせることなく、多くの女性は反体制的な文化や参加者がほとんど男性と接触することのない女性中心の世界を発展させることばかりに専念している。しかし、それでは、自らの文化形式を現在の体制に代わるような女性中心の共同体によって提供されるビジョンと統合できない大多数の女性に対して、配慮や気遣いを示すことはできない。

　メアリー・ダリは、著書『父なる神を越えて』（1973年）のなかで、女性たちに「家父長制による身の安全」を手放し、女性を中心とする新たな場所をつくるよう促している。前述したジーン・グロスは、そんなダリに答えて、フェミニズム運動の焦点が新たな場の構築に絞られたときに生じる矛盾を指摘している。

第2章　フェミニズム　（51）

「反体制世界」の構築は、そうした計画に着手しようとする女性たちにはかりしれないほどの重圧をかけてくる。その重圧は、こうした問題を唯一、本当の意味で解決できるのは自分自身しかいないという思い込みからきている。完全に家父長主義的だった過去は取り戻せないものとしてみなされる…。

　もし、わたしたちが、他者、そしてその他者のアイデンティティを形成している歴史的な状況と対話しないまま、今の文化に代わるような文化の構築に取りかかろうとすれば、わたしたちの目標をチェックするための実体をなくすことになる。帝国主義という文化を経て、そうした文化の支配的なイデオロギーがフェミニズム運動のなかで再び複製されるという非常に大きな危険をわたしたちは犯すことになる。

　フェミニズムの闘いを反体制的な女性中心の世界で生活することと同一視することは、ほとんどの女性を運動から締めだしてしまう障壁をつくることだった。性差別主義的な差別、搾取、あるいは抑圧があるにもかかわらず、多くの女性は自分の生きている人生を重要で価値があると感じている。そうした自分たちの生き方が単に、新しい「フェミニズム的」なライフスタイルのために置き去りにされたもの、あるいは見捨てられたものに過ぎないなどと示唆されれば、抵抗されるのも当然だった。自らの人生における体験の価値をおとしめられただけでなく、単に否定的で価値がないと決めつけられたことで、多くの女性はフェミニズムを激しく攻撃するようになった。

　それが生活の場であろうと、多くの大学で排他的になってきた女性学のような場であろうと、反体制的な文化を構築して初めて出現する新しいフェミニズム的な「ライフスタイル」といった考え方をやめることによって、またフェミニズムの闘いはそれぞれの女性がどこにいようと始めることができると主張することによって、わたしたちは集団としての女性の体験に焦点を絞った運動を、そして常に一般大衆を基盤とする運動をつくりあげることができる。

　過去６年間、主流派以外の多くのフェミニスト集団が形成されてきた結果、フェミニズムの焦点は女性を中心とした場の構築からアイデンティティの強調へと移ってきた。たとえ女性中心の場所が存在しても、そこが女性たちにとって自己実現することができ、自由であることができる唯一の場所でないかぎり、それを維持することはできない。

「フェミニスト」としてのアイデンティティを身につけたあと、女性たちはしばしば、「フェミニスト」的なライフスタイルを生きようと模索する。しかし、そうした女性たちには、「フェミニスト」がアイデンティティを模索する際の、女性が今選び得る、すでにお膳立てされた役割のひとつに過ぎないと思い込んでしまうことがフェミニズム運動の衰退につながるということが分かっていない。

　フェミニズムを社会的なかかわり合いというよりむしろ、ライフスタイルの選択としてみなそうとするのは、運動の階級差別主義的な性質を反映している。フェミニズムと新しいライフスタイルを同一視している女性のほぼ全員が、労働者階級や肉体労働者、親、家政婦、あるいは妻である貧しい女性たちが日常的に直面している社会的、経済的責任の多くを担うことのない中産階級の出身者、未婚者、大卒者、そしてしばしば学生であったりすることが多いのも驚くことではない。

　ときにはレズビアンがフェミニズムとライフスタイルを同一視しようとすることもある。しかし、それにはもっともな理由がある。アメリカ社会におけるレズビアンに対する偏見と差別を考慮すれば、女性を中心とした新しい共同体は肯定的で自分を認めてくれる環境を構築するひとつの手段である。こうした場所は必ずしも「フェミニズム的」なライフスタイルと同じであるとみなされる必要はない。そして、女性中心の場を構築する肯定的な理由、たとえば喜び、支援、そして情報の共有のような理由があるにもかかわらず、反体制的な文化をつくることが強調され、結果としてフェミニズム運動から女性たちが排除されてきた。そうした女性中心の場所なら、教会や台所などで見出すことができるからである。

　共同体、絆、目的を共有しているという感覚にあこがれて、多くの女性がフェミニズム組織のネットワークに支援を見出した。そうした女性たちは個人的に、フェミニズムのイデオロギーに焦点を絞った議論上の「安全」で「支援的」な関係からもたらされた新しい人間関係に満足を覚えていた。しかし、多くの女性が共同体に対して自分と同じような必要性を感じているかどうか疑問に思うことはなかった。

　たしかに、多くの黒人女性は搾取され、抑圧されていた。しかし、他の民族集団の女性たちと同じように生活するうえでの女性間の共同体に対する必要性を感じることはなかった。アイデンティティと共同体を共有する手段としての

フェミニズムは、すでに共同体を経験しており、生活していくうえでの搾取や抑圧をなくす手段を探していた女性たちにとってほとんど魅力がなかった。そうした女性たちが性差別主義的な抑圧を根絶しようとするフェミニズムに関心を深めたとしても、「フェミニズム的」なアイデンティティやライフスタイルに対する必要性を痛切に感じることはこれからも決してないだろう。

アイデンティティやライフスタイルを強調することがしばしば人の心を動かすのは、実践にかかわっているといった誤った感覚をつくりだすためである。しかし、社会に急進的で変革的な衝撃を与えることを目的としたいかなる社会運動でも、見せかけの急進主義者たちに安全と支援を経験させる場所をつくることばかりに、その実践の焦点を絞ることはできない。性差別主義的な抑圧をなくすためのフェミニズム運動は、参加者を積極的に革命的な闘いに引き入れる。そして、闘いが安全で楽しいものであることはほとんどない。

社会運動としてのフェミニズム

社会運動としてのフェミニズムに焦点を絞っていくことで、わたしたちは個人的なアイデンティティやライフスタイルを強調することに抵抗する。しかし、これは理論と実践を結びつけることが非常に重要な実際上の必要性を持っていることとは区別されるべきである。こうした抵抗が、わたしたちを大変革をもたらすような実践へと導いていく。

西欧社会の倫理規範は、帝国主義や資本主義によって特徴づけられているために、社会的というよりむしろ個人的である。わたしたちは、そうした倫理規範によって、個人にとっての善は集団にとっての善よりも重要であり、そのために個人が変わることが集団の変革よりもっと大きな意味を持っているという考えを吹き込まれている。こうした帝国主義特有の行動様式は、フェミニズムが社会全体や大多数の女性にほとんど、あるいはまったく影響を与えてこなかったにもかかわらず、自分たちの生き方が「今のような」フェミニズムによって有意義なものに変わってきたという事実さえあれば、理論と実践を変える必要などまったくないという個々の女性の考え方として、フェミニズム運動のなかに再生産されてきた。

言語構造はもともと、アイデンティティや自己定義の個人的な側面に言及するように形づくられている。フェミニズムの闘いへの参加は社会的なかかわり

合いであることを強調するために、「わたしはフェミニストである」という表現を使うことを避け、できれば「わたしはフェミニズムを支持している」と明言したい。なぜなら、これまでアイデンティティやライフスタイルとしてのフェミニズムばかりがあまりにも強調されてきたために、人びとは一般的にフェミニズムに対して固定観念に囚われた見方をしがちだからである。フェミニズムの戦略と方向性を見直そうとするなら、そうした固定観念から人びとの注意を意図的にそらす必要がある。

　わたしはいつも、「わたしはフェミニストである」と言うことによって、アイデンティティ、役割、あるいは行動についてのある種の先入観を持たれてしまうことが分かってきた。ところが、「わたしはフェミニズムを支持している」と言ったときには、相手はいつも「フェミニズムとは何なのか？」と応じてくる。「わたしは支持している」という表現には、「わたしは何々である」というような、ある種の絶対論的な意味合いが感じられない。そうした表現を使うことで、わたしたちは西欧社会における支配のあらゆるシステムの中心的なイデオロギーの構成要素であるところの、あれかこれかといった二元論的な思考に引き入れられることがなくなる。そして、それは行動が選択の結果であるということを、つまりフェミニズム運動へのかかわり合いが意思によって決定された行動であることを意味している。そうすれば、フェミニズムにかかわることで、ほかの社会的な運動を支持している可能性を全否定されることもなくなる。

　わたしは、フェミニズム運動に関心を持つ黒人女性として、黒人であることは女性であることよりも重要なのかどうかと質問をされることがしばしばある。また、性差別主義的な抑圧をなくすためのフェミニズムの闘いは、人種差別主義的な抑圧をなくすための闘いよりも重要なのかどうか、あるいはその逆なのかと質問をされることも多い。あらゆるこうした質問は、競争主義的な二者択一の考え方に、そして自己は他者と対立することによって形づくられるといった思い込みに根ざしている。それゆえに、ある人間がフェミニストだとすれば、その人間はフェミニスト以外の何者でもあり得ないということになる。

　ほとんどの人間は、両立的ではなくむしろ対立的な言語で思考するように適合させられている。反人種差別主義的な活動が、性差別主義的な抑圧をなくすための活動と完全に両立させることができるというよりむしろ、両者は優位を競っているふたつの運動としてみなされることが多い。「あなたはフェミニス

第2章　フェミニズム　　55

トですか？」と質問されて同意することは、フェミニズム以外の社会問題には
まったく関心がないという意味に解釈されてしまいがちである。まして黒人の
場合、自分がフェミニストであるという答えはおそらく、人種差別主義を根絶
するための闘いの価値をおとしめるものであるかのように思われてしまうだろ
う。

　誤解されることへの恐怖を考えてみれば、黒人女性や搾取されたり抑圧され
たりしている民族集団の女性が、フェミニズムの問題に関心を持っていること
を表明することは今までも、そして現在でも難しいことである。そのために、
そうした女性たちは「わたしはフェミニストである」という言葉を口にするこ
とを用心してきた。「わたしはフェミニストである」という表現から「わたし
はフェミニズムを支持している」という表現に変えることは、アイデンティ
ティやライフスタイルばかりに焦点を絞らないようにするための有効な戦略にな
り得る。また、他の社会運動だけでなくフェミニズムにも関心を持っている女
性たちが、あるひとつの集団だけしか信奉していないかのように相手に思わせ
てしまう言語の仕組みを回避しながら、フェミニズムに対する支持を表明する
手段にもなり得る。

性差別をなくすための運動

　フェミニズム理論において、社会的平等という考え方から性差別主義的な抑
圧をなくすことの強調へと定義が変わることは、理論の構築に関する姿勢も変
わることを意味している。人種的な階層制度だけでなく、これまでのフェミニ
ズム運動の階級的な本質を考えてみれば、行動の基本になる一連の信念や原則
といった道案内としての理論を構築する仕事はとりわけ、白人女性の学者だけ
にその主導権が握られてきた。そのために、特権的な人種や階級集団以外の多
くの女性は、理論の構築に焦点を絞ることを、そして理論という言葉を使うこ
とさえ、エリート集団の権力を強化することにだけ機能するものとしてみなし
てきた。しかし、そうした反応は、理論の構築は白人の知識人の専門分野であ
るという性差別主義的で、人種差別主義的で、階級差別主義的な考えを強化す
ることになる。

　フェミニズム運動で活動している特権階級に属している白人女性は、その視
点が自由主義的であろうと急進主義的であろうと、黒人女性たちに「実験的」

試みとして個人的な人生を語らせ運動に貢献させようとする。個人的な体験は、フェミニズム運動にとって重要である。しかし、それらを理論の代わりにすることはできない。

シャーロット・バンチは、評論「フェミニズムと教育　学校教育によって与えられる学位や学歴ではなく」（1979年）のなかで、理論の特別な意味について説明している。

> 理論は、長期目標や全体としての世界観によって、差し迫った必要性をわたしたちに理解させることができる。理論はこのように、長期的、かつ短期的な視野からのさまざまな戦略を評価するための枠組みを、そしてこれから起こる可能性のある変化がどのようなものであるかを、見極めるための枠組みを与えてくれる。理論は、単なる事実の集まりでもなければ、一連の個人的な意見でもない。理論は、わたしたちが手に入れることのできる知識や体験をもとにした説明や仮説を必然的に含んでいる。そして、それはまた、そうした事実や体験、そしてそれらの意味をどのように解釈するかという推測や洞察によって決まる。

ブルジョワ階級の白人女性は今まずっと、黒人女性には実質的にまったく意味を持っていないかのようにフェミニズムを定義してきた。そのために、彼女たちは、黒人女性がフェミニズム理論の構築に寄与する必要はないと結論づけることができたのである。そして、わたしたち黒人女性の役割は、広く行き渡っている一連の理論上における前提の証拠を提供し、それが正しいことを証明するための波乱に富んだ人生の物語を提供することになっていた。バレリー・アモスとプラティバ・パーマー共著による評論「帝国主義フェミニズムへの挑戦」（1984年）のなかで、フェミニズム運動に対する黒人女性の反応についての興味深い論議が交わされている。

フェミニズムの定義として、男性との社会的平等に焦点が絞られてきたために、差別、男性の態度、そして法律万能主義の改善などが強調されることになった。しかし、性差別主義的な抑圧をなくすための運動としてのフェミニズムは、わたしたちの関心を支配の仕組みへと、そして性と人種と階級における抑圧の相互関係へと導いてくれる。そのために、アメリカ合衆国における女性の共通の社会的地位を理解するひとつの方法として、性差別主義的な抑圧の矢面

に立つ女性たちの体験や社会的に困難な状況を中心にせざるを得ないのである。フェミニズムを性差別主義的な抑圧をなくすための運動として定義することが、理論構築にとってどうしても必要なのは、それが探究と分析の方向性を示す出発点だからである。

　これからのフェミニズムの闘いの土台は、性差別主義やその他の形態の集団的抑圧の底に流れている文化的基盤や原因を根絶する必要性を認識したうえで、しっかりと築きあげられなければならない。こうした哲学的な構造に挑戦し、変革することがないなら、どんなフェミニズムの改革も長期的な影響力を持つことはないだろう。結果として、フェミニズムを支持するものにとって今必要なのは、わたしたちの闘いを男性との社会的平等を手に入れるための運動として定義することはできないということを、そして「リベラル・フェミニスト」や「ブルジョワ・フェミニスト」といった言葉こそ、フェミニズムが特定の利益集団の日和見主義的な目的のためにいつまでも利用されないように解決されなければならない矛盾そのものであることを、すべての人が当たり前のこととして認識することなのである。

フェミニズム運動
その重要性

「男性は女性の敵である」という戦略上の失敗

　アメリカの現代フェミニズム運動は、世界中で女性に対する搾取や抑圧に注意を喚起した。このことは、フェミニズムの闘いの非常に大きな業績だった。しかし、性差別主義的な不正を強調したい一心で、女性たちはもっぱら男性支配のイデオロギーや男性支配だけに焦点を絞ってしまった。不幸なことに、その結果としてフェミニズムは、性差別主義的な抑圧をなくすための社会的な闘い、すなわち男女関係の変化を意味する闘いというよりもむしろ、男女間の宣戦布告であるかのようにみなされてきた。

　白人の女性解放運動家たちの誇張した言葉の裏に隠されていたのは主として、男性はフェミニズム運動によって得るものは何もなく、運動が成功したあかつきには男性は敗者になるだろうといった言外の意味だった。そして、好戦的な白人女性たちはとりわけ、フェミニズム運動によって女性が男性以上の特権を得ることに熱心だった。また、そうした女性たちの怒り、敵意、そして憤りはあまりに強すぎて、運動を公開討論の場に変えて攻撃する気持ちに逆らうことができなかった。

　そうした女性たちのなかには自らを「ラディカル・フェミニスト」とみなすものもいた。しかし、彼女たちの行動は単に、反動的なものだった。基本的に、彼女たちは「男性は女性の敵である」と主張し、この問題を解決するため

に、女性だけの理想国家、性によって分離されたコミュニティ、そしてすべて
の男性を征服することや絶滅させることさえ要求した。彼女たちの怒りは、個
人の解放のための抵抗や変革のきっかけとなってきたかもしれない。また、意
識を高めるための女性同士の絆を促進してきたかもしれない。しかし、本当の
フェミニズム運動の意味についての人びとの理解を深めることはなかった。

　性差別主義的な差別、搾取、そして抑圧は、男女間の戦争を引き起こしてき
た。伝統的に、その闘いの場は今までずっと家庭だった。現在もそれは変わら
ない。近年、そうした闘いは公私の区別なく、女性や男性、そして少年や少女
が居住しているあらゆる領域で起こっている。フェミニズム運動が重要なの
は、それが、日和見主義的で反動的な存在によって取り込まれないかぎり、女
性と男性のための新しいイデオロギーの出合いの場を、そして批判し、努力
し、変革するための場を提供するからである。

　フェミニズム運動が、女性と男性を闘わせるためのものではなく、その闘い
を終わらせるためのものであることを忘れてはいけない。フェミニズム運動は
人と人との関係性を変えることができる。そのために、人間の相互作用を特徴
づけている疎外、競争、そして非人間的な行為のかわりに、親密、友愛、そし
て友情の感情を育むことができるのである。

　皮肉なことに、フェミニズム運動のこうした肯定的な意味合いは、リベラル
派のリーダーや参加者たちに無視されることが多かった。声高なブルジョワ白
人女性は、女性が他人のための召使いの役割を拒絶するべきだと主張し続け
た。しかし、男性だけでなく女性にさえ、フェミニズム運動がすべての人びと
にとって重要であるということを納得させることには興味を示さなかった。そ
して、自らの体験を参加してきた女性たちに押しつけ、自己陶酔的にフェミニ
ズム運動にその生活のすべてを捧げたのである。

　一般大衆を基盤とした女性運動を築きあげることは決して、彼女たちにとっ
て中心となる課題ではなかった。多くの組織が設立されたが、その後、そうし
た組織のリーダーたちはより多くの人種が参加することを望んでいると表明し
た。すなわち、白人でもなく、物質的に恵まれた特権階級でもなく、中産階級
でもなく、そして大学も卒業していない女性たちに運動に加わってくれること
を望んだのである。

　フェミニズムの活動家たちは、フェミニズム運動の意味を大多数の女性に説
明することが必要だとはまったく思っていなかった。そして、社会的平等に重

点をおくことがすべての女性に共通する問題だと思い込み、そうした考えを訴えるだけで十分だと決めつけていた。彼女たちは、一般大衆を基盤とした運動の必要性を、草の根的な組織の必要性を、そしてフェミニズム運動の肯定的な意味をすべての人びとと共有する必要性を、強調しなかった。そうした戦略上の失敗によって、組織に参加している女性たちだけにしか関係がないものであるかのように思われ、フェミニズムは社会の進歩から取り残されることになったのである。

　フェミニズム運動に対する批判は近年、戦略や焦点の見直しの必要性を強調するのではなく、こうした失敗に光をあてている。欠点や不十分なところはあるにしても、現代フェミニズム運動の理論と実践はそれなりにうまく確立され、制度化さえされてきている。しかし、もし本当に性差別主義的な抑圧をなくすための闘いとしてのフェミニズム運動を築くつもりなら、わたしたちはその方向性を変えるように努めなければならない。そして、そうした闘いを展開していくために、わたしたちはまず分析の手始めとして、性差別主義的な抑圧を根絶することがわたしたちの生き方に肯定的な変化をもたらす影響力があることに注意を喚起しなければならない。

すべての抑圧を根絶する闘いの第一歩

　性差別主義的な抑圧を根絶することが重要なのは、それが根本的な矛盾であり、他のすべての抑圧のもとになっているためである、と多くの現代フェミニズム運動の活動家は主張している。そして、階級構造だけでなく、人種差別主義もまた性差別主義に由来しているとみなされている。

　こうした一連の分析が暗黙のうちに意味しているのは「もっとも古くから存在する抑圧」であり、「根本的な矛盾」である性差別主義の根絶こそが人種差別主義や階級差別主義に焦点を絞る以前に必要なことであるという想定である。性差別主義こそ真っ先に解決されなければならないといったような、あたかも抑圧に階級があるような言い方は、必要のない競い合いの感覚を引き起こすことになる。

　性役割による格差が文明のもっとも早い時期に存在していたことはよく知られている。しかし、女性が搾取され、抑圧されていたという主張に決定的な証拠を提供する社会についてはあまり知られていない。これまで発見されたもっ

とも古い文明は古代の黒人アフリカ大陸である。そして、そこではおそらく、今日わたしたちが知っているような人種問題も、階級社会も存在していなかったであろうと考えられる。欧米における性差別主義、人種差別主義、そして階級差別主義は、世界的な支配のシステムのように考えられているが、それらは基本的に西洋哲学によって形づくられてきた抑圧の形態なのである。そして、それらは人間発達の進化モデルをつうじてではなく、西欧的な背景においてもっともよく理解することができる。

アメリカ社会では、抑圧のあらゆる形態は伝統的な西欧的思考によって支えられている。西欧の文化的思考における根本的な矛盾は、優れたものが劣ったものを支配するべきであるという信念である。哲学者ジョン・ホッジは、著書『人種差別主義と集団的抑圧の文化的基盤』（1975年）において、アメリカ合衆国におけるすべての抑圧の形態のイデオロギー的な基盤は欧米の宗教的、哲学的思想であると主張している。

性差別主義的な抑圧がもっとも重要であるのは、それが他のすべての抑圧のもとになっているからではない。たとえ差別する人間であろうと差別される側の人間であろうと、また搾取者であろうと被搾取者であろうと、ほとんどの人間が経験する支配だからである。そして、ほとんどの人間が他の集団的な抑圧が存在することを認識すらしないうちに受け入れるよう社会の一員として適合させられてしまう支配だからである。

それは、性差別主義的な抑圧を根絶しさえすれば他の抑圧もなくすことができるという意味ではない。わたしたちの社会のすべての抑圧は結びついている。なぜなら、すべての抑圧は同じような制度的、社会的構造によって支えられているからである。そのために、他のシステムをそのままにして、ひとつのシステムだけを根絶することはできない。性差別主義的な抑圧に挑戦することは、すべての抑圧をなくそうとする闘いの重要な第一歩なのである。

家庭生活を肯定する

他の抑圧の形態とは違って、ほとんどの人が目にしたり、体験したりしているのが家族という環境のなかで実際におこなわれている性差別主義的な支配である。より大きな社会である家庭の外の世界と直面したときには、わたしたちは人種差別や階級差別を目にしたり、体験したりしがちである。

ホッジは、評論「二元論的文化とその未来」のなかで、わたしたちの社会の家族は、伝統的にも法的にも、「階級制度の二元論的な価値観と強制的な権威主義による支配を反映している」ことを強調している。そして、その例として、親と子ども、夫と妻の関係をあげている。

　　　ほとんどの子どもたちが最初に、階級主義的で権威主義的なルールの意味と実践を学ぶのは、この家族という形態においてである。彼らが、大人ではない自分たちに対する集団的な抑圧を受け入れることを学ぶのはここである。男性優位主義や女性に対する集団的な抑圧を受け入れることを学ぶのもここである。社会のなかで働き、家族の経済生活を支配し、身体的、そして経済的な罰やほうびを与えることが男性の役割であり、男性の経済的な支配のもとで母性愛という精神的な暖かさを提供するのが女性の役割だということを学ぶのもここである。上位と下位の関係、強者と弱者の関係、そして主人と奴隷の関係を初めて学習し、そうした関係が「あたりまえ」なのだと受け入れてしまうのもここである。

　子どもたちは、男性のいない家庭においてさえ、母親や他の大人との関係をつうじて、性差別主義的な役割パターンが厳格に守られているだけでなく、支配することに価値があることや権威主義的なルールを学習する可能性がある。
　ほとんどの社会において、家族は重要な親族構造である。すなわち、血縁や遺伝や情緒的な絆によって結ばれた人間の共通の場である。とりわけ、自分だけでは生きていくことのできない幼い子どもや老人が世話をしてもらい、自分の存在を認めてもらう場である。また、財産を共有する場でもある。
　わたしたちの社会では、家族の肯定的な機能が性差別主義的な抑圧のために歪められ、ねじ曲げられている。家族は、わたしたちが生まれたときから、さまざまな形態の抑圧を受け入れたり、支えたりするように社会生活に適合させられるスペースとして存在している。ホッジは、支配の文化的な基盤についての議論において、家族の役割をこう強調している。

　　　伝統的な西欧家族は権威主義的な男性のルールと権威主義的な大人のルールを合わせ持っている。そしてそれは、わたしたちに集団的な抑圧を自然の摂理として受け入れさせるための最初の条件づけをする重要な訓練の場で

ある。

　たしかに、わたしたちは家族のなかで愛され、世話をしてもらう。しかし、わたしたちは同時に、こうした愛より他人を支配するための力を持つことのほうが重要なのだということも教え込まれる。権力闘争、強制的な権威主義ルール、そして支配という暴力的な決めつけが家庭生活を形づくっているために、家族生活が激しい苦痛や痛みの背景であることも少なくない。当然、個人は家族から逃げる。そして、当然、家族は崩壊する。

　家族に関する現代フェミニズムの分析では、フェミニズム運動の成功が家族崩壊の始まりを意味していたり、あるいは家族崩壊を導くことを意味していたりすることがしばしばある。こうした提案は、多くの女性にとって、なかでも非白人の女性にとって非常に恐ろしいものだった。バレリー・アモスとプラティバ・パーマーは、共著による評論「帝国主義フェミニズムへの挑戦」（1984年）のなかで、家族に関するこうしたヨーロッパやアメリカのフェミニズムにおける議論の仕方は自民族中心主義的であり、フェミニズム運動から黒人女性を排斥するものであると検証している。

　それが彼女たちにひどい虐待や搾取を体験させてきた社会構造なのかもしれないが、もともと家族というものを抑圧的な仕組みとしてしか経験していない白人女性の活動家がいる一方で、多くの黒人女性は家族ほど非抑圧的な仕組みはないと思っている。たしかに、家族という状況のなかに性差別主義は存在している。性差別主義が存在しているにもかかわらず、わたしたち黒人女性はあらゆる形態の抑圧に直面させられる外の世界では感じることのできない尊厳、自尊心、そして人間性を取り戻すことができる。

　わたしたち黒人女性は実体験から、家族が夫、妻、子ども、あるいは血縁関係のある人間からなる単なる生計を共にする生活体ではないことを知っている。そして、さまざまな家族構成のなかで、性差別主義的な思い込みによって家庭内暴力などの破壊的なパターンが生みだされることもまた知っている。わたしたち黒人女性が家庭生活をまず第一に肯定したいのは、家族の絆こそが搾取され、抑圧された人びとを励まし、支える唯一のシステムだということを知っているからである。わたしたち黒人女性が望んでいるのは、家庭生活の価値を減じることなく、性差別主義的な抑圧によってつくりだされるその暴力的な要素を取り除くことである。

家族との生活の価値をおとしめるようなフェミニズムの議論は、この運動の階級主義的な本質を反映している場合が少なくない。特権階級出身の人間は、自分たちの利益を肯定し、守ってくれる多くの制度や社会構造に依存している。そのために、ブルジョワ女性は家族を拒絶することが家族関係を維持し、家族の世話をし、保護することを放棄することだとは考えもしないで家族を拒絶することができる。最悪の場合でも、彼女たちは家族の世話をしてくれる人間をお金で雇うことができる。近代の核家族のなかで育てられたために、フェミニズム運動で活躍している多くのブルジョワ女性は特に、性差別主義的な抑圧によって築かれた家庭生活の歪みにさらされてきた。すなわち、そうした女性たちは物質的な特権には恵まれてきたが、家族の変わらぬ愛情や思いやりを経験してこなかった可能性がある。

　そうした女性たちが家庭生活の価値をおとしめたために、多くの女性がフェミニズム運動から遠ざかった。皮肉なことに、フェミニズムは家族の関係性の変革に焦点を絞っているただひとつの急進的な社会運動である。家族というものは国家利益のための支配パターンを強化するためにあるのではないということを強調することで、性差別主義的な抑圧をなくすためのフェミニズム運動は家庭生活を肯定する。家族が性差別や性的指向などにもとづく抑圧的な側面のない肯定的で建設的な親族関係であり得るために、フェミニズムは家庭生活が本質的に破壊的であるという概念をわたしたちの意識に植えつけている西洋哲学の信念に挑戦することによって家族を解放する。

　白人至上主義的で家父長主義的な国家は政策上、そのメンバー一人ひとりに階級制による支配や強制的な権威を支える価値観を吹き込む役割を家族に担わせている。そのために国家は、フェミニズム運動が家庭生活を破壊するという考えをでっちあげることに執拗にこだわっている。社会学者バリー・ソーンは、評論集『家族を再考する　フェミニストの疑問』（1982年）の導入部分において、新右翼が自分たちの政治的なキャンペーンに家族に関するフェミニストの批判をまんまと利用してきたことを指摘している。

　　　今日までフェミニストたちによって提起された問題のなかで、家族に関する問題ほど、なかでも妊娠中絶の権利に対する要求、一連の家事や性に関する協定を合法化するための要求、そして男性の権威や女性の経済的依存、育児に関して女性が全面的な責任を負わされていることに対する挑戦といった

事柄ほど意見が対立してきたものはない。

　家族の重要性をおとしめるような家族に関するフェミニズムの見解は、国家の利益のためにやすやすと利用されてきた。家族が解体しつつあることや家族間の交流を特徴づける攻撃、辱め、虐待、そして暴力が家庭生活の肯定的な側面に影を落としていることが懸念されている。フェミニズムに反対することが家庭生活を改善する道であるなどという思い込みをしてはならない。

　フェミニズム活動家たちは、人びとを励ましたり、育んだりすることのできる親族構造としての家族の重要性を認め、性差別主義的な抑圧と家族の崩壊との関連を誰にでも分かるように説明する必要がある。また、不公平で権威主義的な支配が、共同体的な倫理、責任の分かち合い、そして友愛に置きかえられたときの家庭生活のあり方を、明確でビジョンのある実例をあげて示していく必要がある。性差別主義的な抑圧をなくすための運動は、すべての家族の家庭生活を強化し、支えるただひとつの社会変革運動なのである。

　現在の家族構造のなかで、個人は性差別主義的な抑圧を「あたりまえ」として受け入れるよう学習させられる。そして、異性愛以外の恋愛は認めないといった他の形態の抑圧を支持するような予備知識が与えられる。前述したホッジは、そのことについてこう述べている。

　　　支配はいつも、家族の間に存在している。大人が子どもを支配するような、
　　あるいは男性が女性を支配するようなさまざまな集団的抑圧の形態は、「人
　　種」（人種差別主義）、「国家」（植民地主義）、「宗教」、あるいは「他の要因」
　　によって定義された「正当な」集団的抑圧に容易に転換する。

基本理念としてのフェミニズム

　重要なのは、このような支配の文化的な基盤を破壊することに焦点を絞った性差別主義的な抑圧をなくすための闘いが他の解放闘争も強化するということである。人種差別主義や階級差別主義をなくすための闘いを支持することなく、性差別主義を根絶しようと闘っている人は自分自身の努力を知らぬ間に台なしにしている。また、性差別主義的な抑圧を支持しつつ人種差別主義や階級差別主義の根絶のために闘っている人は、あらゆる形態の集団的抑圧の文化

的な基盤を維持する手助けをしていることになる。そして、たとえそうした改革が成功しそうに見えたとしても、彼らの努力が革命的な変化として実を結ぶことはないだろう。彼らの一般的な抑圧に対する相反する関係は解決されなければならない矛盾である。さもなければ、彼らは自らが取り組んでいる急進的な取り組みの土台を日々崩すことになるだろう。

　残念なことに、さまざまな抑圧が互いに結びついているという認識に欠けているのは社会問題に無知な人間だけではない。すぐれた政治思想家がそうした盲点に陥ることは決して少なくなかったし、それは今でもしばしばあることである。フランツ・ファノン、アルベルト・メミ、パウロ・フレイレ、エイム・セゼールといった男性たちの業績は、植民地主義、人種差別主義、階級差別主義、そして階級闘争の本質についての多くのことをわたしたちに教えてくれる。しかし、そうした男性たちがそれぞれの著作において、性差別主義的な抑圧の問題を無視することはよくあることである。彼らは抑圧に対して論じるとき、あたかも自由を必要としているのは抑圧された「男性」だけであるかのように解放という言葉を定義する。

　フランツ・ファノンは、その偉業『黒い肌と白い仮面』(1967年)の第1章において、入植者を白人男性、被入植者を黒人男性になぞらえた抑圧の図式を描いている。ファノンはその著書で、疎外を克服するための闘いについてこう締めくくっている。

> 　ここで検討されている問題は、ある時代のものである。現れ出た「過去の積み重ね」のなかに封じ込められることを拒絶するニグロ（黒人男性）や白人男性は疎外を逃れることになるだろう。言い方を変えれば、他の多くのニグロにとって疎外を逃れるということは、決めつけられた現在を受け入れないことによって実現する。
>
> 　わたしは男性であり、わたしが再現しなければならないのは世界の過去のすべてである。わたしはドミニカ共和国の反乱に対してだけ責任がないわけではない。
>
> 　男性が魂の尊厳の獲得に寄与するときはいつでも、また男性が同胞の隷属化に断固として反対するときはいつでも、わたしはそうした男性の行動に対して連帯を感じてきた。

　わたしたちの多くが、社会的な意識を発展させる手助けをしてきたパウロ・

フレイレの著書『被抑圧者の教育学』（1970年）においても、人びとの解放が男性の解放として語られる傾向がある。

> このように解放は出産であり、痛みを伴う。現れるのは新たな男性であり、その男性はすべての男性が人間として扱われることで抑圧者と非抑圧者の矛盾が解決されたときにだけ成長し得る。別の言い方をすれば、こうした矛盾の解決は、この新しい男性を世の中に誕生させる産みの苦しみによってのみもたらされる。そして、この新しい男性とは、もはや抑圧者でも被抑圧者でもなく、自由を手に入れつつある男性である。

　こうした啓発本の中に性差別的な言い回しがあっても、そのためにフェミニストがそのテキストに書かれているメッセージに共感し、そこから学ぶことができないわけではない。性差別的な言い回しは、そうした業績の価値を否定はしないが、その価値を傷つける。それだけでなく、性差別主義的な抑圧を支持し、永続させる（わたしは本書を執筆した後で、この問題についてフレイレと議論した。彼は、自分の著作に対するこうした批判を真摯に受けとめ、そのことを読者にきちんと伝え、理解してもらうようにと熱心に勧めてくれた）。
　革命的な社会運動を主張する男性たちの行動のなかだけでなく、革命闘争に関する社会運動について書かれた多くの文書のなかにも性差別主義的な抑圧に対する支持がみられる。しかし、そうした性差別主義的な抑圧に対する支持は、すべての解放闘争の土台を崩すことになる。たとえば、キューバ、アンゴラ、そしてニカラグアのように人びとが解放闘争にたずさわっている多くの国々で、男性による女性の従属関係は、男性が女性を闘いの同胞として受け入れ、認めなければならないような危機的な状況において生じることはない。危機的な時期が過ぎてしまったときにはしばしば、古い性差別主義的なパターンが出現し、反目が激しくなり、戦略としての連帯が弱められる。
　性差別主義的な抑圧を根絶するという誓いがすべての社会運動を形づくる基本的な理念であったら、いかなる解放闘争も強化され、肯定されるだろう。フェミニズム運動は、抑圧をなくしたいと願うすべての集団や個人にとってもっとも重要であるべきである。
　解放闘争（帝国主義、人種差別主義、そして階級差別主義に対する闘い）に正面から取り組もうとしている多くの女性は、いつも性差別主義的な差別や搾取や

抑圧に直面し、対処してエネルギーを消耗させられている。闘い続けるために、連帯し続けるために、そしてあらゆる形態の支配を根絶する真摯なかかわり合いを続けるために、急進的な社会運動家が性差別主義的な抑圧を無視し、退け続けることはできないはずである。

　あらゆる形態の抑圧に対する闘いの必要性を一人ひとりが認識することは、社会運動としての意識の発展における重要なひとつの段階である。性差別主義的な抑圧と闘うことは重大で社会的意味を持っている。それは女性のためだけではない。フェミニズム運動は耐えがたい性差別主義的な抑圧の束縛からわたしたち女性を解放してくれる力を持っている。それだけでなく、フェミニズム以外の解放運動の実現を早め、それらをより強固なものとする可能性も秘めている。だからこそ、フェミニズム運動はきわめて重要なのである。

第4章

シスターフッド

社会運動としての連帯

シスターフッドの意味と価値

　性差別主義的な抑圧で、もっとも犠牲にされる集団は女性である。他の形態の集団的な抑圧と同じように、性差別主義は制度や社会構造によって永続されている。そして、支配し、搾取し、抑圧する人間だけでなく、現状に合わせて言われるままに行動するよう適合させられている犠牲者によって永続されている。わたしたち女性は、男性優位のイデオロギーによって、自分には価値がないと思い込まされている。そして、自分の価値を高めるためには男性と関係したり、あるいは結びついたりするしかないと思い込まされている。

　また、わたしたち女性が互いに交遊関係を持つことは経験を豊かにするというよりむしろ狭めることになると教え込まれている。わたしたち女性は「生まれながらにして」敵であると教え込まれている。そして、互いに絆を結ぶことなどできないし、結ぶべきでないし、実際に結んでいないという理由で、わたしたち女性の間に連帯などあり得ないと教え込まれているのである。わたしたち女性は、こうしたレッスンを十分すぎるほど学習してしまった。わたしたちが息の長いフェミニズム運動をつくりあげようとするなら、そうした学習を学び直さねばならない。わたしたち女性は、連帯して生きること、そして連帯して何かをなし遂げることを学ばねばならない。シスターフッドの本当の意味と価値を学ばねばならない。

現代のフェミニズム運動が、女性に社会運動としての連帯について学ぶための訓練の場を提供してくるべきだったにもかかわらず、シスターフッドは女性がそれを手に入れるために努力し、闘っていくだけの革命的な価値のある達成すべきものとしてみなされていなかった。ウーマンリブ、つまり女性解放運動によって呼び起こされたシスターフッドというビジョンは、共通の抑圧という概念にもとづいていた。言うまでもなく、「共通の抑圧」という考えを信奉していることを公言してはばからなかったのは、主にリベラル・フェミニストやラディカル・フェミニストと呼ばれたブルジョワ白人女性たちだった。

　共通の抑圧という概念は、女性の多様で複雑な社会における現実の本質を偽り、あいまいにしてしまう見かけだけの誤った土台だった。女性は、性差別主義的な態度、人種差別主義、特権階級意識、そしてその他の多くの偏見によって分断されている。息の長い女性の絆は、女性たちがこれらの分断と立ち向かい、それらをなくすための必要な段階を踏んで初めて実現することができる。そうした分断は、たとえどんなにすべての女性が共有している体験を強調することが価値のあることだとしても、共通の抑圧などという楽観的な考え方や感傷的な幻想によってなくすことはできない。

　近年、スローガン、標語、そしてかけ声としてのシスターフッドはもはや、統一のための精神的な力を呼び起こすものではなくなった。フェミニストのなかには今や、わたしたち女性間の差異を考えれば、女性がひとつに結びつくことは不可能なのではないかと感じているように見える者もいる。社会運動としての連帯の発露としてのシスターフッドの理念を断念することは、フェミニズム運動を弱め、先細りにしてしまうことである。連帯は抵抗運動を強化する。統一戦線が組めないのなら、性差別主義的な抑圧をなくすための大衆を巻き込んだフェミニズム運動はあり得ない。女性たちは自ら主導権をとり、連帯の力を証明しなければならない。わたしたち女性が、女性を隔てている壁は取り除くことができるということを、そして女性は連帯できるということを示すことができなければ、社会全体を変革していくことなど望むべくもない。

　シスターフッドが重要視されなくなったのは、共通の抑圧、共有されたアイデンティティ、そして同一性などといった概念を無理強いされることに激怒した多くの女性がフェミニズム運動を頭から批判し、完全に見捨ててしまったからである。シスターフッドに対する強調は、他人を操ろうとするようなブルジョワ白人女性の日和見主義を隠すための感情的なアピールとしてみなされるこ

とが少なくなかった。また、それは多くの女性が自分以外の女性を搾取し、抑圧している事実を隠すためのごまかしとしてみなされることもあった。

　黒人女性活動家で弁護士のフローリンス・ケネディは、早くも1970年、作品集『シスターフッドは力強い』のなかで、はたして女性の間に連帯が存在しているのかという疑問を表明した評論を書いている。

　　　わたしが、「わたしたちはシスターである」とか「『シスター』を公然と攻撃してはいけない」などといったシスターフッドという神話に対して、はなはだ理解に苦しむのは次のような理由のためである。家裁の裁判官シルビア・ジャフィン・リーズが実際にそう質問をしたように、わたしの依頼人が夫に暴力を振るわれたと訴えたとき、女性裁判官がどこに打撲傷があるのかという質問をしたり、暴力を振るわれているにしては太り過ぎているのではないかなどといった人を傷つけるような指摘をしたりした場合に理解に苦しむ。また、別の女性の裁判官がその適性が疑われるほど敵意をむき出しにして、夫が他に住むことのできる家を所有しているにもかかわらず、暴力的な夫が家を出ていくべきであるという裁判所からの命令を出すことを拒絶した場合にも理解に苦しむ。こんな裁判官たちは、わたしのシスターなんかではない。

犠牲者としての女性の絆

　女性たちは、絆などという薄っぺらな観念にもとづいた偽りのシスターフッドを受け入れるほど愚かではなかった。その多くが今や、女性の間の絆など重要ではないと発言するようになっている。しかし、わたしたちはこうした歪曲やそれをでっちあげた女性たちからシスターフッドに価値などないと思い込まされるような間違いを犯してはならない。

　たとえば、「レッドストッキング宣言」（1970年）のような現代フェミニズムの初期の文献において、犠牲者としての女性のイメージはつくりだされた。ジョーン・キャッセルは、フェミニズム運動におけるシスターフッドや象徴主義についての研究書『女性という集団』（1977年）のなかで、フェミニズム活動家の間の絆というイデオロギーについて検証している。レア・フィリッツのような現代作家も、女性たちに絆づくりを奨励するために犠牲者としての女性のイメージを呼び起こしている。バーバラ・スミスも、著書『ホーム　ガールズ』

（1983年）の導入部分で、こうした傾向について論じている。

　たしかに、わたしたち女性は互いに結びついたとき豊かになることができる。しかし、ブルジョワ女性の解放運動家によってつくりあげられたシスターフッドのモデルでは、息の長い関係や社会運動のような連帯を発展させていくことはできない。ブルジョワ女性の分析によると、絆の基盤になるのは共有された犠牲者としての体験であり、そのために共通の抑圧なるものが強調されることになる。こうした絆のとらえ方はまさに、男性優位主義的な考え方を反映している。

　性差別主義的なイデオロギーは、女であることはイコール犠牲者であると女性たちに教え込む。こうした方程式は女性の体験を不可解なものにしてしまう。ほとんどの女性は日常生活のなかで、いつも受け身で、助けようのない、無力な「犠牲者」というわけではない。それなのに、女性解放運動家たちはそうした方程式を拒絶するよりむしろ信奉し、共有させられた犠牲者としての体験を女性の絆の基盤とした。

　このことは、女性がフェミニズム運動を自分の生き方と関係があると感じるためには、自分自身を「犠牲者」としてみなさねばならないということを意味していた。犠牲者としての絆は、積極的で自己肯定的な女性がしばしば、フェミニズム運動のなかに自分の居場所を見出すことができないという状況をつくりだしてしまった。白人女性の活動家たちに（そして、黒人男性たちにも）、黒人女性はとても「強い」のでフェミニズム運動において活動する必要はないと思い込ませたのもこうした論法だった。また、多くの白人女性の活動家が犠牲者としてのアイデンティティを持てなくなったとき、彼女たちにフェミニズム運動を見捨てさせたのもこうした論法だった。

　皮肉なことに、「犠牲者」だとみなされることを切望し、犠牲者としての役割をただただ強調したのは、アメリカ社会のなかで大多数の女性よりはるかに特権に恵まれ、権力を持っていた女性たちだったのである。こうした傾向を示す事例が女性に対する暴力について書かれたいくつかの文献に見られる。日常的に搾取され、抑圧されている女性は、たとえそれがどんな形であれ、自分が自らの人生をコントロールする何らかの手段を講じているという信念を手放すわけにはいかなかった。そうした女性たちが自分をただ「犠牲者」としてみなすわけにはいかなかったのは、自分たちの持っている力が何であろうと、それを行使し続けることでしか生き延びることができなかったからである。

第4章　シスターフッド

そうした女性たちにとって、互いに犠牲者であるということだけで他の女性たちと結びつけられることは、前向きに生きていこうとする気力を削がれることでしかなかった。そうした女性たちは、精神的な強さやその場に応じて対処する能力を共有しているという点で結びついている。これこそ、フェミニズム運動が奨励すべき女性の絆である。シスターフッドでもっとも重要なのは、こうしたタイプの絆なのである。

　「犠牲者」として結びついていたために、白人女性の解放運動家たちが自らの体験の複雑さと向かい合う責任を問われることはなかった。彼女たちは自分たちとは違う女性に対する自らの性差別主義的な態度を検証しようと互いに呼びかけることをしなかった。また、自分たちの人種や階級以外の女性と自分たちとの関係に人種や階級的な特権がどのように影響しているのか調べてみることもしなかった。自らを「犠牲者」と同一視していたために、彼女たちは性差別、人種差別、そして階級差別の維持と永続化における自らの役割に対する責任を放棄することができたのである。そして、男性だけが敵であると主張し続けたのである。

　彼女たちは、自らの内なる敵を認めようともしなかったし、直視しようともしなかった。彼女たちには特権を放棄する覚悟もなかったし、急進的な社会運動としての意識を発展させるのに必要な、いわゆる「汚い仕事」（日々の組織づくりのなかでやらなければならない多くの退屈な仕事だけでなく、社会的な自覚を持つために必要な闘いや対決）に従事する覚悟も、そして人間の社会的な地位、価値観、社会的な信念などを正直に批判し、評価するという真っ先にやらなければならない仕事に従事する覚悟もなかった。

　シスターフッドはさらに、彼女たちを現実から隔ててくれるまた別の楯に、そしてまた別の支援システムになった。彼女たちのシスターフッドについての解釈は、ブルジョワ女性である白人の「レディ」は神経をかき乱されたり、不快にさせられたりするあらゆるものから守られるべきであり、自分を否定するような現実に直面して対立などしなくてもいいといった、白人女性特有の人種差別主義的で階級差別主義的な思い込みによって特徴づけられていた。そして、彼女たちのシスターフッドに対する見方は、シスター、すなわち運動にたずさわる女性たちが「無条件に」愛し合うことを、対立を避け意見の違いをできるだけ少なくすることを要求した。また、互いに批判しないことを、とりわけ公衆の面前で互いに批判しないことを要求したのである。

一時期、こうした暗黙の取り決めのために、フェミニズム集団においてしばしば決まりごとだった競い合い、敵意、終わることのない意見の不一致、口汚い批判（酷評）が抑えつけられ、組織があたかも統合されたかのような幻想がつくりだされたことがある。たとえば、かつて米国社会で出世するための条件とされていたアングロサクソン系白人新教徒、通称ワスプ（WASP）と呼ばれる労働者階級、白人女性の大学教授団、そして無政府主義フェミニストなどといった同じアイデンティティを共有するフェミニスト集団の多くの分派が今日、これと同じような白人女性特有の人種差別的で階級差別的な想定によって特徴づけられたシスターフッドのモデルを使っている。

　しかし、こうしたグループの参加者たちは互いに支援したり、認め合ったり、かばい合ったりする一方で、自分たちのような選ばれた階級以外の女性に対しては、たいてい極端に酷評するようなやり方で敵意をむき出しにしてくる。自分たちの集団以外の女性を排除したり、おとしめたりすることで結びつきを強めていく選ばれた立場にある女性の間の絆は、家父長制社会で常に生じてきた女性の間の私的な絆のタイプと非常によく似ている。ふたつの絆の異なるところは、フェミニズムに関心があるかないかだけである。

内なる性差別主義

　現代フェミニズム運動が始まった頃、わたしは（そして多くの他の黒人女性も）女性学のクラスやCRと呼ばれた意識高揚グループやミーティングなどで、白人女性たちが黒人女性の参加者がいないことについての質問に答えて、「黒人女性が参加しないのはフェミニズム運動の構造に問題があるのではなく、黒人女性がすでに解放されているということを示している」と強調するのをしばしば耳にしている。「強い」黒人女性というイメージは、多くの白人活動家の著作、たとえばサラ・エバンスが著した『私的政治』（1979年）、ベティーナ・アプテカーが著した『女性の遺産』（1982年）などによって描きだされている。

　社会運動としての女性間の連帯を発展させるために、フェミニズム活動家たちは文化を支配しているイデオロギーで定義づけられた言葉によって結びつくことはできない。わたしたちは、自分たちの言葉を定義しなければならない。犠牲者としての体験を共有したり、共通の敵といった誤った感覚に踊らされたりして結びつくのではなく、性差別主義的な抑圧をなくすことを目的とするフ

第4章　シスターフッド　75

ェミニズムに社会運動として参加することによって、わたしたちは結びつくことができる。そして、そのようなかかわり合い方をすれば、男性との平等といった問題や男性支配に抵抗する闘いにばかりエネルギーを集中させることもなくなるだろう。

　わたしたちはもはや、性差別主義的な抑圧の構造を女性には何の罪もなく、男性だけが悪いといった単純な説明で済ますわけにはいかない。男性支配に抵抗する前に、わたしたちは性差別主義に対する自らの執着を断ち切らなければならない。女性の意識の変革に取り組まなければならない。自らの内なる性差別主義的な社会への適応を暴き出し、検証し、それをなくすために力を合わせて取り組んでいくなら、わたしたち女性は強くなることも、互いを認め合うことも、そして社会運動としての連帯を発展させるための堅固な土台を築くこともできるはずである。

　男女間の性差別主義は、差別や搾取や抑圧につながる男性支配の形で表現されることがもっとも多い。そして、女性間の男性優位主義的な価値観は、懐疑的、自己防衛的、そして競い合う行動をつうじて表現される。大義名分が立たないと女性が互いに言いたいことも言えなくなってしまうのも性差別主義のせいである。女性たちに男性の性的対象になるよう吹き込む一方で、そうした役割を拒絶してきた女性がそうした役割を拒絶してこなかった女性たちに対して、軽蔑や優越感を覚えるのも明らかに性差別主義のせいである。

　性差別主義は、職業やキャリアを過大評価するだけでなく、女性たちに子育ての価値をおとしめさせる。人間には支配的な役割か従属的な役割のふたつの行動パターンしかあり得ないと子どもに教え込むのは、性差別主義的なイデオロギーを受け入れてしまっている女性たちである。性差別主義は女性たちに女性嫌悪を吹き込む。そして、意識的にしろ、無意識的にしろ、わたしたち女性はそうした憎しみを互いの日常的な接触のなかで行動に表す。

　現代フェミニズム運動の活動家のなかでも、特にラディカル・フェミニストと呼ばれた活動家たちは、女性が性差別主義的なイデオロギーに取り込まれてしまっていることに注意を促した。しかし、性差別主義的な前提を無批判に受け入れているだけでなく家父長制社会を支持している女性が、そうした社会への適合を学び直すことができる方法を強調することはなかった。

　フェミニズムを支持することは、どんな形であれ、性差別主義を拒絶することであるとみなされることが多かった。「フェミニスト」と名乗ることが、そ

の人間の変革のサインとしてみなされたのである。結果として、人間の価値観が変わっていく過程は無視された。あるいは根本的な変化ではないという理由で記録されることもなかった。CRと呼ばれた意識高揚グループはときとして、女性たちに自らの内なる性差別主義を見つめ直す場を提供した。こうした自分や他の女性に対する態度を検討してみることが、その人間の変革のきっかけになることも多かった。

ジョー・フリーマンは、著書『女性解放の政治学』（1975年）のなかで、意識高揚グループのような自分の体験をしゃべり、他人の意見に耳をかたむけるグループの機能を次のように説明している。

> 　女性たちは、個人的な体験や問題や感情を共有するために、小さなグループをつくって集まった。こうして皆で話し合う場を共有することで、個人的なことだと考えられていたことが実は一般的なことであるという、そして個人的な問題だと思われていたことが社会的な原因に根ざしており、それは社会運動によって解決することができるという認識が生まれる。こうした話し合いのグループは精神的な抑圧を解きほぐし、女性たちがそうした抑圧をフェミニズムの問題として考えるようになる手助けをする。
> 　女性たちは、社会構造や社会的な決めつけによって、どのようにして自分たちが生まれたときから形づくられてきたかを、どのようにして自分たちの機会を制限させられてきたかを知る。そして、この社会でどれだけ自分たちが低く評価されてきたかを、どのようにして自分自身や他の女性に対する偏見を増幅させてきたかを確信する。そして、女性たちは自尊心を育むことを、集団が連帯する価値を正当に評価することを学ぶ。

CRと呼ばれた意識高揚グループの人気はなくなり、同じような機能を持つ新しいグループが結成されることはなかった。女性たちはフェミニズムについての膨大な量の文献を生みだしたが、心のなかに根づいてしまった性差別主義的な考えを学び直す方法を重視することはほとんどなかった。

わたしたちは一時的な流行を追いかけ、さまざまな価値観にすぐに飛びつき、深くも考えないでそれらに適応してしまうような社会に生きている。そのために、今までほとんど、あるいはまったく変化のなかった領域に変化が起こってきたなどと簡単に思い込んでしまう。女性の互いに対する性差別主義的な態度もそうした領域のひとつである。

第4章　シスターフッド

全米中で、女性はたいてい悪意のあるゴシップ（ゴシップと有意義なコミュニケーションを混同してはいけない）をつうじて、自分以外の女性を言葉で傷つけることに毎日何時間も費やしている。テレビの主婦向け昼メロや夜のドラマは、攻撃的で人を人とも思わない、競争心だけが旺盛な女性と女性の関係を繰り返し描いている。フェミニストの集まりでも、女性に対する性差別主義は口汚いこきおろし、完全無視、そしてフェミニズム運動に参加してこなかった女性に対する思いやりや関心の欠如によって表現される。

　こうしたことが特に露骨なのは、フェミニズム研究がフェミニズム運動とはまったく関係のない学問やプログラムとしてみなされることの多い大学のキャンパスである。1979年5月、バーナード大学での学位授与式の挨拶で、黒人女性作家トニ・モリソンは聴衆にこう語っている。

> 　わたしはお願いしているのではありません。はっきり申しあげているのです。皆さんは、仲間であるはずの自分以外の女性に対する抑圧に手をかしてはいけません。子どもを虐待する母親は女性であり、それを率先してやめさせなければならないのも他の誰でもない女性です。スクールバスに放火する母親も女性なら、それをやめるように言わなければならないのも他の誰でもない女性なのです。仕事上で女性の昇進を阻むのも女性なら、そうした被害者を助けなければならないのも結局は女性なのです。助けを求めにきた人に屈辱感を与えるソーシャル・ワーカーや福祉担当者が女性かもしれません。そして、その同僚の女性がそうした人たちの怒りを静めなければならないのです。
>
> 　わたしは、女性たちが互いに振るっている暴力に危機感を抱いています。それは職業上の暴力、相手を蹴落とそうとする暴力、感情的な暴力です。わたしは、女性たちが自分以外の女性を隷属させようとしていることに対して危機感を抱いています。働く女性の世界という殺伐とした場で礼節がますます失われていくことに対して危機感を抱いています。

　大衆を基盤とした社会運動としてのフェミニズム運動を築いていくために、性差別主義的な社会への適合が学び直されてこなかったことによって温存されている互いを疎ましく思う気持ち、たとえば、同性愛嫌悪、外見による決めつけ、多様な性行為をする女性間の対立を克服するように、女性はもっと努力しなければならない。フェミニズム運動はこれまで、女性対女性の関係を、とり

わけ互いに面識のない女性や異なる背景を持つ女性間の関係を変革することが個人やグループを結びつけるきっかけになってきたにもかかわらず、そうした女性の関係を変革してこなかった。

　もし、わたしたちが社会運動として結びつくだけでなく、互いに肯定することのできる人間関係を築きあげようとするなら、女性が自らの内なる性差別主義を学び直すことができるように手助けするための努力を新たに始めなければならない。

連帯を阻む人種差別主義

　人種差別主義は、女性の連帯を阻むもうひとつの障壁である。現代フェミニズム運動の活動家たちによって表明されたシスターフッドというイデオロギーが、多民族の女性が白人女性によって人種的に差別され、搾取され、そして抑圧されているという認識にまったく欠けていたために、白人女性と多民族の女性というふたつの集団は自分たちが公益や社会的な関心事を共有していることを実感できなかった。今でもそのことを実感できないでいる。

　そして、まったく異なった文化的背景もまた、ふたつの集団のコミュニケーションを困難にしている。このことが特に当てはまるのが、黒人女性と白人女性の関係だった。それは今でも変わっていない。歴史的にも多くの黒人女性は、白人至上主義的な集団として白人女性がしばしば、人種差別主義的な白人男性よりはるかに残酷で非人間的なやり方で、もっとも直接的に自分たちに対して権力を行使するのを実際に体験している。今日、白人至上主義的な家父長による支配が広く行き渡っているにもかかわらず、黒人女性はしばしば、直接の上司やボスや監督者が白人女性であるような状況のもとで働いている。白人男性だけでなく白人女性の特権意識も、人種的な支配の結果得られたものである。

　そして、黒人女性はシスターフッドというフェミニストたちの呼びかけに対して、自分たちを食いものにしている白人女性を解放する手助けをするために、自分たち黒人女性がどうして一緒に立ちあがらねばならないのかという矛盾を即座に指摘した。シスターフッドの呼びかけは、多くの黒人女性にとって、自分たちのことなど眼中にない運動を援助し支援せよという命令のようにしか聞こえなかった。

トニ・モリソンは、論説「黒人女性がウーマンリブについて考えていること」
（1971年）のなかで、多くの黒人女性がブルジョワ白人女性を尊敬していない
だけでなく、ブルジョワ白人女性の利益にしかならない運動を支援することな
ど想像することもできないと説明している。

　　黒人女性は、白人女性の外見、安楽な生活、そして彼女たちが受けている
　ように見える白人男性からの思いやりを羨んできたが、それにはそれなりの理
　由があるからである。そして、黒人女性は、自分たちの生活に影響を与えて
　きた経済的な支配のために、白人女性を恐れることもできただろうに、乳母
　や家政婦がそうであるように白人女性を愛してさえいる。しかし、黒人女性
　には白人女性を尊敬することなどできないということが分かってきている…。
　　黒人女性は今までずっと、白人女性を有能で完璧な人間として賞賛したこ
　とはない。たとえ、女性が獲得することのできるいくつかの職業上の地位を
　白人女性と競い合っていようと、白人女性の汚れ仕事をやらされる上下関係
　であろうと、黒人女性は白人女性をわがままな子ども、愛すべき子ども、あ
　るいは意地の悪い子どもとみなしているだけで、世の中の現実的な問題に対
　処することのできる本当の意味での大人としてみなしたことは決してない。
　　白人女性は人生の何たるかについて無知だった。おそらく、それは自分の
　選択なのかもしれないし、いつも男性に助けられていたためにそうなってしま
　ったのかもしれない。しかし、いずれにせよ無知だということだけは間違いな
　いことだった。白人女性は、精神的にも経済的にも、結婚生活や男性の支援
　に全面的に依存している。そして、自分が女性であるために直面しなければ
　ならない問題に対して、狡く振るまったり、完全に諦めたり、自分を押し殺し
　たりすることで対処している。そして、金銭的に余裕のある者は家事や育児
　を自分以外の人間に任せたのである。
　　その解放された女性とやらが、黒人の誰か親切なおばあさんが育児や床磨
　きなどの日常の責任を引き受けてくれている間にフェミニトの解放の話を聞い
　て、家事をチェックするために帰宅し、それをやり直させ、あとは子どもによ
　って癒されるというのは今や、黒人女性たちの笑い話の種である。成功する
　ために、そうしたおばあさんの存在を必要とするなら、ウーマンリブは深刻な
　弱点を抱えていることになる。

ブルジョワ白人女性によってアウトラインを描かれたウーマンリブ運動が、

その多くが黒人である貧しい労働者階級の女性たちを犠牲にして、ブルジョワ白人女性が自らの利益を追求しようとしたものであるとみなしている人は多い。たしかに、そうしたウーマンリブ運動はシスターフッドのための基盤ではなかった。わたしたち黒人女性が、このような運動に加わっていたとしても、それは社会の仕組みに無知だったからである。しかし、これまでも、そして現在も、ウーマンリブ運動が社会運動としての組織づくりにおいて、黒人女性の参加を求めて苦戦していることを考えれば、重点をおかなければならなかったのは社会運動としての連帯の本質を発展させ、解明させることだったはずである。

　白人女性は、黒人女性を差別し搾取すると同時に、黒人女性との交流において互いに羨み、競い合っている。そして、両者の交流の過程は、信頼することのできる状況も、互いが互いの関係を発展させていくことのできる状況も築いていない。白人女性は、人種差別を無視したやり方でフェミニズムの理論と実践を構築した後で、人種問題に対する関心を呼びかける責任を自分たち以外の人間に転嫁したのである。

　白人女性は、人種差別主義や人種的な特権についての議論において主導権を取る必要はなかった。そして、フェミニズム運動の構造をまったく変えることも、自分たちの手のなかにあるリーダーシップを手放すこともなく、ただ人種差別について議論する非白人女性に耳を傾け、答えるだけでよかった。それから、より多くの参加者を募ることで、フェミニズムの組織により多くの有色人種の女性を参加させることに関心を示すだけでよかった。

　白人女性は人種差別主義に正面から取り組もうとはしなかった。運動の非常に初期の頃にはあったことだが、人種差別主義はつい最近、フェミニズムの議論において一般に認められている議題になってきた。それは黒人女性が人種差別主義に注目するよう呼びかけたためではなく、人種差別主義がどのように作用するかを示す過程を議論することが自らの正当性を証明することになると白人女性がみなしたからである。

　グロリア・ジョセフは、評論「マルクス主義、フェミニズム、そして人種差別主義の相入れない三角関係」（1981年）のなかで、こうした傾向について次のように述べている。

　　　フェミニストは今日まで、性差別主義と同じ立場で人種差別主義と闘うこ

とによって、必然的に備わってくる潜在力や可能性について具体的に説明してこなかった。エイドリアン・リッチが1976年に執筆したフェミニズムと人種差別主義についての記事は、こうした問題についての典型的なものである。リッチは、黒人女性作家たちがこれまで発言してきたことの多くを繰り返しているだけである。しかし、彼女の記事に与えられた賞賛は、黒人の考えの正当性は白人によって著されて初めて認められるということをあらためて証明している。

白人至上主義

　フェミニストの集まりで人種差別問題に焦点が絞られるのはたいてい、フェミニズムの理論と実践をとりあえず「今のまま」の構造で正当化するためである。白人至上主義の資本主義家父長制社会における他の差別撤廃措置の問題のように、人種差別についての長々しい議論や人種差別の重要性に対する口先だけのリップサービスは、現在のフェミニズム運動の「社会運動としての適切さ」に注意を喚起しがちである。

　そして、それらは決して、フェミニズム運動のなかの人種差別だけでなく、わたしたちの社会であるアメリカ合衆国の人種差別主義的な抑圧に対して抵抗するための徹底した闘いを目指しているわけではない。罪悪感や個人的な行動ばかりに焦点が絞られたために、人種差別主義に関する議論は暗黙のうちに性差別主義的であったし、それは今でも変わっていない。

　人種差別は単に、一人ひとりの白人女性活動家が人種差別主義者であるというような問題ではない。人種差別的な白人女性活動家など、アメリカ社会の女性全体では少数派に過ぎない。そうした女性たちが全員、運動の当初から反人種差別主義的であったとしても、それでもなお人種差別をなくすことはフェミニズムの中心課題であるべきである。人種差別主義は性差別主義的な抑圧と非常に密接に、そして互いに結びついている。そのために、人種差別は基本的にフェミニズムの問題なのである。

　欧米における人種差別主義と性差別主義のイデオロギーの哲学的な基盤は似ている。自民族中心主義的な白人の価値観にもとづいて、フェミニズムの理論家たちは人種差別より性差別のほうを優先すべきであると論じてきた。しかし、彼女たちはわたしたち黒人女性の実際の体験とは一致しない文化における

進化論にもとづく馬鹿げた考え方をでっちあげようとして、そう論じているだけである。

　アメリカ合衆国では、厳格な性別役割分業を維持することよりも優先されてきたとまでは言えないにしても、白人至上主義を維持させることはいつも優先事項だった。それは現在でも同じである。大衆を巻き込んだ人種差別への抵抗運動が起こったときにはいつでも、白人女性の権利への関心が燃えあがったのは単なる偶然ではない。

　どんなに社会の仕組みにうとい人間でも、抑圧された黒人からの要求と白人女性からの、なかでも特にブルジョワ階級の白人女性からの要求に応じるよう求められたとき、白人至上主義的な国家が白人に応じることが得策だと判断するだろうということぐらいは理解できる。多くの人びとがそのために命まで捧げてきた闘い、人種差別の根絶という理想を実現しようとする運動は、上昇指向の強い白人女性の階級的ニーズを満足させるために形づくられた女性運動より、はるかに脅威的なのである。

　人種差別に反対する闘いの重要性を認めることで、フェミニズム運動の価値や必要性がいささかも損なわれるわけではない。人種差別主義と性差別主義が不変に結びついているというあり様を女性に示すことができれば、ひとつの闘いを他方と競わせたり、あるいは人種差別を露骨に切り捨てたりするよりもむしろ、フェミニズム理論は多くのものを提供してくれるはずである。

　フェミニズム活動家の中心課題は、女性が自らの身体をコントロールすることのできる権利を獲得することだった。それは今でも変わらない。白人至上主義という概念はまさに、白人という人種を永続させることにかかっている。この世界で、白人の人種差別主義的な支配が続いていくためには、白人の家父長制社会がすべての女性の身体を支配し続ける必要がある。人種差別主義的な白人女性活動家は皆、女性が自らの身体をコントロールできるようになるために日々手助けをしながら、自分自身の努力を否定し、なし崩しにしていることになる。

　そして、白人女性が白人至上主義を攻撃するなら、そうした白人女性は同時に性差別主義的な抑圧をなくすための闘いに参加していることになる。人種差別主義的な抑圧と性差別主義的な抑圧の交差し、互いに補い合う本質についての事例はこれだけではない。フェミニズム理論によって検証されなければならない問題は他にもたくさんある。

理想を実現しようとする急進的な闘いとは似ても似つかないやり方で、フェミニズムの理論と実践を構築させたのは白人女性のなかにある人種差別主義である。ブルジョワ白人女性は、人種差別主義的な社会の一員として適合させられているために、自分たちは必然的に他の集団の女性より多くの女性を導く能力を持っていると吹き込まれている。白人女性はこれまで何度も、自分たちはフェミニズム運動の単なる一員ではありたくないという態度を示してきた。そう、彼女たちが望んでいるのはフェミニズム運動を率いることなのである。

　ブルジョワ白人女性の解放活動家はおそらく、多くの貧しい労働者階級の女性よりも草の根的な組織づくりの本当の意味を理解していなかった。それにもかかわらず、自分たちこそ理論や実践をつくりあげる支配的な役割を担わなければならないとうぬぼれていただけでなく、自分たちにリーダーシップの能力があると疑いもしなかった。人種差別主義は、特に階級的特権と相まって、自分たちは重要で価値があるといった思いあがった感覚を吹き込んでくる。

　また、ほとんどの貧しい労働者階級の女性だけでなく、たとえブルジョワ階級であろうと有色人種の女性は、さまざまな集団の女性からの支援と参加を得ることができなければ、自分たちだけではフェミニズム運動を立ちあげることなどできないと頭から決めてかかってきたところがある。エリザベス・スペルマンは、評論「人種とジェンダーの理論　黒人女性の抹消」（1982年）のなかで、こうした人種差別主義の影響を強調している。

　　　このアメリカという国は人種差別主義的な社会である。そういう意味で重要なのは、白人の自尊心というものは一般的に、黒人との差異や黒人に対する思い込みによる優越感に深く影響されているということである。白人のなかには、奴隷を所有していないし黒人を憎んでもいないから、自分は人種差別主義者ではないと考えている者もいるかもしれない。だからと言って、白人の自尊心という感覚を支えているものが、白人と黒人の間に利益や負担を不公平に配分している人種差別主義にもとづいていないということにはならない。

　フェミニズム運動の白人活動家が人種差別主義と正面から向き合おうとしなかったひとつの理由は、そうした女性たちが傲慢にも、自分たちのシスターフッドの呼びかけは自分たちが人種差別主義者ではないという意思表示であると

勝手に決めてかかっていたからである。自分たちがどういうわけか運動を「所有」し、自分たちがわたしたち黒人女性やその他の有色女性を「客」として招待している「主人」であるという自らの認識にまったく気づくことなく、多くの白人女性はずっと、わたしにこう言ってきた。「我々は、黒人女性やその他の有色人種の女性が運動に加わってほしいと思っています」と。

　今でこそフェミニズム運動において、人種差別の根絶に焦点が絞られるようになってきたものの、その理論と実践の方向性においては、ほんのわずかな変化しか生じてきていない。たしかに有色人種の女性たちのそうした貢献は必要かつ貴重なものなのだが、白人のフェミニズム活動家たちは今、授業計画に有色人種の女性の著作を含めたり、自分の民族のことについて教えるクラスの担当に有色人種の女性を雇ったり、フェミニズム団体の代表にひとり、あるいはひとり以上の有色人種の女性を確保したりしている。

　その一方で、彼女たちはたいてい、自分たちが支配している理論と実践における主導権を決して手放そうとはしていない、という事実を覆いかくそうとしている。このアメリカが、白人至上主義の資本主義国家でなければ、白人女性が支配を確立することはなかったはずである。人を人とも思わない非人間化のプロセスの一環としての、有色人種の女性を操ろうとする白人女性たちの企ては常に見過ごされてきたわけではない。雑誌『In These Times』の1983年7月号に、貧しい女性と女性運動の問題に関するテレサ・ファニシェーロの手紙が公表されている。それは、フェミニズム運動内部における人種差別の本質を暴いたものである。

　　少し前の全米女性連盟（NOW）のニューヨーク支部が主催した「都会の女性」に関する会議に先だって、名前を忘れてしまったが、全米女性連盟の代表から、福祉について話してくれる誰か資格のある女性を知らないかという電話を受け取った。その際、白人はやめてほしいという注文をつけられた。なぜなら白人は「はっきりものを言いすぎる」傾向があるから（つまり、わたしは不適格ということらしい）。それから、黒人もやめてほしいという注文をつけられた。なぜなら黒人は「怒りに燃えすぎている」傾向があるからということらしい。プエルトリコ人ならいいとでも言うのだろうか？　プエルトリコ人の女性ならおそらく、社会的な問題や分析的な問題について発言しないで、都合のいい「女性運動がこれまでもたらしてきてくれたもの」といった話に

限定してくれるとでも言うのだろうか。

　ファニシーリョは、さまざまな人種の女性たちがその会議の主導権を握ることができるように組織し、こうした状況に対応した。こうした行動はまさに、シスターフッドの精神を証明している。

人種差別主義を学び直す

　人種差別に対するもうひとつの対応として、自らの内なる人種差別主義を学び直すためのワークショップが立ちあげられてきた。そして、そのリーダーは白人女性であることが多い。そうしたワークショップは、たしかに重要である。しかし、それらは社会運動としてのかかわり合いや行動に結びつくような変化の必要性を強調するのではなく、偏見を持っている個人が個々にそのことを認め、怒りや苦痛といった感情を浄化させることばかりに焦点を絞る傾向がある。

　たしかに、自らの内なる人種差別主義を学び直すためのワークショップに出席し、自分が人種差別主義者であることに目覚めた女性は、そうでない女性に比べて、わたしたちを脅かす存在ではない。人種差別主義に対する認識は、それが変革につながってこそ意味がある。人種差別主義的な社会への適合を学び直す過程において明らかになったことは、もっと研究され、文章に表現され、実践されていかなければならない。

　だからこそ、人種差別主義を学び直すためのワークショップでは告白が重視されるのだが、日常的に人種的な特権を行使している多くの白人女性は、自分たちがそういう行動をしているという自覚に欠けている。また、彼女たちは白人至上主義というイデオロギーだけでなく、それによって自分たちとは人種の違う女性に対する自らの行動や態度がどれほど影響されているかということに対してもよく理解していない可能性がある。

　白人女性は、自らの行動の意味をまったく自覚しないまま、共有している人種的なアイデンティティにもとづいて結びついていることが少なくない。こうした無意識のままの白人至上主義の維持と永続化は危険である。なぜなら、もし人種差別主義的な態度が存在することを認識していなければ、誰もそうした態度を変えるために闘うことができないからである。

たとえば、互いに面識のない白人のフェミニストのグループがフェミニズム理論について議論する会議に加わっているとしよう。白人女性たちは同じ女性であることにもとづいて結びついていると感じているかもしれない。しかし、有色人種の女性がひとり、部屋に入ってきたとたん、その場の雰囲気はがらりと変わってしまう。白人女性たちは緊張し、リラックスできなくなり、お祭り気分は消え失せてしまう。無意識のうちに白人女性たちが互いに親密感を覚えていたのは、人種的アイデンティティを共有していたからなのである。

　白人女性たちを結びつけている「肌の白さ」はまさに、非白人を「他者」だとか「脅威」だとか感じてしまう人種的アイデンティティそのものである。白人女性に人種の絆について話すと、そうした絆の存在を否定することが多い。すなわち、それは性差別主義的な男性が自らの性差別主義を否定するのと何ら変わらない。白人女性が白人至上主義の何たるかを理解し、その問題に本気で取り組まないかぎり、彼女たちと多様な民族集団の女性との間にはどんな絆も存在することはできない。

　単にフェミニズム運動内部の人種差別を認め、あるいは個人的な偏見に注意を喚起するだけでなく、アメリカ社会における人種差別主義的な抑圧に抵抗しようと積極的に闘うとき、白人のフェミニズム活動家が真剣かつ革命的な態度で人種差別と真正面から取り組み始めてきていることを女性たちは知るだろう。また、人種差別主義的な抑圧を永続させることも持続させることもないように、あるいは意識的であれ無意識的であれ、非白人女性を虐待することも傷つけることもないように、リーダーシップを当然視し、理論を形づくり、有色女性とコンタクトをとる前に、フェミニズム運動の方向性を変える手助けをするとき、また人種差別主義的な社会への適合を学び直すために努力するとき、白人のフェミニズム活動家が人種差別を根絶するために社会運動に身を挺してきたことを女性たちは知るだろう。

　これらが、白人女性と有色女性の間の社会運動としての連帯を実現するための土台を築く真に急進的な行動なのである。

「内面化された」人種差別主義

　シスターフッドという女性の絆を立ちあげようとするなら、人種差別主義と向かい合わなければならない集団は白人女性だけではない。有色人種の女性も

また、自らの白人至上主義的な考えに対する同化、すなわち「内面化された人種差別主義」と向かい合わなければならない。なぜなら、そうした「内面化された人種差別主義」が、わたしたち有色人種の女性に自己嫌悪を感じさせ、抑圧的な集団にというよりむしろ互いに理不尽な怒りや憤りをあらわにさせ、互いを傷つけ罵らせ、あるいはひとつの民族集団に別の民族集団とコミュニケーションをとろうとする努力を放棄させてしまう可能性があるからである。

さまざまな民族集団の出身である有色人種の女性は、互いに恨んだり憎んだりすることや互いに競い合うことばかりを習得してきていることが多い。アジア系、ラテン系、あるいはアメリカ先住民の集団が、黒人を嫌悪することによって白人との結びつきを見出すことも少なくない。黒人はそれに対して、そうした民族集団の人種差別主義的な固定観念やイメージを永続することで応じようとする。それは悪循環でしかない。

有色人種の女性間の分断は、わたしたち有色人種の女性が単に人種差別に抵抗するためだけでなく、自分たちの文化について学び、自分たちの知識や技術を分かち合い、自分たちの多様性から強さを得るために結びつく責任を引き受けようとしないかぎり、なくなることはないだろう。わたしたちは、互いを隔てている壁について、そしてそうした隔絶を乗り越えることのできる方法について、もっと研究し文章にする必要がある。

同じ民族集団でも男性のほうが、わたしたち女性より互いに接触する機会を多く持っている場合が少なくない。女性は、あまりにも多くの仕事や家庭の責任を抱え込んでいるために、自分の集団や自分のコミュニティ以外の女性と知り合いになる時間がなかったり、そうした時間をつくらなかったりすることも多い。言語の違いもわたしたち女性のコミュニケーションの妨げとなることが多い。スペイン語、英語、日本語、中国語などの言語を話せるようになるよう互いに励まし合うことで、そうした状況を変えることができる。

さまざまな民族集団の女性の交流を難しく、ときには不可能にしているひとつの要因は、ある文化の行動パターンが別の文化では受け入れ難いものであり、異文化においてはそれが違う意味を持っていることを、わたしたち女性自身が認識していないことである。わたしは「アメリカ合衆国の第三世界の女性たち」という科目を繰り返し教えてきた体験をつうじて、自分とは違う文化の行動パターンを学ぶことがとても重要であることを習得してきた。

日系アメリカ人の学生は、自分がフェミニズムの組織に参加する気になれな

いのは、間をおかずに早く話し、早のみ込みで、常に答えを用意しているようなフェミニズム活動家の傾向が気になって仕方がないからだと説明した。彼女は、話す前に間をおき考えるように、そして言葉ひと言ひと言に配慮するように、育てられてきたのである。彼女のように感じる特性は、特にアジア系アメリカ人に当てはまるものだった。彼女は、参加したフェミニストたちの集まりで、何度も居心地の悪さを感じたと語っている。わたしたちは、クラスのなかで間をおいて話すことを認め、そのことを尊重することを学んだ。そして、こうして互いの文化の行動パターンを共有することによって、多様なコミュニケーションのあり方を許容するクラスの雰囲気をつくりあげた。

そのときのクラスで一番数が多かったのは黒人女性である。白人の女子学生数人が、クラスの雰囲気が「敵対的すぎる」という不満を訴え、そうした敵対的な雰囲気の例として、授業が始まる前の教室の騒々しさや露骨な対立を引き合いに出してきた。わたしたちは、それに対して、白人女性が敵意や攻撃だと感じていることはわたしたち黒人にとって一緒にいる喜びからくる陽気なからかいや愛情のこもった表現なのだと説明して応じた。そして、わたしたち自身もまた、声高に話す黒人の傾向は、わたしたちの多くがそのような家庭で育ったという文化的な背景だけでなく、ひとつの部屋でたくさんの人間が話していたからだと気づいた。不満を訴えてきた学生は、白人の中産階級の女性としての躾によって、声高であけすけに話すことと怒っていることを同一視するよう教え込まれてきたのである。わたしたちは、わたしたち黒人は自分たちの声高でぶっきらぼうな話し方をそんなふうに受けとめないと説明した。そして、見方を変えて、そういうわたしたちの話し方を、自分を主張する身体的表現として受け入れてほしいと白人の学生たちに申し入れた。

いったん見方を変えると、白人の学生たちは授業でより創造的で楽しい体験を積みかさねることができるようになった。それだけでなく、沈黙や物静かな話し方が文化によっては敵意や攻撃を示すことになるということもまた学んだのである。わたしたちは、互いの文化の行動パターンを学び、互いの差異を尊重することによって、共同体意識を、そしてシスターフッドの何たるかを感じるようになった。

多様性を尊重するということは、みんなが似ているということでも同じであるということでもない。わたしは、サンフランシスコ州立大学で「アメリカ合衆国の第三世界の女性たち」という科目を教えた経験から、多様な背景を持つ

女性たちに対して理解を深めることができた。わたしは、そこで教えた学生たち全員に、特にベティ、そしてスーザンに感謝している。

女性間の差異

このような多様な人種が入りまじった教室などの状況においてきわめて重要なのは、わたしたち女性間の差異やそうした差異が互いの理解を決定づけている度合いを認知し、きちんと受け入れ、尊重することである。わたしたちが差異を正しく評価するということを絶えず互いに確認し合ったのは、わたしたちの多くが違っていることを恐れるように育てられたからである。わたしたちは全員、何らかの形で苦しんでいるが、全員が全員抑圧されているわけではなく、同じように抑圧されているわけでもないということを認識する必要があると話し合った。

わたしたちの多くが、自分は他の人が体験したほど抑圧されたわけでもなければ、あるいは食い物にされたわけでもないので問題とされないのではないかと危惧していた。わたしたちが分かったのは、人びとが優劣を競って他人の体験と比較しようなどとせず、正直に自らの体験に注意を集中するなら、わたしたちはより強い絆を感じることができるということだった。イザベル・イリゴエイという学生は、次のように書いている。

> わたしたちは、同じように抑圧されているわけではない。そんなことに喜びはない。わたしたちは、自らの内面を、自らの体験を、そして自らの抑圧を語らなければならない。ほかの誰かの抑圧を取りあげることは少しも誇らしいことではない。わたしたちは、自分が感じてこなかったことについて、決して代弁してはならない。

わたしたちは、個々の体験に焦点を絞ってコミュニケーションし始めたとき、共通の民族的な背景を持つわたしたち黒人の間でさえ、体験というものは多様であることを見出した。また、こうした違いはわたしたちが「メキシコ系アメリカ人の体験」や「黒人の体験」といったひとくくりにできるような一枚岩的な体験など共有していないことを意味していることも学んだのである。

スペイン語しか使わない田舎育ちのメキシコ系アメリカ人は、ブルジョワ階

級の白人住民が多いニュージャージー郊外の英語を日常会話とするような家庭で育ったメキシコ系アメリカ人とはまるで違う人生体験をしていた。こうしたふたりの女性が無意識のうちに連帯を感じることはない。たとえ同じ民族集団の出身であっても、ふたりがシスターフッドを築いていくためには努力をしなければならない。

　こうして差異に対する理解を深めていきながら、わたしたちは他人の体験を値踏みしようとする自分たちの傾向にもまた直面させられることになった。わたしたちは英語を話すメキシコ系アメリカ人より、スペイン語を話すメキシコ系アメリカ人のほうが「社会問題に対して適切な言動をする」とみなしがちである。わたしたちは、比較したり優劣を判断したりするように学習してしまった傾向をもはやただ黙って受け入れないことによって、それぞれの体験に価値を見出すことができるようになった。

　わたしたちはさまざまな体験をしているために、一人ひとりが異なるニーズを持っていることが多い。そして、社会的な意識を発展させるためのただひとつの戦略や公式など存在しないことも多い。わたしたちはさまざまな戦略をもくろみ、連帯のために努力する一方で多様性を認め合った。わたしたち女性が社会運動としての連帯を発展させていこうとするなら、異文化間で対話するためのさまざまなやり方を探していかなければならない。有色人種の女性たちが共に学ぶように、そして互いについて学ぶように努力して初めて、わたしたちはシスターフッドを築きあげる責任を引き受けることになる。

　わたしたちは、連帯への道を白人女性に導いてもらう必要はない。自分たちの都合のいいようにしか考えられないために、白人女性自身が間違えた方向へ進むことがあまりに多いからである。わたしたちは、反人種差別主義的な女性となら結びつくことができる。フェミニズム運動において、社会運動として連帯し、共に立ちあがることができる。そして、シスターフッドの理念を、その本当の意味と価値を取り戻すことができる。

階級差別と階級闘争

　人種の境界線を越え、階級は女性間を社会的に分断している。そして、それは深刻な状況を生みだしている。さらに貧しい労働者階級の女性たちが運動に参加するようになれば、階級の問題は重要ではなくなると初期のフェミニズム

文献において、しばしば示唆された。しかし、そうした考え方は、階級闘争を否定するだけでなく、搾取によって獲得される階級的な特権の存在をも否定する。

シスターフッドを築きあげるために、女性たちは階級的な搾取を批判し、拒絶しなければならない。自分より特権に恵まれない「シスター」を豪華なレストランのランチやディナーに連れていくブルジョワ女性は、階級というものを認識しているのかもしれない。しかし、階級的な特権を拒絶しているわけではない。むしろ、彼女はそれを行使しているということができるだろう。古着を身につけ、貧しい人の住む安い家賃の住宅で生活していても、株を売買して生計を立てているようでは困窮した人びとや下層階級の人びとと本当の意味で結びつくことはできない。

フェミニズム運動における人種差別問題のように、階級問題の重点は個人の地位と変化にその焦点が絞られてきた。女性が、アメリカ合衆国における富と資源の再分配の必要性に目覚め、その目的を達成するために努力しないかぎり、階級を超えた女性間の絆は決して生まれない。

残念なことに、これまでのフェミニズム運動が主として、ブルジョワ階級の白人女性と白人男性の階級的な利益につくすものでしかなかったことは明らかである。最近、その参入はフェミニズム運動によって奨励され促進されたのだが、労働力に参入した中産階級の女性のほぼ全員は、1970年代の経済を強める手助けをすることになった。

キャロライン・バードは、著書『給料袋がふたつある結婚』（1979年）のなかで、そのほとんどが白人のそうした女性たちが衰えつつある経済を強化するのをいかに手助けしたかということについて、こう強調している。

> 働く妻たちは、インフレにもかかわらずその間、生活水準を維持する手助けをした。労働省の統計は、1973年から74年にかけて、稼ぎ手がひとりの家族の実質購買力は３％落ちたのに比べ、妻が働いている家族では１％しか下がらなかったと結論づけてきた…。女性たちはこれからも確実に、脅威にさらされている生活水準を守るために身を挺して働き続けるだろう。
>
> 女性たちは生活水準を維持する以上のことをやり遂げた。働く女性たちは何百万もの家庭を中産階級に押しあげた。妻の給料は、アパートと一軒家の違い、あるいは子どもの大学進学を意味していた…。

それから10年以上も経って、非常に多くの個々の白人女性、なかでも特に中産階級出身の女性が多くの職場において、キャリア至上主義や差別撤廃プログラムを支持するフェミニズム運動の結果として経済的な成功を収めてきたことは明らかである。しかし、女性の大多数は以前と同じように貧しいままか、あるいは以前に増して貧困にあえいでいる。

　ブルジョワの「フェミニスト」にとって、ニュースキャスターのバーバラ・ウォルターズに支払われる100万ドルのギャラは女性の勝利を表している。しかし、最低賃金以下で、給付金などほとんどなく、たとえあったにしてもごく少ない金額しか受け取っていない労働者階級の女性たちにとって、それは今なお続く階級的な搾取を意味している。

　レア・フィリッツの著書『夢みる人とディーラー』（1979年）は、階級的な特権が搾取にもとづいている事実を、裕福な女性がそうした搾取を支え容認している事実を、それによってもっとも被害をこうむっている人びとが貧しい特権に恵まれない女性や子どもである事実を、自由主義的な考え方をする女性がうまく言い逃れようとしているよい例である。フィリッツは、上流階級の女性の精神的な苦しみやそうした女性が男性の手にかかって犠牲になっていることを強調することで、そうした階級のすべての女性の共感を得ようとしている。そして、次のような文章で「裕福な女性」という章の結論を下している。

　　　フェミニズムは、貧しい女性のものであると共に裕福な女性のものでもある。裕福な女性がフェミニズムに関心を持つことはすべての女性の発展に結びつくことを、人に依存している居心地のよさこそ罠であることを、そしてたとえ黄金でできていようと檻は檻であることを、また抱えている不安は違っていても、豊かであろうと貧しかろうと、わたしたち女性が皆、家父長制社会の体制のなかで傷つけられていることを、裕福な女性にも理解できるようにしてくれる。精神分析医に通うしかなかったそうした女性の内面の混乱は、フェミニズム運動のためのエネルギーとなり、それだけで彼女は癒され、解放されることになる。

　フィリッツは、性差別主義的な差別や搾取を体験している裕福な女性たちがいたとしても、自分の都合のいいように、そのために必要な行為として女性に

第4章　シスターフッド　93

対する支配と搾取を無視した。そして、階級闘争もまた都合よく無視したのである。

　下層階級出身の女性たちは、ウーマンリブ活動家の言う社会的平等がキャリア至上主義や階級間移動を解放とみなしたものだと難なく見抜いた。さらに、そんな解放のおかげで誰が搾取されることになるのかも分かっていた。下層階級出身の女性は、日常的に階級による搾取に直面させられているために、階級闘争を都合よく無視することはできないのである。

　労働者階級の白人女性で、ブルジョワ階級の白人「フェミニスト」の家政婦として働いているヘレンは、作品集『危機にさらされている女性たち』（1978年）のなかで、フェミニズムにおける言葉と実践の間にある矛盾を見抜いてこんなふうに表現している。

　　　わたしは、奥様の言うことは正しいと思います。奥様はいつも、みんなが平等であるべきだと言っています。でも、奥様は自分の家でわたしをこき使っているし、わたしは奥様とは平等ではありません。それに、奥様もわたしと平等になりたいなんて思ってはいないのです。奥様を責めているわけではありません。なぜならわたしが奥様でも、奥様とまったく同じように自分のお金を決して手離さないでしょうから。たぶん、それは男性たちがやっていることなのです。男性たちも自分のお金を握り締めているだけなのです。それはもう大変な闘いです。
　　　こんなふうに問題はいつでもお金です。奥様は知るべきです。奥様が自分の「お手伝い」なんかに大金を恵んでくれるなんてことあるわけないじゃないですか。奥様は公正です。奥様はいつも、わたしたちにそのことを気づかせてくれます。でも、男性が自分の妻や秘書、そして会社で働いている女性たちを「解放」しようとはしないように、それ以上に奥様もわたしたちを「解放」しようとはしないのです。

　ウーマンリブ活動家は、階級的な特権を強調しないように、物質的な剥奪と精神的な苦しみを同一視するだけでなく、精神的な苦しみのほうが深刻な問題であるとほのめかすことも多かった。ウーマンリブの活動家たちが、多くの女性が物心両面で苦しめられているという事実を巧妙に見過ごそうとしたのは、自らの社会的立場を変化させるほうがキャリア至上主義よりも注目に値するという理由からだけである。

たしかに、精神的に苦しめられているブルジョワ女性は、精神的な苦しみだけでなく物質的にも剝奪されている女性にくらべて救いを見出しやすい。ブルジョワ階級の女性と労働者階級あるいは貧しい女性の物の見方の基本的な違いのひとつは、後者の労働者階級や貧しい女性は女性であるがゆえの差別や搾取はつらく非人間的なことかもしれないが、それは必ずしも食べ物や雨露をしのぐところがないこと、飢えること、そして致命的な病気にもかかわらず治療を受けられないことに比べれば、つらいことでも、非人間的なことでも、そして恐ろしいことでもないことを日頃から思い知らされているということである。

　もしも貧しい女性からフェミニズム運動の取り組むべき課題が提案されていれば、階級闘争こそがフェミニズムの中心的な問題であるとされていたはずである。貧しい女性も特権階級の女性も階級構造を、そして階級構造が女性を互いに対立させる落とし穴のようなものであることを、理解するよう努力しなければならないとされていたはずである。

　そのほとんどが白人女性の声高な社会主義フェミニストはずっと階級を強調してきた。しかし、彼女たちはフェミニズム運動内部の階級に対する態度を変えるような影響を及ぼしてこなかった。彼女たちは、社会主義を支持しているにもかかわらず、その価値観、行動、そしてライフスタイルは特権によって形づくられている。

　彼女たちは、階級間の抑圧を根絶することが性差別主義的な抑圧をなくす取り組みにおいてきわめて重要であることを、急進的で社会的な見通しをまったく持ち合わせていないブルジョワ階級の女性たちに納得させるような総合的な戦術を発展させてこなかった。そして、たとえ社会主義者としての自覚がなくても、アメリカ合衆国における富の再分配の必要性を痛感している貧しい労働者階級の女性たちの組織化にも努力してこなかった。また、集団としての女性の意識を高める努力もしてこなかった。

　彼女たちのエネルギーの多くは、白人男性の左派に呼びかけ、マルクス主義とフェミニズムの関係を議論し、そして他のフェミニズム活動家たちに対して社会主義フェミニズムこそ革命に向けた最良の戦術であると説明することに費やされてきた。階級闘争を重要視するのは社会主義フェミニストだけであると間違って解釈されることも多い。わたしは、社会主義フェミニストたちが取り入れてこなかった方向性や戦術に対して注意を喚起している。しかし、こうした問題はフェミニズム運動にかかわっているすべての活動家によって発言され

るべきであるということも強調したい。

　女性が階級差別主義の現実を直視し、その根絶のために戦略的にかかわって
いくなら、わたしたちはこれまでずっとフェミニズム運動のなかで誰の目にも
明らかだった階級間の対立を二度と経験しなくなるだろう。女性間の階級的な
分断に焦点を絞らないかぎり、わたしたち女性が社会運動としての連帯を築く
ことはできないだろう。

性差別、人種差別、そして階級差別による分断

　女性は互いに、性差別、人種差別、そして階級差別によって分断されてい
る。フェミニズム運動の内部では、戦術や重要視する点が違っていたり、それ
らについての意見が一致していなかったりしたために、社会的な立場の違う多
くのグループが結成されることになった。そんなふうにさまざまな政治派閥や
特定利益集団に細分化されてしまったために、本来なら簡単に取り除けるはず
のシスターフッドを妨げる不必要な障壁が築かれてきた。

　特定利益集団は、社会主義フェミニストだけが階級を問題にすべきであり、
レズビアンのフェミニストだけがレズビアンやゲイの男性の抑圧を問題にすべ
きであり、黒人女性、あるいは黒人女性以外の有色人種の女性だけが人種差別
を問題にすべきであると思い込むよう女性たちに仕向けている。すべての女性
は、性差別、人種差別、同性愛差別、そして階級差別に対して、社会問題とし
て取り組むことで反対の立場を取ることができる。

　何か特定の社会的な問題、あるいは特定の目標に対して焦点を絞ることを選
択していたとしても、その女性があらゆる集団的な抑圧に断固として反対する
なら、その特定の社会的な問題や目標にかかわりなく、そうした広い視野はす
べての彼女の取り組みのなかにはっきりと表れてくるであろう。フェミニズム
活動家が反人種差別主義であり、階級的な搾取に対して反対するなら、有色人
種の女性、あるいは貧しい女性などが運動に参加していても何の問題もないは
ずである。たとえ、ある特定の問題で搾取されている女性が当事者として、そ
の搾取との闘いの最前線に必然的に居続けることになっても、性差別、人種差
別、そして階級差別といった問題を重要視することもできるし、そうした問題
に取り組むこともできる。

　自分に直接、影響を及ぼさない抑圧であっても、女性はそうした抑圧と闘っ

ていく責任を引き受けることを学ぶべきである。アメリカ社会における他の急進的な運動と同じように、フェミニズム運動も個人的な関心や優先事項が運動に参加するただひとつの理由なら、その実情は病んでいる。総合的な問題に関心を示すことによって、わたしたち女性は連帯を強化する。

「連帯」は、現代フェミニズム運動において滅多に使われることのない言葉だった。強調されたのは「支援」という考えだった。支援とは正しいと信じる立場を支えることであり、守ることである。また、弱い構造の支えや土台として奉仕することでもある。フェミニズムの集まりでは、後者の意味、すなわち弱い構造の支えや土台として奉仕するという意味がより重要だとされた。

そうした意味が評価されたのは、共有された犠牲というものが強調されてきたからである。「犠牲者」としてのアイデンティティを持った女性たちは、支援する必要があるだけでなく、どうしようもなく弱い存在として認知されていた。この場合、支援する人間はフェミニズム活動家、すなわち「シスター」だった。そして、それは底の浅いシスターフッド観と密接に結びついていた。

ジェーン・ルールは、評論「すべての払われるべき敬意とともに」（1981年）のなかで、フェミニズム活動家の間で支援がどんなふうになされてきたかについて説明している。

> 支援は、女性運動のなかでよく使われてきた言葉である。あまりにも多くの人が、この言葉は無条件に承認を与えたり、受けたりすることであると考えている。女性のなかには、決定的な瞬間に支援を引き揚げてしまうことに恐ろしく長けている者もいる。あまりにも多くの女性が、支援なしには自分は活動できないと思い込んでいる。支援は誤った考えであり、互いの理解を阻む障壁を生じさせてきた。また、本当の意味での精神的ダメージを与えてきた。批判的な判断を棚上げにすることは、本当の意味での支援を提供するために必要なことではない。本当の意味での支援はそのかわり、対立が深刻な瞬間でさえ、自尊心と自分以外の人への敬意を持ってなされなければならない。

女性が相手を傷つけるよりもむしろ豊かにするために、建設的で思いやりのある批判や口論や議論をしようとするなら、辛辣で容赦のない言葉での傷つけ合いも含めて、女性自身が持っている女性嫌悪という遺物をなくさなければな

らない。

　女性同士の否定的で攻撃的な態度を学び直すということは、すべての批判的な判断を一時的に棚上げにすることではない。女性が、自分たちは一人ひとり違うことを、そして必ずしも考えが一致しないこともあるということを受け入れ、互いの否定的で攻撃的な態度を改める。それだけでなく、まるで命がけで闘っているかのようなふりをするのではなく、また、深く考えもしないで誰かを口汚く罵ってその場にいる全員の自尊心を深く傷つけることもなく、意見は対立しても議論をすることができるということを受け入れ、互いの否定的で攻撃的な態度を改める。それが学び直すということである。言葉での対立はしばしば、男性同士の交流を、なかでも特にスポーツの分野での男性同士の交流を連想させる勝ち負けのある競い合いを女性もしていることを証明する。女性も男性のように、競い合うことなく互いに対話する方法を身につけなければならない。

　前述のジェーン・ルールは、たとえ批判をされても自らの価値や自尊心が傷つけられているわけではないことに気づけば、女性たちも相手をこきおろすことなく意見を対立させることができると示唆している。すなわち、「人生が自らの手中にあれば、誰もわたしの人生をおとしめることなどできない。そうすれば、自分がおとしめられることによって生じるやり場のない敵意を他の誰かに担わせることもなくなる」と。

　女性たちは、たとえイデオロギー的に対立するような状況でも、共に行動しなければならない。そして、コミュニケーションができるように交流のあり方を変えていく努力をしなければならない。このことは、女性が共に行動するとき、一致団結しているかのようなふりをするのではなく、自分たちが分断されていることを認め、恐れ、偏見、憤り、そして競争心などを乗り越えるための戦略を発展させていかなければならないということを意味している。これまでのフェミニストの集まりのなかで起こってきた激しく否定的な意見の対立のために、多くのフェミニズム活動家は衝突を引き起こす意見の対立が生じそうなグループや個人との交流を遠ざけるようになった。安全と支援という言葉は、参加者が似たりよったりで、同じような価値観を共有しているグループのまわりをうろつくことであると再定義されてきた。

　どんな女性でも精神的に打ちくだかれるような状況のなかに身をおくことは望まない。しかし、互いに敵対的な衝突や闘いに正面から立ち向かい、そうし

た敵意を克服して理解し合うことはできる。対立のための対立は無益だが、それがきっかけになってわたしたち女性の関係がより明らかになり理解が広がるのなら、対立を表明することも重要な役割を果たすことである。

対立から連帯へ

　わたしたち女性は、性差別主義を受け入れ適合することで、犠牲にされたり破壊されたりしないように衝突を避けるよう吹き込まれている。そうした社会への適合から自らを解き放そうとするなら、女性たちは対立を克服し、理解や連帯へたどり着く体験をする必要がある。

　わたしはこれまで何度も、話し合っているうちに相手を怒らせ、互いに聞く耳など持たないような、ときには敵意すら感じる言葉による対立に至る経験を重ねてきた。怒りの声や涙などによって、その状況は一見、不快で、否定的で、そして非生産的に感じられる。しかし、わたしも相手も、そうした体験をすることによって以前より物ごとの本質がよく見えるようになり、互いに大きく成長したことを後から知ることがある。

　あるとき、わたしは、とても優しい語り口の黒人女性の社会学者に招かれ、彼女の教えているクラスで話をしたことがある。そのクラスには、白人としても通用するような若いメキシコ系アメリカ人の女性が学生として出席していた。彼女がその白人のような外見によって、黒い肌の人間とはまったく違った人種に関する見解を持っているとわたしが指摘したとき、わたしたちは激しい口論になった。わたしはさらに、おそらく彼女の民族的な背景を知らない人は誰でも彼女を白人とみなし、それなりに扱うだろうとも指摘した。

　そうしたわたしの指摘は、彼女を怒らせた。彼女は激怒し、最後には泣きながら教室を飛びだしていった。教授もクラスの学生たちも間違いなく、わたしを仲間のシスターを支援できなかっただけでなく、むりやり泣かせてしまった「悪者」としてみなしていた。その場に居合わせた者は皆、わたしたちの出会いが非常に不快で、感情むき出しで、偏見に満ちたものであったことに困惑させられていた。そうした状況のなかで、わたしもみじめな思いを味わっていた。

　しかし、数週間後、その学生はわたしとの出会いによって新たな洞察力と自覚を得ることができたということを伝えるために連絡してきた。わたしたちの

出会いが彼女の人間的な成長を促したのである。緊張感や敵愾心のために、最初は否定的にしか思えなかったこうした出来事が成長を促してくれたのである。女性たちがいつも「安全」であるために、いつも対立を回避しようとするなら、個人的にも集団的にも、わたしたち女性が革命的な変化や改革を体験することは決してない。

　わたしたち女性間の差異を理解するために、そして間違った方向に導かれ、歪められた物の見方を変えるために、本当の意味での支援的なやり方で積極的に闘うなら、わたしたちは社会運動としての連帯を体験するための土台を築くことになる。連帯は支援と同じではない。連帯を体験するために、わたしたち女性は利益共同体、共通の信念、そしてシスターフッドを結びつけ、築きあげる目標を持たなければならない。支援は継続的な性質のものではない。与えられたり、簡単に引き揚げられたりするものである。連帯は息が長く継続したかかわり合いを必要とする。フェミニズム運動において、わたしたち女性が成長しようとするなら、多様性、意見の対立、そして差異こそ必要なものである。

　グレース・リー・ボグスとジェームス・ボグスは、共著『20世紀における革命と進化』（1974年）のなかで、こう強調している。

　　　　矛盾のある現実に対する正しい理解を共有することは、批判や自己批判の概念の基盤になる。批判や自己批判は、共通の目標によって結びついている個人が自らの建設的な前進を促すために、自分たちの差異や限界といった、いわゆる否定的なものを意図的に利用する方法である。これは一般的に、「悪しきものを善きものに変えていく」過程と言われている。

　連帯を感じるために、女性が差異をなくしてしまう必要はない。また、抑圧をなくすことを目的として対等に闘うために、わたしたち女性が同じ抑圧を共有する必要はない。わたしたちが共に結びつくために、反男性的な感情は必要ない。経験、文化、そして理念に恵まれていればいるほど、わたしたちはそれを互いに共有しなければならない。わたしたち女性は、利害や信念を共有し、シスターとして結びつくことができる。そして、多様性を尊重し、性差別主義的な抑圧をなくすために社会運動として連帯することで、シスターとして結びつくことができる。

第5章 男性
闘いの同志たち

フェミニズム運動は「女の仕事」?

　性差別主義的な抑圧をなくすための運動としてフェミニズムを定義すれば、女性も男性も、そして少女も少年も、この革命的な闘いに同じように参加することができるようになる。

　これまで、現代フェミニズム運動は主として、女性の努力によって築きあげられてきた。男性は、たまにしか参加してこなかった。男性たちが運動に参加してこなかったのは、彼らが単にフェミニズムに反対だったからではない。女性が男性との社会的平等を手に入れることこそがウーマンリブ、すなわち女性解放であると決めつけることで、リベラル・フェミニストと称された女性たちが——男性たちではなく——フェミニズム運動を「女の仕事」にしてしまう状況を事実上つくりあげてしまったからである。

　まさに性別役割分業、すなわち無給で価値のない「汚い」仕事を女性に押しつけている制度化された性差別主義を攻撃しながら、そうした女性たちはまた別のフェミニズム革命を遂行するという性役割を女性に割りあてたのである。女性の解放運動家たちは、すべての女性にフェミニズム運動に加わるよう呼びかけた。しかし、男性も性差別主義的な抑圧をなくすために積極的に闘う責任を担うべきであると強調し続けることはなかった。そして、男性は皆権力を持った女嫌いの抑圧者——すなわち敵であると主張した。また、女性は被抑圧者

——すなわち犠牲者であると主張した。

　こうした誇張した言い回しは、女性と男性は基本的に対立しているという考えを逆転した形ですげ替えることによって、性差別主義的なイデオロギーを強化した。すなわち、女性の力が強くなるということは必然的に男性の犠牲を意味するといったほのめかしである。

　他の運動と同じように、フェミニズム運動が「女性だけ」に固執し、敵意に満ちた反男性的な立場を取ったのは、参加していた人びとの人種的で階級的な背景を反映していた。ブルジョワ階級の白人女性、とりわけラディカル・フェミニストと称された女性は、階級的な特権を自分たちと平等に分け合うことを否定している特権階級の白人男性に対して嫉妬や怒りを感じていた。ある意味でフェミニズムは、社会的平等の問題への関心を呼び起こし、変革を要求し、そして独自の改革を促進するために、そうした女性たちが利用することのできる政治について意見を述べる演壇だけでなく、怒りをぶちまける公の場も提供したのである。

　そうした女性たちは、男性も共通の社会的な地位を分かち合っていないという事実に、家父長制社会が階級や人種による特権や搾取の存在を否定していないという事実に、そしてすべての男性が性差別主義から平等に利益を得ているわけではないといった事実に、人びとの注意を喚起することに熱心ではなかった。そして、たとえ性差別主義の犠牲になることが少なくなかったとしても、ブルジョワ階級の白人女性が貧しくて教育も受けていない非白人の男性よりは権力や特権を持っており、おそらく搾取や抑圧の程度も少なかったであろうという事実を認めようとはしなかった。

　当時、多くの白人女性の解放活動家たちは男性の抑圧された集団の運命に関心などなかった。そして、自分たちの人種や階級による特権を行使し続け、抑圧された男性の人生体験など注目に値しないと切り捨てると同時に、今なお続く搾取や抑圧を自分たちも支えているという事実から注目をそらそうとした。「すべての男性は敵である」「すべての男性は女性嫌いである」といった主張は、男性のあらゆる集団をひとくくりにしてしまい、そうすることによって男性たちが男性としての特権をあらゆる形で平等に分かち合っているかのように暗示することになったのである。

　反男性的な立場をフェミニズムの中心に位置づけようとした初期の声明文のひとつが「レッドストッキング宣言」（1970年）である。そして、その第3節

はこう記述されている。

> わたしたちは、わたしたち女性を抑圧している張本人は男性であるとみな
> している。男性優位主義はもっとも古くからの、そしてもっとも基本的な支配
> の形態である。人種差別主義、資本主義、そして帝国主義などの他のあらゆ
> る搾取や抑圧の形態は、男性優位主義の延長線上にある。男性が男性を支
> 配する場合もあるが、基本的に男性は女性を支配している。
> 歴史をつうじて、あらゆる権力関係は男性支配的で男性志向的だった。そ
> れは今でも変わっていない。男性は、あらゆる政治的、経済的、文化的な
> 社会制度を支配し、そうした支配を肉体的な力の強さで支えてきた。そして、
> 女性をより低く位置づけるために自らの権力を行使してきた。すべての男性
> は、男性優位主義から経済的、性的、そして心理的な利益を得ている。すべ
> ての男性は女性を抑圧してきたのである。

反男性的な感情

反男性的な感情は、多くの貧しい労働者階級の女性を、なかでも特に非白人
の女性をフェミニズム運動から遠ざけてきた。貧しい労働者階級や非白人の女
性の実際の人生体験からすれば、ブルジョワ階級の白人女性よりも自分たちの
人種、あるいは階級の男性と共有するものの方が多かったからである。

そうした女性たちは、自分たちの地域社会のなかで、女性が直面させられて
いる苦しみや過酷な運命も知っている。しかし、男性たちが直面させられてい
る苦しみや過酷な運命もまたよく知っている。そして、そうした男性たちに同
情もしている。また、そうした女性たちは、同じ集団の男性と一緒に、より良
い生活を求めて闘ってきた経験を持っている。これは特に、黒人女性に当ては
まることである。

アメリカ合衆国におけるわたしたち黒人の歴史をつうじて、黒人女性は人種
差別主義的な抑圧に抵抗するためのあらゆる闘いで男性と同じ責任を担ってき
た。性差別があったにもかかわらず、黒人女性はこれまでずっと反人種差別の
闘いに男性と同じように貢献してきた。そして、現代の黒人解放運動以前、黒
人男性が黒人女性のそうした貢献を認めることも多かった。そこには、解放の
ために集団として闘う人びとを共に結びつける特別な絆が存在している。

黒人の女性と男性は、こうした絆で結ばれ、社会運動としての連帯を経験し

てきた。黒人女性が一部のフェミニズム活動家の提唱する反男性的な立場を受け入れないのは、男性と抵抗のための闘いを共有した体験を持っているからである。これは、黒人女性が黒人男性から性差別を受けている現実を認めようとしないという意味ではない。わたしたち黒人女性の多くが、黒人男性を攻撃したり、あるいは同じような報復で応じたりすることで性差別主義、あるいは女性嫌悪と闘うことができるとは思っていないという意味なのである。

　ブルジョワ階級の白人女性は、解放闘争での女性と男性の間で深められていく絆など考えることもできなかった。そして、男性と力を合わせて社会的な難事に取り組むような多くの建設的な体験を積み重ねてもこなかった。家父長的な白人男性の支配はいつも、女性の社会に対する貢献を価値のないものとして決めつけてきた。たしかに、黒人のコミュニティにも性差別が蔓延している。しかし、たとえそれが主導的なものであろうと補助的なものであろうと、黒人女性の社会組織における役割は誰からもその重要性と価値を認められている。

　黒人女性作家のマヤ・アンジェロウは、1983年のクローディア・テートとのインタビューで、黒人と白人の女性がそれぞれの社会のなかで演じている役割の違いについて彼女が感じていることをこう説明している。

　　黒人女性と白人女性は、わたしたちアメリカ社会の分断されたコミュニティにおいて、奇妙な位置づけがなされています。黒人の社交的な集まりのなかで、黒人女性たちはいつも主導的な存在でした。そのことは今でも変わっていません。たとえば、教会にはいつも、その場を活気づけてくれるシスターハドソンやシスタートーマスやシスターウェザリンゲイがいます。また、一般の集まりにはいつも、料理を引き受けてくれるロッティが、素敵なパーティが開かれているボニタの家には駆けつけてきてくれるメリーがいます。そのうえ、黒人女性は自分たちのコミュニティのなかで手分けして子どもを育てます。
　　白人女性たちは、白人の社会制度のなかで、また違った立場にあります。父親、夫、兄弟、息子、甥、叔父といった白人男性はどんな場合でも、白人女性にこんなふうに言ったり、あるいはほのめかしたりします。「この社会を維持していくために、お前は特に必要とされているわけではない。お前は自分のいるべきところで、たとえば、寝室、台所、子ども部屋、そして妻の座でおとなしくしてさえいればいい」。黒人女性は決して、こんなふうに言われてはきませんでした。

協力者、あるいは指導者としての黒人女性の実質的な手助けがなければ、黒人のコミュニティにおける多くの男性支配的な社会制度は存在することもできなかったはずである。しかし、すべての白人のコミュニティにおいて、それは当てはまらない。

　多くの黒人女性がフェミニズム運動へ参加することを拒絶したのは、反男性の立場は闘いのための適切な基盤ではないと感じたからである。黒人女性は、こうした感情を辛らつに表わすことは女性と男性の間にすでに存在している反目を増大させ、性差別を強めるだけであると確信していた。

　長い間、黒人女性（そして、一部の黒人男性）は、白人の家父長制が「集団というものは他の集団を抑圧するものである」と暗にほのめかしているような、「内面化された」人種差別主義によって生じる黒人の男女間の緊張関係や反目を克服するために闘い続けてきた。そして、黒人女性は、黒人男性に対して「わたしたちは互いに敵同士ではない」と言い続けてきた。また、「わたしたちは、自分自身を憎んだり、互いに憎み合ったりするよう吹き込んでくる社会への適合に抵抗しなければならない」とも言い続けてきた。

　黒人の男女間の絆を認めることは、人種差別に対する闘いの一環だった。もし、白人女性の解放活動家が女性と男性が互いに憎んだり怖れたりするよう吹き込んでくる性差別主義的な社会への適合に抵抗しなければならないことを強調していたら、こうした黒人女性の行動もフェミニズムの闘いの一環としてあり得たはずである。そして、今でもフェミニズム運動の一環であり得るはずである。

　ところが白人女性の活動家はそのかわりに、男性の女性に対する嫌悪は変えることはできないと提唱し、憎しみを、なかでも特に男性の女性嫌悪を強調することを選んだ。そのために、女性と男性の間には、いかなる発展の余地のある戦略としての連帯も存在することができなくなってしまった。さまざまな民族的な背景を持つ有色人種の女性は、同性愛の解放運動に積極的にかかわってきた女性たちと同じように、抵抗闘争において女性と男性の連帯が発展することを経験しただけでなく、その価値を認めていた。そのために、反男性的なブルジョワ階級の白人女性と手を組むことによって、こうした絆の価値を引き下げようとは考えだにしなかったのである。

　性差別主義的な抑圧に根本的に抵抗するために、女性と男性の間に社会運動としての結びつきが奨励されていたら、社会を変革するフェミニズムの可能性

第5章　男性　105

は注目されていたはずである。反男性的な立場は、あたかもフェミニズムを、白人女性が白人男性から権力を力づくで手に入れ、白人男性至上主義的な支配を白人女性至上主義的な支配に置き換える運動であるかのように見せかけてしまう反動的な見解に過ぎなかった。

分離主義と反男性的な立場の合流

　フェミニズム組織の内部において、女性は男性とは行動を別にすべきであるという分離主義の主張は当初、反男性的な立場とは切り離して考えられていた。運動が進展していくにしたがって、分離主義と反男性的な立場の見解が合流することになっただけである。女性だけの性によって分離された多くのグループがつくられたのは、分離主義による女性だけの組織づくりは女性の意識高揚を早め、女性の間の連帯を発展させる基礎をおき、広く運動を進展させることができるという女性間の認識によるものだった。男女が混じり合ったグループは、男性が権力を振るうことによって行き詰まってしまうに違いないとも思い込まれていた。分離主義的なグループは、男性を攻撃するためではなく、女性に主体的に行動させるために必要な戦略としてみなされていたのである。最終的に、そうしたグループの目的は女性と男性の対等な立場での統合だった。

　分離主義による組織づくりの肯定的な意味合いは、ティ-グレース・アトキンソンのようなラディカル・フェミニストたちがフェミニズム運動の究極の目的としての性による分離主義を提案したときに狭められてしまった。反動的な分離主義は、男性覇権がアメリカ文化の絶対的な側面であるという確信にもとづいている。そうした考え方からすれば、女性にはふたつの選択肢しか残されていないことになる。すなわち、現状を受け入れるか、あるいは撤退して別の文化を構築するかのいずれかである。しかし、こうした立場を取ると、いかなる革命闘争も必要ではなくなる。そして、それはまったく現状を脅かすものではなくなってしまう。

　バーバラ・レオンは、評論「統合のための分離」（1975年）のなかで、男性優位主義者はむしろフェミニズム運動を「分離かつ不平等」の状態のままにしておきたいのだと強調している。レオンは、女性指揮者アントニア・ブリコの例を挙げている。アントニア・ブリコは、女性だけのオーケストラを男女混合のオーケストラに再編成するために努力したが、結果として男女混合のオーケ

ストラのための支援を受けることができなかった。

> アントニア・ブリコの努力は、彼女が女性でも有能な音楽家たり得ることを証明しているかぎりは受け入れられていた。ブリコにとって、オーケストラで演奏することのできる100人の女性を見つけることも、あるいはそれだけの女性が演奏するための金銭的な支援を受けることも、難しいことではなかった。しかし、本当の意味で統合されたオーケストラで、男性と女性が演奏をするための支援を受けることは不可能であることが判明した。ブリコの統合に向けた闘いは、男性覇権に対する脅威を乗り越えたものだったために、実現することがより困難だったのである。
> 女性運動も今や同じ局面に立たされている。わたしたちは、女性と男性の分離を受け入れるという安易な道を選ぶこともできる。しかし、それでは、運動が始められた本来の目的を見失うことになる。反動的な分離主義は、フェミニズムの進展を阻むひとつのあり方でしかなかった。それは今でも変わらない。

現代フェミニズム運動が進展するなかで、反動的な分離主義は多くの女性にフェミニズムの闘いを支持することを断念させてきた。しかし、今でもそれは、たとえば反戦運動内部の独立した女性グループのようなフェミニズムの組織づくりのひとつのパターンとして受け入れられている。しかし、運動方針としての反動的な分離主義は、フェミニズムの闘いを全体として社会を変革することを目的とした社会運動というよりむしろ、個々の問題、なかでも特に男性との問題に対する個人的な解決法であるかのように思わせ、フェミニズムの闘いが社会の進歩から取り残されてしまうのを手助けしてしまった。

革命的な闘いとしてのフェミニズムを再び強調させるために、女性たちはもはやフェミニズムを男女両性間の今なお続く反目を表明するための別の領域として認めることはできない。今こそ、フェミニズム運動を積極的に押し進めていこうとする女性たちが、性差別に反対する闘いに男性を巻き込んでいくための新しい戦術を展開していくときである。

男性のための意識高揚（CR）グループ

すべての男性は、それがいかなる形であれ、性差別主義や性差別主義的な抑

第5章　男性　107

圧を支持し、永続させている。しかし、わたしたち女性が今まであまり強調されてこなかった、男性が女性を搾取したり抑圧したりしなくても、肯定的で意味のある人生を送ることができる、という重要な事柄を訴えてこなかったのと同じように、フェミニズム活動家たちは男性が性差別主義や性差別主義的な抑圧を支持し、永続させている事実にばかりとらわれて、足元をすくわれないようにしなければならない。

女性と同じように男性も、性差別主義的なイデオロギーを無抵抗に受け入れるよう社会的に適合させられてきたのである。男性は性差別主義を受け入れた自分自身を責める必要はないが、性差別をなくしていくための責任は負うべきである。フェミニズム運動のゴールとしての分離主義を推し進めている女性活動家たちは、性差別によって男性も犠牲になっていることを強調する声を耳にすると怒りをあらわにする。「すべての男は敵」といった現実に対する解釈にしがみついているからである。

男性は性差別によって搾取されたり、あるいは抑圧されたりしていなくても、性差別が原因で傷ついている場合もある。そうした男性の苦しみを無視するべきではない。その苦しみによって、男性の女性に対する虐待や抑圧の深刻さが軽減されるわけではない。あるいは、搾取的な行為に対する男性の責任が回避されるわけでもない。しかし、男性が経験する心の傷みは変革の必要性に注意を喚起する触媒としての役割を果たし得る。

自分の周囲で起こっている性差別の痛ましいなりゆきを認識した男性たちのなかには、そうした問題を検証するために意識高揚（CR）グループを立ちあげた者もいる。ポール・ホーナセックは、評論「男性のための反性差別主義的な意識高揚グループ」（1977年）のなかで、こうした集まりの目的を次のように説明している。

　　男性たちはCRグループを探す決心をしたさまざまな理由を報告してきたが、それはすべて根底ではフェミニズム運動と結びついている。ほとんどの男性が自分の男性としての性役割を原因とした感情的な痛みを経験している。そして、自分たちのそうした性役割に対して不満を抱いている。

　　公私を問わないさまざまな出会いで、ラディカル・フェミニストと称する女性たちと衝突し、性差別主義者と繰り返し非難されてきた者もいる。そして、社会変革へのかかわり合いの結果として参加している者もいる。また、性差

別主義や家父長制こそ変える必要のある耐えがたい社会システムを構成する
要素であると認識した結果として参加している者もいる。

　ホナセクが述べているCRグループに参加している男性は、自分たちが家父
長制から利益を得ている事実を認めているが、さらにそれによって傷ついても
いる。男性のグループも、女性の支援グループと同じように、社会的な分析や
闘争を犠牲にし、個人的な変革を過度に強調する危険を伴っている。
　分離主義のイデオロギーは、個人としての男性がこうむる性差別のマイナス
面を女性に無視させようとする。そして、男女が分裂することを力説する。ジョ
イ・ジャスティスによれば、分離主義には誰を性差別の犠牲者にするかとい
う問題について「ふたつの基本的な見方」があるとされている。すなわち、
「ひとつは、男性は女性を抑圧しているという見方である。そして、もうひと
つは女性も男性も同じ人間であり、わたしたちは皆、硬直した性役割によって
傷つけられているという見方である」。
　多くの分離主義者は、前者の見方をあくまでも支持している。なぜなら、後
者の見方は女性が男性に取り込まれている徴候、すなわち女性が「男性は敵で
ある」という事実に直面することを拒絶しているひとつの例であると考えてい
るからである。どちらの見方も、わたしたちの困難な状況を正確に表現して
いる。男性はまさに、女性を抑圧している。そして、人びとは硬直した性役割
パターンによって傷つけられている。このふたつの現実が共存しているのであ
る。
　男性の女性に対する抑圧は、男性も硬直した性役割によって傷つけられてい
るという考え方が認められたとしても許されるべきものではない。しかし、フ
ェミニズム活動家はそうした男性の苦痛を認めるべきである——それは実際に
存在しているのだから。硬直した性役割パターンを受け入れることによって男
性が感じている精神的なストレスや感情的な痛みがどんなに耐えがたいもので
あったとしても、家父長制のもとで女性を搾取し、抑圧している権力を支持
し、永続させていることに対する男性としての責任がぬぐい去られることも、
あるいは軽減されることもないのである。
　フェミニズム運動の女性活動家たちは、男性の特権に絞られた焦点から注目
をそらさないために、どんな形であれ男性の痛みに焦点が絞られることを望ん
でこなかった。分離主義フェミニズム的な根拠のない言い回しからすれば、す

べての男性は同じように男性としての特権を共有しており、すべての男性は性差別主義からプラスの恩恵を受けているということになる。

しかし、性差別主義的なイデオロギーをつうじて、男であるというだけで当然自分が手にしているはずの特権や権力の存在を信じるよう社会的に適合させられてきた貧しい男性、あるいは労働者階級の男性は、生活していくうえでそうした恩恵が誰にでも与えられるわけではないということを思い知らされることが少なくない。そうした男性は、アメリカ合衆国のどんな他の男性グループよりも、自分が刷り込まれている男らしさという観念とその観念にふさわしい暮らしをすることのできない自分の無力さの間にある矛盾にいつも苦しめられることになる。

そんな男性がいつも「傷つけられ」、精神的に不安定なのは、社会から「本物の男」なら所有しているべきだと刷り込まれてきた特権、あるいは権力を持っていないためである。疎外感や挫折感や腹立たしい思いから、特定の女性を、あるいは女性たちを攻撃し、虐待し、抑圧しているのかもしれない。しかし、彼は自分が支持し永続させている性差別主義的なイデオロギーから、いかなる恩恵も受けているわけではない。また、たとえ女性を殴ったりレイプしたりしても、彼が特権を行使しているわけではないし、いかなる報酬を受けているわけでもない。彼は、自分に許されているただひとつの支配の形態を行使することで満足しているだけなのである。

彼のそうした行動から本当の意味で恩恵や特権を受けているのは、彼の女性に対する性差別主義的な虐待を促進している支配階級の男性たちの権力構造である。性差別主義や資本主義でなく、女性を攻撃しているかぎり、そうした男性は自分にはほとんど利益や特権を与えてくれない体制を維持する手助けをしているだけに過ぎない。そうした男性は抑圧者である。女性の敵である。自分自身の敵である。しかし、彼は抑圧された人間でもある。

そうした男性の女性に対する虐待は正当化されるものではない。たとえ、彼の行動が適合させられてしまった結果だとしても、すでにそうした男性が自らの回復と解放のために闘うことのできる社会運動がある。そうした運動を無視し、抑圧者でありながら被抑圧者でもある生き方しかできない男性もいる。もしフェミニズム運動が、そうした男性の困難な状況や痛みを無視し、あるいはまた多くの男性の敵のひとりとして片づけてしまえば、わたしたちはそうした男性の行動をただ黙認してしまうことになる。

男性を洗脳する性差別主義的なイデオロギー

　男性が抑圧者として振るまいながら被抑圧者でもあるというプロセスが、特に顕著にあらわれるのは黒人社会である。黒人社会では、男性が労働者階級であり、かつ貧しいからである。黒人のフェミニズム活動家バーバラ・スミスは、評論「ブラック・フェミニズムに関する新たな論文のための覚書　あるいは本当の敵の正体は？」（1979年）のなかで、黒人女性には黒人社会における性差別主義的な抑圧の問題を回避しようとする傾向があるとしている。

　　性差別主義的な抑圧を問題として告発することで、わたしたちはこれまで当然のように同志としてみなしてきた集団、すなわち黒人男性を脅威としてみなさねばならなくなってくる。これが、わたしたちの生活における性的関係、性的社会の仕組みの分析を始める際の大きな障害のひとつであったように思われる。「男は敵ではない」というフレーズは、一息でフェミニズムや家父長制社会の現実を退け、さらにいくつかの重大な現実を否定してしまう。

　　もし、わたしたちがとりわけ白人男性、別の意味で黒人男性も含めて、「男のなかには敵もいる」という考えを持つことができないなら、わたしたちはわたしたちが抱えているさまざまな問題、たとえば、なぜわたしたちが毎日殴られるのか、なぜ望まない不妊手術を施されるのか、なぜ隣人にレイプされるのか、なぜ12歳の若さで妊娠させられるのか、そしてなぜ自分が面倒みきれないほどたくさんの子どもを抱えて生活保護を受けながら家のなかに閉じこめられて生きていかねばならないのかといった問題のすべての原因を明らかにすることができなくなる。

　　黒人男性たちの性差別主義を認めることは、わたしたちが「男性嫌悪」になるという意味ではない。あるいは、必ずしも彼らをわたしたちの生活から排除することを意味しているわけではない。それはまさに、わたしたちが彼らとの交流において、これまでとは違う基盤を求めて闘わなければならないことを意味しているのである。

　黒人社会の女性たちは、公の場で性差別主義的な抑圧について議論することを避けてきた。しかし、その存在はいつも認識していたし、今でもその存在を認識している。わたしたち黒人女性もまた、性差別主義的なイデオロギーを受け入れるよう適合させられてきたのである。

第5章　男性　111

そして、多くの黒人女性は、黒人男性が女性を虐待するのは自らの男らしさ
に失望した反動のあらわれだと感じている。そう考えることで、虐待をしかた
がないと諦め、正当化さえしている。大多数の黒人女性は、そうした男性たち
を敵呼ばわりしたり、抑圧者だと決めつけたりするだけでは現状を少しも変え
ることはできないと考えている。むしろ、さらに大きな犠牲を招くことにもな
りかねないと危惧すらしている。

　抑圧的な現実に対する告発それ自体は、異なる価値観に注目することを押し
つけてくる特権階級の集団に変化を生じさせることはできても、抑圧された集
団に何の変化も生じさせてこなかった。また、性差別に対する公的な告発は一
般的に、たとえば黒人の公民権運動に対する報復を特徴づけていたような組織
化された暴力には至らなかったが、やはり個人的に告発をした者は暴力的な抑
圧を受けることも少なくなかった。

　黒人女性がこれまでフェミニズム運動に参加してこなかったのは、性差別主
義的な抑圧の現実に直面することができないからではない。そうした現実に
日々直面しているからである。黒人女性がフェミニズム運動に参加しないの
は、フェミニズムの理論や実践が書かれた文献のなかに、特に一般の人びとが
入手可能なそうした文献のなかに解決の可能性を見出せないからである。

　これまで、男性を敵としてみなすフェミニストの誇張した表現に、建設的な
意味はほとんどなかった。大多数の男性は、性差別主義や性差別主義的な抑圧
から、自分の人生を肯定できるような利益などまったく得ていないにもかかわ
らず、それらを永続させ、支えるよう社会において適合させられている。フェ
ミニズム活動家が、支配者階級の男性とそうした大多数の男性たちの関係に注
意を喚起してきたら、彼らも性差別主義が自分たちの生活にどういう影響をも
たらしているのか検証する動機を与えられてきたのかもしれない。

　フェミニズム活動家は、男性の女性に対する虐待を道徳的な破綻、狂気、人
間性を失った行為としてよりむしろ特権の行使であるかのように語ることが少
なくない。たとえば、バーバラ・スミスは評論のなかで、白人男性を「アメリ
カ社会で主たる抑圧者集団」とみなし、白人男性の他者に対する支配の本質に
ついて論じている。そして、それが述べられている一節は次のような彼女のコ
メントで締めくくられている。「人生を妨げ破壊するのは、金持ちで権力を持
つ資本主義者だけではない。強姦者、殺人者、リンチをする人間、そしてたと
え普通の人であっても、固定観念に凝りかたまった頑固者もまた同じことをし

ている。そして、こうした白人男性の特権の名のもとに、まさに本物の暴力的な権力が行使されている」。

この供述の言外に含まれているのは、女性に対する男性の暴力的な犯罪行為は特権を持っているというジェスチャーであり、あるいは特権に対する肯定であるという前提である。性差別主義的なイデオロギーは、実際にはそうではないときにも、女性に対する暴力的な虐待が自分たちの利益になると思い込むよう男性を洗脳している。フェミニズム活動家たちは、歪められた力関係の表出、自らの行為に対するコントロールの欠如、相手に対する思いやりの欠如、極端な馬鹿げた行動、そして多くの場合あからさまな狂気として、こうした女性に対する男性の行動を絶えず告発すべきだった。それにもかかわらず、そうした洗脳された男性の論法を容認している。

男性がただ性差別主義的なイデオロギーを受け入れているとしてしまえば、男性たちは問題ある自らの振るまいを肯定的に解釈することができる。男性が女性に対する暴力的な虐待を特権として考えるように洗脳されているかぎり、男性は自分たち自身がこうむっている損失も、相手に対して自分たちが与えている損失もまったく理解できないし、自分たちが変わろうとするいかなる動機づけも得られないだろう。

フェミニズム革命に身を捧げている一人ひとりが、男性が性差別主義を学び直すことができる方法を訴えていかなければならない。現代フェミニズム運動は、男性に自らの責任に注意を向けさせることを女性たちにまったく奨励してこなかった。フェミニズムの言い回しのなかには、少しでも男性とかかわろうとする女性を「排除」しようとするものさえある。

ほとんどのウーマンリブの解放活動家が言い続けていたのは「女性はあまりにも長い間、自分以外の人間を育み、助け、支えてきた。今やわたしたちは自分自身のために生きなければならない」ということだった。性差別主義的な規範に従って行動することで、何世紀にもわたって男性を手助けし支えてきた女性たちは「解放」という問題に直面したとき、その支援の手を引き揚げるよう突然に奨励されたのである。

ウーマンリブの解放活動家たちは、個人主義や自己至上主義に焦点を絞ることを「解放的」とみなし、強く主張した。しかし、それは自由に対する先見の明のある急進的な概念ではなかった。そうした考え方は一方で、たしかに女性に対して個人的な解決方法を提供した。しかし、それは独立を自己愛と同一視

し、気遣いの欠如を他者に対する勝利と同一視する、帝国主義の家父長制国家によって永続されたのと同じ独立の概念だった。

そうした意味では、フェミニズム運動の女性活動家は単に、文化の支配的なイデオロギーを逆転させていただけだった。彼女たちは支配的なイデオロギーを攻撃していたのではなかった。現状に変わるべき何かを提唱していたのではなかったのである。事実、「男は敵」という主張でさえ、要するに男性優位主義者の「女は敵」という信条をひっくり返したものにすぎなかった。それは、現実に対する旧態依然とした聖書のアダムとイブのような見方でしかなかった。

男性と日常を共にする

振り返ってみると、「敵としての男性」を強調することによって、女性と男性との関係性の改善に焦点を絞ることから、そして男性と女性が共に性差別主義の学び直しに取り組む方法から、関心がそらされてしまったことは明らかである。フェミニズム運動のブルジョワ階級の女性活動家たちは、人の注意を平等の権利に引きつけるために、男女間に自然に生じてしまう対立的な考えを利用した。彼女たちは、男性を敵として、そして女性を犠牲者として主張することに途方もない労力を費やしたのである。

彼女たちは、階級的な特権の分け前を平等に手に入れさえすれば、男性とのつながりを切り捨ててしまうことのできる女性集団だった。結局、彼女たちが関心を持っていたのは、性差別や性差別主義的な抑圧を根絶するための闘いより、階級的な特権の分け前を平等に手に入れることだったのである。そうした女性たちの男性から分離すべきであるという強い主張は、男性に依存することのない女性として機会均等が必要であるという意識を強めることになった。

ほとんどの女性が男性から分離する自由を持っていないのは経済的に互いに依存しているためである。女性が男性と接触しないことによって性差別に抵抗することができるといった分離主義的な考えは、ブルジョワ階級の見解を反映したものだった。キャシー・マッキャンドレスは、評論「人種差別主義、階級差別主義、分離主義に関する思索」（1979年）のなかで、分離主義が多くの点で誤っているのは「この資本主義経済のなかで誰も本当の意味で分離することはできない」からであると指摘している。しかし一方で、彼女は次のようにつ

け足している。

　　　　社会的には、それはまったく別の問題である。富めれば富めるほど、人間
　　　は一般的に自分が依存している相手を認める必要がなくなる。金さえあれば、
　　　人間は誰ともかかわらずに生きていくことができる。金を充分に与えられれ
　　　ば、男性にまったく目を向けないことさえ可能である。誰に目を向けるか自分
　　　で決められることはすばらしい贅沢である。しかし、現実問題としては、ほと
　　　んどの女性が日々を生き抜くために、好むと好まざるとにかかわらず、依然と
　　　して男性と直接顔をつき合わせてやっていかねばならない。
　　　　こうした理由を見ただけでも、男性とかかわっている女性を批判すること
　　　は非生産的であるだけでなく、犠牲者を責めることにもなりかねない。わたし
　　　の経験では多くの場合がそうだったように、基準を決めるのは自分だと思い
　　　込んでいる女性が白人の上流階級、あるいは中産階級であり、そうした基準
　　　を押しつけられる人びとが白人の上流階級、あるいは中産階級ではない場合
　　　には特にそうした傾向がある。

　男性との交際を続けたいという女性たちの願望を尊重しなかっただけでな
く、生活していくうえで男性とかかわらざるを得ない多くの女性の本当に必要
不可欠なものを価値がないと決めつけたことで、本来ならフェミニズムに強い
関心を示してきたかもしれないのに、社会運動としての適切な基準にふさわし
い暮らしをすることのできない女性との間に不必要な利害の対立が生じてしま
った。
　フェミニズムの文献は、男性とかかわる危険性を呼びかけてきた。しかし、
男性と日常を共にする女性がフェミニズムの闘いに直接的に従事することがで
きる方法については十分に伝えてこなかった。性差別があまりにも蔓延してい
るために、たいていネガティブな部分があるとされる、男性との交流を変える
ことができる方法を呼びかけるなら、フェミニズムは公私の別なく男性と日々
交流している多くの女性にとって、生きる術としても関係のあるものになる。
　男性と日常を共にしてきた女性たちは、男性との生活のなかにフェミニズム
運動を組み入れることができるような実際に役に立つ戦術を必要としている。
そうした難しい重要な問題に適切に取り組んでこなかった、あるいは取り組む
ことができなかったために、現代フェミニズム運動は中心よりむしろ社会の周
辺に位置づけられることになった。女性も男性もその多くが、フェミニズムは

第5章　男性　　115

「どこかで」起こっていることである、あるいは起こったことであるとしか考えていない。

テレビもまた、「解放された」女性は例外であり、そういう女性は基本的に自分の出世しか頭にないキャリア至上主義者であるとしか報じない。白人のキャリアウーマンが仕事用のスーツから肌もあらわな薄い部屋着に着がえながら、「わたしはベーコンを家に持って帰ってフライパンで焼くことだってできる♪ そして、あなたがマン（男）であることを決して忘れさせない♪」と韻を踏みながら歌い続けるテレビコマーシャルは、男性優位主義の社会のなかで、女性に押しつけられたステレオタイプ的な性的対象としての役割を担うことに対して、その女性のキャリア至上主義が何の妨げにもならないということをあらためて断言する。

「男性解放運動」

ネガティブで自分たちを縛りつけているとしか思えないような男性固有の厳格な性役割を引き受けなくても済むなら好都合だという理由から、男性がウーマンリブに対する支持を表明していることも多い。そうした男性たちが何より変えてもらいたいと切望しているのは、経済的な扶養者という役割である。前に述べたようなコマーシャルは、女性でも稼ぐことができるし、「稼ぎ頭」として家族を養うこともできるが、それでも男性はそうした女性たちを支配することを許されているのだということを男性たちに保証する。

キャロル・ハニッシュは、評論「男性解放」（1975年）のなかで、自らの利益のために女性問題を、なかでも特に仕事に関するそうした問題を食いものにしようとする男性を調査している。

> もうひとつの大きな問題は、仕事から落ちこぼれ、養ってもらうために自分の女を働かせようとする男性たちの企みである。男性も仕事は好きじゃない。出世競争も好きじゃない。そして、宮仕えも嫌なのである。「女は自分たちがセックスシンボルや性の道具にされているって言うけど、男だってサクセスシンボルや成功するための道具にされているじゃないか」などと愚痴をこぼすぐらいがせいぜいである。まあ、女性だってそんなものは好きじゃない。特に女性は、男性より40％も賃金が安く、大抵つまらない仕事をさせら

れ、滅多に「成功する」ことさえないのだから当然である。

　しかし、女性にとって、外で働くことは、家族や男性との関係におけるそれなりの平等、力、そしてそれなりの独立を獲得するただひとつの方法である。男性は仕事をやめても、ほとんど家の主人のままでいることができる。そして、妻や恋人がやっているような仕事をしないので、自分自身のための多くの自由時間を手に入れることができる。つまり、ほとんどの場合、女性は妻としての務めや自身の仕事に加えて、家事の分担以上のことを依然としてこなしていくことになる。

　自分の仕事をよりよくするために、出世競争を終わらせるために、そして上司から逃げだすために、彼は闘わずして自分の女を働かせる。それは、ドラフトのための代わりの選手を買い入れる昔ながらのやり方やポン引きと大差ない。しかも、そうしたことがすべて「役割の固定観念」を打ち破るといったナンセンスな大義名分のもとでなされている。

　このような「男性解放運動」は、個々の男性の日和見主義的な利益のためにフェミニズム運動を利用しようとする企みであり、女性解放運動への反動として形づくられたものでしかなかった。こうした男性たちは、自らを性差別主義の犠牲者とみなし、男性の解放に取り組んだのである。そして、硬直した性役割こそが自分たちが犠牲にされる一番の原因であると確信し、男らしさの概念を変えようとした。しかし、自分たち男性による女性に対する性差別主義的な搾取や抑圧に対して特に関心があったわけではない。自己愛や全面的な自己憐憫が男性解放運動グループの特徴だった。ハニッシュは、この評論をこう締めくくっている。

　わたしたち女性は、弱く消極的なふりなんかしたくない。そして、虚勢ばかりで他には何もないような偽もののスーパーマンを望んでいないのと同じくらい、弱くて受け身でしか振るまえないような偽ものの男性なんか望んでいない。女性が望んでいるのは男性が正直であることだ。女性は男性に勇敢であって欲しいと望んでいる。人間として挑戦的なほど正直で、積極的であって欲しいと望んでいる。また、挑戦的なほど情熱的、性的、そして官能的であって欲しいと望んでいる。そして、女性は自分たちもそうありたいと思っている。

第5章　男性　117

今こそ、男性が勇気を奮い起こして問題の本質に迫るときである。あえて自身に対する搾取の根源に遡り、自らの不幸をもたらしているのが女性ではなく、「性役割」でもなく、そして「社会」でもなく、資本主義者と資本主義そのものであることを理解しなければならない。今こそ男性が、そうした自分たちを真に搾取している相手を告発し、闘うときである。

闘いの同志たち

　あえて性差別や性差別主義的な抑圧に正直であろうとしてきた男性たちが、そしてそれらに反抗したり抵抗したりする責任を引き受けようとしてきた男性たちが、疎外されていることに気づくこともしばしばある。また、そうした男性の信条や行動が反フェミニズムの男性や女性から軽蔑されることも、フェミニズム運動の女性活動家から無視されることも少なくない。

　モリス・コネリーは、サンタ・クルーズの地方紙に、フェミニズムを公然と支持しようとする自分の努力についてこう説明している。

　　　男たちが集まると、必ずウーマンリブという話題がでてくる。嘲笑したり、くすくす笑ったり、怒ってぶつぶつ文句を言ったりする者がいて、それから告発が続く。そこには、道を踏み外した女性たちの激しい攻撃に対して、戦闘体制に入らなければならないとか、同志の結束を固めなければならないとかいった男たちの集団としての意見の一致がある。そのうちの何人かは間違いなく、ウーマンリブに100％賛成というわたしの意見を表明しろと焚きつけてくる。そして、わたしが意見を述べると男たちは面食らい、まるで眉毛にしらみでもいるかのように、じろじろわたしのほうを見始める。

　　　彼らはこう思っている。「あいつは一体どういう男なんだ？」と。わたしは女性が自分の敵ではないことを分かっている黒人男性だ。もし、わたしが権力の座についている白人男性だったら、人はわたしが現状を守ろうとしているのだと思うのだろう。たとえそうだったとしても、自分以外の人間を搾取したり抑圧したりするような、道徳的に破綻をきたしている教義を守ることに対して誰も弁解などできないはずである。

　コネリーは、自分にとってフェミニズム運動を公然と支持することは容易いことではなかったと、そしてそうなるまでには時間がかかったと強調している。

どうして時間がかかったのかって？　なぜなら、ウーマンリブを支持することで自分に向けられることが分かっているネガティブな反応を恐れていたからである。黒人仲間の兄弟や姉妹が何というかも分かり切っていた。「お前は一体どういう男なんだ？」「お前は本当に男なのか？」「何でまた白人の戯言なんかに耳を貸してしまったんだ？」そんな言葉が延々と続くことになる。もちろん、わたしに対する攻撃は予想していたとおりだった。しかし、その頃までにわたしの信念は周囲のあざけりに耐えられるくらいに固まっていた。

　成長には痛みが伴う…分かり切ったことだが、わたしの場合もまさしくそうだった。

　性差別主義と積極的に闘う男性は、フェミニズム運動のなかに居場所がある。そうした男性は同志である。フェミニストは、性差別主義的な抑圧に対する自らの責任を引き受けようとする男性の取り組みを認め、支援してきた。暴力を振るう者たちに対する男性の取り組みがそのいい例である。こうした男性の参加に何の価値も認めないような女性解放運動家は、革命的な闘いが進展していくプロセスについて考え直し、再度検討すべきである。

　男性には、女性との関係において生じる精神的な痛みをきっかけとして、フェミニズム運動にかかわるようになる傾向がある。たいてい女友達や恋人が、その男性の男性優位的な考え方に関心を向けさせるようにしてきたからである。ジョン・スノッドグラスは、編纂した読本『性差別と闘う男性たち』（1977年）の前書きで、こう読者に訴えている。

　　男性にアピールするウーマンリブの側面はいろいろあるだろうが、概してわたしのウーマンリブに対する反応は男として典型的なものだった。わたしは女性運動に怯え、怒りやあざけりで応じていた。わたしは、男性も女性も資本主義によって抑圧されていると思っていた。しかし、女性が男性に抑圧されているなんて考えてもいなかった。そして、「男も抑圧されている」とか「解放を必要としているのは労働者だ！」などと反論していた。

　　わたしには労働者階級の男女間の不平等な階級制度を認識することも、それが男性支配に起因していると認識することもできなかった。今になって考えれば、家父長制に対する認識が欠如していたのは、わたしの男としての特

第5章　男性　　119

権意識が働いていたからだろう。男というジェンダーの一員として、わたしにはウーマンリブを無視するか抑えつけるかのいずれかしかなかった。

　女性運動へ全面的にかかわるようになったのは、個人的な人間関係からだった…。ある女性との関係が深まるにつれて、わたしは相手の女性から何度も性差別主義者と非難されるようになった。わたしは最初、男として当然のように反発し、怒って打ち消していたが、次第にその非難が正当だと思うようになった。そして、ついにそうした非難を打ち消そうとする自分のなかに潜んでいる性差別主義を認識するようにさえなったのである。

　スノッドグラスは男性の意識高揚（CR）グループに参加し、1977年にこの読本を編纂した。70年代の終わりに向かって、性差別に反対する男性グループの勢力は衰えていったが、かつてないほど多くの男性が女性との社会的平等という理念を支持するようになっている。しかし、女性がそうであるように男性も、そうした理念を支持することが性差別主義的な抑圧をなくそうと努力することと同じ意味であることを、そして社会を根本から変革しようとしているフェミニズム運動と同じ意味であることを理解していない。

　性差別主義的な抑圧をなくすための運動としてフェミニズムを支持している男性は、自分たちが性差別や性差別主義的な抑圧に反対していることをより声高に主張しなければならない。そのことに対してより正直でなければならない。男性が性差別に終止符を打つための闘いに平等な責任を共有しないかぎり、わたしたち女性が根絶したいと願っている、まさに性差別主義的な矛盾そのものをフェミニズム運動は反映することになる。

　分離主義的なイデオロギーは、わたしたちに女性だけでフェミニズム革命を遂行することができると思い込ませようとする。しかし、そうではない。男性が性差別や性差別主義的な抑圧を維持し、支援している主体者である以上、男性があえて自らの意識や社会全体の意識を変革する責任を担ってくれないかぎり、性差別や性差別主義的な抑圧の根絶が実現するはずはない。人種差別に反対する闘いが始まって100年以上たった今でも、かつてないほど多くの非白人が、人種差別に反対する闘いにおける白人が演じなければならない主たる役割を訴え続けている。

　性差別を根絶するための闘いにも同じことが言える。男性が果たすべき闘いの主たる役割を担っているのである。それは、男性が女性よりフェミニズム運

動の指導者としての能力を持っているという意味ではない。それは、男性も抵抗運動を同じように共有しなければならないという意味である。特に、同胞としての男性の性差別主義を暴き出し、立ち向かい、反対し、変革していく領域では、男性はフェミニズムの闘いに想像を超える大きな貢献ができるはずである。フェミニズムの闘いにおいて、男性が責任を等しく担う意欲を示し、いかなる仕事でも必要であれば引き受けてくれるなら、女性たちはそうした男性を闘いの同志として受け入れ、その革命的な取り組みを認めなければならない。

パワー

力の見方を変える

女性と権力

　このアメリカ社会において、力は人や物を支配し、コントロールすることと同じであると一般的に考えられている。そして、フェミニズム運動の女性活動家たちは、力という問題に対して相反する対応をしている。一方では男性の支配としての力、すなわち権力の行使を糾弾しながら、女性の無力さを強調した。そして、その一方では平等な権利、たとえば政治活動における平等な保護や経済活動における機会均等を要求しながら「ウーマンパワー」という旗じるしを掲げた。

　黒人女性の活動家セレスティン・ウエアが女性解放のための運動に関する著書の題名を『ウーマンパワー』（1970年）としたとき、彼女はそれまでとは根本的に異なる力の概念——支配をなくすための力の行使——に言及している。そして、彼女はそれこそがラディカル・フェミニズムの中心となる教義であると強く主張した。

　　決してウーマンリブ運動におけるすべての女性の立場を代表しているわけではないが、ラディカル・フェミニズムは基本的に、人間の他者に対する支配こそが社会における悪であるとしている。人間関係における支配は、ラディカル・フェミニズムが反対している標的とでもいうべきものである。

ラディカル・フェミニストたちは、一般に行き渡っている支配としての力の概念に挑戦し、その意味を変革しようとした。しかし、その試みは成功しなかった。フェミニズム運動が進展していくにつれて、ブルジョワ階級の活動家たちが力に対して女性が抱いている恐れを克服することに重点を置き始めると、支配やコントロールとしての力の概念に対する批判はすっかり影をひそめることになった。このことが意味しているのは、女性が男性との社会的平等を望むなら、女性も男性と同じように他者に対する支配やコントロールの行使に参加する必要があるということである。

　フェミニズム運動の内部にあった力に関するさまざまな見方は、参加していた人びとのそれぞれの階級による偏見や社会的な視点を反映していた。男性との社会的平等を促進させるための改革に関心を持っていた女性たちは、既存の体制のなかでより大きな力、すなわち権力を獲得することを望んだ。そして、革命的な変化に関心を持っていた女性たちは、他人を支配し、コントロールする権力としての力と創造的で生命を肯定するような力を区別せず、ためらうことなく力を行使することに対して否定的な評価を下した。

　フィリス・チェスラーとエミリー・ジェーン・グッドマンの共著『女性、金、そして権力』（1976年）のような本は、女性の無力さを強調し、既存の社会構造のなかで権力を獲得しようと努力している女性を肯定的に論じている。しかし一方で、女性の権力の行使が、男性のそれより堕落していないか、あるいは破壊的でないかどうかについてはあいまいなままである。チェスラーとグッドマンは、結びの文で多くの興味深い疑問点を列挙しながら、フェミニズム運動のなかに現れてきた力に関するさまざまな見方を指摘している。それはこう記述されている。

　　　それが相対的なものであれ、絶対的なものであれ、既存の構造のなかで力、すなわち権力を得た女性はまさに男性を手本にする可能性がある。そして、その過程で、そうした女性は自分以外の女性も含めた他者への抑圧者になる可能性もある。たとえば、イギリスの保守党のリーダーであるマーガレット・サッチャーは、学童への牛乳の無料配布を止めるという財政的な決断をした。
　　　あるいは、いったん権力の座に着いた女性は、確立された経済や社会の

システムを乗り越え、ヒューマニズムを貫きとおすことができるのだろうか？
…女性は、権力を貪欲に求めているのだろうか？　出世欲の重圧に本当に抵
抗しているのだろうか？　社会奉仕には関心がないのだろうか？　女性は、
男性よりも道徳的でしっかりした価値観を持っているのだろうか？　あるい
は、単に目先の個人的な目標しか持てないよう条件づけられているだけなの
だろうか？　それとも、単に情報不足なだけなのだろうか？

　女性は、他者による人間のコントロールをまったく望んでいないのだろう
か？　女性は、道徳心を危険にさらすことがどういうことか分かっている
から昇進を拒絶するのだろうか？　そして、女性は、こうしたコントロール、す
なわち権力を道徳的に正当化することに対して少しも疑問を抱かないのだろ
うか？

　著者たちは、これらの疑問に対して答えを出していない。しかし彼らは、も
しフェミニズム運動の活動家が女性と権力の関係を理解しようとするなら、本
気で向かい合わなければならない多くの重大な問題を提起している。こうした
問題に答えが出されていれば、性差別主義的な抑圧をなくすための闘いを犠牲
にすることなく、女性たちが既存の社会構造によって定められた意味での大き
な力、すなわち権力を手に入れることはできないということが明らかになって
いたはずである。

　エミリー・ジェーン・グッドマンは、共著『女性、金、そして権力』の著者
についての覚書のなかで、「基本的なジレンマは、まさに変えるべき価値体系
そのものによって堕落したり、取り込まれたり、組み込まれたりすることな
く、女性たちがどうすれば、文字どおり世界を変革するための十分な金や権力
を手に入れることができるかということである」と書いている。こうした記述
は、グッドマンが金や権力を手に入れるプロセスというもの、すなわち文化を
支配しているイデオロギーを信奉し、支援し、そして永続させることによって
金や権力を手に入れるプロセスというものを十分に理解していないか、あるい
はそうした現実に直面することを単純に拒絶しているかのどちらかであること
を示している。

　フェミニズム運動のブルジョワ階級の白人女性活動家は、フェミニズムの闘
いを成功に導くために欠かすことのできない前提条件として、既存の社会構造
によって定められている意味での力、すなわち権力を獲得する闘いを展開して

きた。より効果的に女性が解放に取り組むためにはまず金と権力を獲得しなければならない、という彼女たちの提案は、貧しい女性や非白人の女性にほとんどアピールすることはなかった。そして、白人男性の支配者集団にとっても、現状を容認するようなフェミニズム運動の女性たちは脅威でも何でもなかった。それどころか、彼女たちの提案は白人男性の支配者集団にとって非常に魅力的でさえあった。

新しい価値体系を模索する

フェミニズム運動の多くの参加者は、女性は男性とは違っており、違ったやり方で権力を行使することができるはずだと心から信じていた。こうした男女の違いを強調する性差別主義的なイデオロギーを受け入れるよう社会の一員として適合させられてきたからである。そして、フェミニズムのイデオロギーがそうした男女の違いの重要性をあらためて容認する形となった。前述の共著『女性、金、そして権力』のなかには、著者による次のようなコメントがある。

> 女性の価値観、あるいは女性に属していると考えられている価値観は、アメリカを動かしている価値観とは違っている。それは、社会の仕組みとはかけ離れて存在してきたことによる無知からなのか、恐れからなのか、あるいはそう条件づけられてきたからなのかもしれない。女性が追い求めてきた価値観が——追い求めることが許されてきた価値観が——どのようなものであろうと、それは男性の価値観と同じものではない。

このような声明は、フェミニストのサークルなどで普通に述べられていた心情だった。そして、そうした心情こそ、女性の体験の本質をあいまいにしてしまうものなのである。女性は社会において、性別をもとにした異なる役割を割り当てられてきたが、別の価値体系を教えられてきたわけではない。性差別主義をただ黙って受け入れたり、あらかじめ定められた性役割を自ら進んで引き受けたりするのは、女性が文化の価値体系を全面的に受け入れてしまっているからである。女性は、支配集団の男性たちが行使することの多い力、すなわち権力を持っていない。そして、力の本質を別の形で概念化してもいない。

ほとんどの男性と同じように、ほとんどの女性も、子どもの頃から他人を支

第6章　パワー　　125

配しコントロールすることこそ基本的な力の表現法であると教え込まれている。たとえ女性が今のところは戦争で人を殺していなくても、男性と同じように政策決定にかかわっていなくても、女性は男性の支配者集団やほとんどの男性と一緒に文化を支配しているイデオロギーを信奉している。仮に女性が支配するようなことがあっても、社会が現在とは異なって組織されることはないだろう。異なる価値体系を持って初めて、女性は社会をそれまでとは違った形で組織することができるのである。

　最近、女性と男性がそれぞれ異なる感じ方をすることについての問題は「ジェンダーギャップ」として説明されている。しかし、男女が異なる感じ方をすることによって、異なった一連の価値観が形づくられるわけではない。男は敵で女は犠牲者であるという考えを前面に押しだしたフェミニズム特有の言い回しによって、女性は新しい価値体系を模索する取り組みから回避することができるようになった。フェミニズム運動の参加者たちは、女性は男性とは違っていることを、考え方も行動も異なっていることを、力を異なった形で概念化していることを、それ故に本質的に異なる価値体系を持っていることを、単純に受け入れ、女性の体験に関する性差別主義的なあいまいな解釈に従って行動した。

　しかし、ことはそんなに単純ではなかった。たとえば、女性は生命を肯定し、育むものであり、一方、男性は生命を否定する殺人者や戦士であるといった考えが多くつくりだされてきた。それにもかかわらず、女性はその生命を育む役割において、「正しいとされていること」を信奉する親や教育者として幼い子どもたちを社会へ適合させ、子どもたちに対して暴力的な支配やコントロールを行使し、身体的に子どもたちを虐待するケースがますます増えている。

　こうした矛盾を指摘されたとき、フェミニストたちは決まってこう答える。そんな女性は男性の命令を実行しているだけであるとか、そんな女性は男性的なアイデンティティの持ち主であるとかいったように。視野の狭いフェミニズムのイデオロギーでは、抑圧的な社会の仕組みにおける男性性の発展と永続化を男性性そのものと同一視する傾向がある。このふたつは同じではない。このふたつを同一視することによって、女性たちは自らの権力を求める衝動、すなわち他人を支配しコントロールするよう女性たちを駆りたてる衝動に直面する必要がなくなる。そして、女性自身が他人を支配しコントロールする責任を単に男性のせいにすることが可能になる。

フェミニズム活動家の女性たちが男性とは異なる価値体系を持っていたら、いかなる状況下でも他人に対する支配やコントロールを支持することはなかったはずである。そして、「正しいとされていること」を信奉することもなかったはずである。

決断力を備えた役割モデル

もし、もっと多くのフェミニストの女性が力の概念を積極的に見直してきたら、意識的であろうと無意識的であろうと、広く社会に存在している階級的で人種的な階層を利用したフェミニズム運動など形づくってこなかったはずである。また、「敵」呼ばわりしている男性を見習うよう奨励してこなかったはずである。そのうえ、精神的な強さ、大胆さ、積極性、そして決断力を備えた役割モデルを探すとき、フェミニズム運動のブルジョワ階級の白人女性活動家たちは白人男性の支配者集団を選んでしまった。彼女たちは、そうした資質を備えている労働者階級の女性の行動パターンを選ぶこともできたはずである。

カレン・コリアスは、評論「階級の現実　新しい力の基盤を創造せよ」（1975年）のなかで、労働者階級の女性を役割モデルとしてみなすようブルジョワ階級の女性たちに奨励している。

> 下層の労働者階級の女性たちは、生き抜いていくために自らの強さを表に出すことを強いられてきた。そのうえ、自分以外の人間の責任を引き受けねばならないと思い込むことも多かった。今でもそういうことがしばしばである。ほとんどの女性は内面に強さの核のようなものを持っている。しかし、現状の快適さや経済的な安定のせいで、女性の多くが今まで単にそうした内面の強さを成長させる必要がなかっただけである。
>
> 女性運動が抱えている大きな問題のひとつは、女性の弱さを克服し、それを自信や独立心に置き換えることだった。それは現在でも同じである。その理由のひとつは、成功した夫や父親などから、ある程度保護されている中産階級の女性たちが、自分自身の人生を自分以外の人間からコントロールされていることに気づき、そうした問題について組織化を必要とするようになってきたためである。階級的な背景からすれば、このことはそれなりに正当な根拠のあることだった。

中産階級の女性たちの強さのモデルは、これまでずっと基本的に男性だった。それは今でも変わらない。強さはたいてい力、すなわち権力と同一視されている。一方、下層の労働者階級の女性は、なかでも特に非白人の女性は今でもそうだが、何かを決めたり生活を維持したりするために自分以外の誰かに頼ることなど滅多にできなかった。自分の人生を積極的に切り開いていく過程において、また自分の周囲の人間に影響を及ぼしていく過程において、そうした女性たちは人間としてのもっとも基本的な本質である決断という体験を生涯にわたって積み重ねてきた。それが、そうした女性たちにとって生き抜くということだった。

こうした決断するという行為は、強力な自己概念を形成するひとつの要因になっている…。つまり、そうした強い自己概念を備えた女性たちこそが自信を求める女性のモデルになるべきだということなのである。

貧しい労働者階級の女性がブルジョワ階級の白人女性の役割モデルになれなかったのは、ブルジョワ階級の白人女性には貧しい労働者階級の女性がアメリカ社会で価値があるとされている力の形態を行使しているように見えなかったためである。別の言い方をすると、貧しい労働者階級の女性が行使していた強さは、経済的な力と同じものではなかったのである。

貧しい労働者階級の女性が行使していた力は、他人に対する支配やコントロールとは決して結びつかないものだった。しかし、多くのブルジョワ階級の女性たちが興味をそそられ、心を奪われていたのは、そうした力の形態だった。フェミニズム組織のなかで表面化してきた他人を支配しコントロールするような力の形態こそが、フェミニズム運動を崩壊させ、堕落させてしまうものだったのである。

かつては性差別主義的な抑圧をなくす取り組みに身を捧げていた多くの女性が、フェミニズム革命が実現する可能性がないことに絶望し、既存の社会構造のなかで、できるかぎり多くの権力や特権を手に入れようと今やっきになっている。フェミニズム活動家も今や、社会や政治の領域で男性と同じポジションを手に入れた女性たちが、男性と同じようなやり方で力、すなわち権力を行使しようとしていることに気づいていないわけではない。

フェミニズム運動が積極的に男女間の社会的平等の必要性を訴える活動をしてきたにもかかわらず、支配者集団の男性たちが平等な権利を喜んで認めるの

は、権力の領域に入ってきた女性が現状を支持し維持するために働いてくれるのが明らかなときだけである。大統領だったロナルド・レーガンが、サンドラ・デェイ・オコーナーを最高裁判事に任命したのもまさにそうした例のひとつである。オコーナーは、女性が自分の生活をよりコントロールすることができるようになる改革案のほとんどを支持せず、むしろ現状を維持するような政治的な決定を全面的に支持している。

オコーナーの任命は、既存の権力構造を支持しさえすれば、女性であってもそうした権力構造における権力や名声を手に入れることができるということを女性たちに、なかでも特に白人の女性たちに証明した。しかし、男性の支配者集団は、白人至上主義、資本主義、そして家父長制といった体制の維持に際して、急進的で社会的な視点を持った女性たちが、男性側に立って権力を行使するオコーナーのような女性によって選挙で負かされ、数で圧倒され、黙らされるなどとは考えていない。もしも、男性の支配者集団がそれを確信しているなら、女性と男性の平等な権利を謳ったアメリカの平等権修正条項（ERA）は疑う余地なく可決されたはずである。こうした保守的な女性たちは、男性たちに彼らの「男らしさ」が決してなくならないことを保証すると同時に、支配やコントロールとしての力、すなわち権力の概念の正当性を立証し、それを行使する。

力の見方を変える

男性の支配者集団はフェミニズム改革を取り込み、白人至上主義的で資本主義的な家父長制の利益のために奉仕させてきた。なぜなら、フェミニズム活動家たちが女性は現状に反対であり、男性とは異なる価値体系を持っており、フェミニズム運動の利益のために力を行使するはずだと愚直に思い込んでいたからである。このように決めつけていたために、フェミニズム活動家たちは、力というものに対する新しい概念を含んだそれまでの代わりとなるような価値体系をつくりだすことに何ら特別な関心を払うことがなかった。

フェミニズム活動家のなかには、女性も文化を支配しているイデオロギーによって定義づけられた力、すなわち権力を獲得するべきであるという考えに頑として反対する者もいた。しかし、そうしたフェミニズムの活動家はすべての力を悪としてみなす傾向があった。そして、こうした保守的な態度は女性にどんな力に関する新しい考え方も提供しなかっただけでなく、支配とコントロー

ルこそが力の究極的な表現法であるという考えを強化することになった。それと同時に、家庭内での役割交代、意見の一致、家庭内における民主的な人間関係のあり方の強調といった新しい組織的な戦略でまさに力の肯定的な再定義に挑もうとするフェミニストもいた。

ナンシー・ハートソックは、評論「政治的な変化　力に関するふたつの見方」（1981年）のなかで、女性が力の概念を見直す過程のなかで、フェミニズム運動において表面化した心理的な葛藤について述べている。そして、その評論のなかで、力を創造的で生命を肯定するものとして理解することを強調している。また、行動を起こすための能力として、精神力や能力そのものとして、そして達成感をもたらしてくれる行動として、力を定義することを強調している。そしてこうコメントしている。

　　意味深いことに、このように力を理解すれば、他者を支配することが必要ではなくなる。すなわち、人間は活力や達成そのものによって満足することができるということが理解される。こうした力こそ、女性運動が追い求めてきたものに非常に近い…。

　　わたしたち女性が、力のふたつの概念の違いを明確にしてこなかったことが、女性運動においてリーダーシップや強さや業績に関して意見が一致しない原因のひとつである。別々の都市に住むふたりの女性からの女性運動を辞退したいという手紙を読むと、そうした問題の一端をうかがうことができる。ふたりの女性は、「無私無欲のシスターの死骸の上に名誉や富を築こうとする、向こう見ずな日和見主義者だとか、無慈悲な守銭奴だとか決めつけられる」と訴えている。

　　この手紙が明らかにしているのは、リーダーシップの資質はリーダーになりたいという欲望と混同されるべきではないということである。同じように、その人間の業績や能力はリーダーになりたい（暗に、他人を支配したいという）欲望と混同されるべきではないということである。また、彼女たちの訴えは、女性が力というものを運動内で他者を支配するための力、すなわち権力としてみなしてきたことを示している。権力とはまったく異なる活力として、強さとして、そして有意義な交流として、理解してこなかったことを示している。

この評論が、フェミニストの季刊誌『クェスト』に掲載されたのは1974年の夏のことだった。この季刊誌が発行されていた当時、フェミニズム運動で活

動していた女性たちは、力という概念に対して集団で質問し、批判する傾向が今日より強かった。日常の人間関係における力に挑戦するということは、最終的にはあらゆる形態の力を洗いだすことである。そうした意味で、当時のフェミニストたちの日常的な人間関係における力に対する挑戦はその本質に迫るものだった。

現在は当時よりもひんぱんに力に関するさまざまな概念が議論されている。しかし、広く一般に行き渡っているのも、また力のもっとも重要な形態とみなされているのも、支配やコントロールとしての力の行使である。そして、これはフェミニズム運動のグループについても当てはまることである。

権力としての力、すなわち人を支配しコントロールする権利を手に入れるための闘いは、これから先も永続的にフェミニズム運動の土台を蝕み、その終焉を早めてしまうように思われる。女性が支配をなくすために力、すなわちパワーを行使することを意味したウーマンパワーという理念は、生命を肯定する育む性としての女性のイメージを誉めたたえるような感傷的な文脈のなかで議論されることがあまりにも多い。ほとんどのフェミニズムの文脈は、社会によって定義されている意味での力、すなわち権力を女性が獲得することに重点が置かれている。

グレース・リー・ボグスとジェームス・ボグスは、共著『20世紀における革命と進化』（1974年）のなかで、この誤って導かれた解放に向けたアプローチを批判している。

　　1930年代の労働運動、50年代、60年代のすべての社会運動、いわゆる黒人運動、若者たちの運動、女性運動は、自らの利益を求める闘いとして始まった。しかし、自らの利益が全体としての社会の利益と一致するという事実によってはずみを得ることになった…。

　　そして、最後には、どれもがそれぞれの利益集団を形成し、自分たちのことだけしか問題にしなくなってきた。どの集団も黒人の力、女性の力、そして労働者の力について語っているのかもしれない。しかし、分析してみると結局、それぞれが自分たちの権力の分け前や「ちっぽけな目先の行動」について語っているだけである。大多数の人びとの利益や人類の進歩のためといった社会全体の再構築に関するような本当の力について語っているものは誰もいない。

『弱者の力』

わたしたち女性は、社会の再構築をめざす前に、既存の社会構造のなかでの力、すなわち権力を獲得しさえすれば、性差別主義的な抑圧をなくすためのフェミニズムの闘いは必ず進展するといった馬鹿げた考えを捨ててしまわなければならない。多くの女性がより大きな、本当の意味での自らの運命や他者の運命をコントロールすることのできる特権を獲得することは許されてもいいことである。そして、そうなることは重要な目的でもある。しかし、それだけではシステムとしての男性支配をなくすことはできない。

女性が性差別に対して事実上抵抗することができるようになるには、まず力を獲得しなければならないという提案は、女性が無力であるという誤った前提に根ざしている。どんなに抑圧されている女性であっても、女性はまさに何らかの力を行使している。そして、わたしたち女性はそうした力をフェミニズムの闘いを進展させるために使うことができる。

エリザベス・ジェーンウェイは、その重要な業績である著書『弱者の力』（1981年）のなかで、搾取され、抑圧されている集団が秘めている力の形態について記述している。弱者の持っている力のもっとも重要な形態のひとつは、「強者によって自分自身に押しつけられた定義への拒絶」である。ジェーンウェイは、これを「正しいかどうかを判断する能力の適切な使い方」とし、こう説明している。

> 既成の社会通念によって課された状況に対して、個人が論理的な自己定義を打ちたてることなどできないということは事実である。しかし、たとえ、論理的な自己定義を打ちたてることはできなくても、そうした状況に対して異議を唱えることはできる。個人は、正しいかどうかを判断することによって、自分に定められた行動規準に疑問を持つことができるようになる。そして、誰かが少しでも規範から逸脱したやり方で行動し始めるにつれて、物ごとを処理したり理解したりするやり方には実のところ、ただひとつの正しいやり方しかないわけではないということが明らかになる。

女性は、たとえどんなに貧しくても、搾取されていても、あるいは抑圧された状況に閉じ込められていても、自分たちが自らの現状に対する強者による決

めつけを拒絶することができるということを知っておく必要がある。そして、こうした基本的な個人の能力を行使することが抵抗と強さを示す行動であるということも知っておく必要がある。多くの貧しく搾取されている女性、特に非白人の女性は、自分たちの現状に対しての強者による決めつけ、すなわち定義づけを拒絶するために自分たちのそうした能力を行使してこなければ、肯定的な自己概念を発展させることはできなかったはずである。

　多くのフェミニズム思想は、強者によって押しつけられた女らしさの定義を女性たちが受け入れてしまっていることを反映している。フェミニズム運動を組織したり、フェミニズム運動に参加したりしている女性たちは決して、消極的でも自己主張ができないわけでも、あるいは意思決定をすることができないわけでもない。それにもかかわらず、そうした性格が典型的な女性特有のものであるという考えや女性の現状に対する男性優位主義的な解釈を反映した物の見方を永続させてきた。

　そして、男性の同僚、あるいは男性の権威者との関係において多くの女性が担っている受身的な役割と、女性同士や子ども、あるいは男女を問わず、自分より社会的な地位が低い人間や自分より劣っているように見える人間との関係において多くの女性が担っている、積極的に主張するだけでなく暴君的ですらある役割を区別しなかった。これは、フェミニズム活動家たちが強者である男性によって定義された女性の現状に対する単純な見方を打ち破ることができなかった事例のひとつに過ぎない。

　もし、彼女たちが正しいかどうかを判断する能力を行使していたら、女性にはどうしても消極的で自己主張しない傾向があるといった馬鹿げた考えから脱構築し、複雑な性質を有する女性の体験に注意を向けるよう強く要求したはずである。正しいかどうかを判断する能力が行使できなければ、女性は一般に行き渡っている力の概念を拒絶することも、新しい展望に思いを巡らすことも難しくなる。

　フェミニズム活動家たちは女性たちを経済的、社会的な力を獲得するよう駆りたてておきながら、そうした力の使い方について指導することもなく、分別のある助言をすることもなかった。女性たちは、新たに手に入れた力が目的を持って意識的に用いられてはじめて、フェミニズム運動を進展させることができるといった戦略的な自覚を持ち続けるよう忠告されることもなかった。また、フェミニズム活動家たちは、富という形態の力を獲得することが下層階級

の女性や男性に対する搾取や抑圧を支持することであるということを、そして
こうした富という形態の力が下層階級集団の地位を向上させるために使われる
ことはほとんどないということを認めたがらないだけでなく、ときには認める
ことを拒絶した。

　ヴィヴィアン・ゴーニックは、評論「自分らしく生きるための代価」(1978
年)のなかで、女性が経済的な自立を得ることと富の蓄積を区別し、この点を
指摘している。

　　　この社会において、他の人びとを搾取することなく大金を稼ぐ方法はない。
　　絶対にない。もし、わたしだったら、資本主義を、そして消費社会そのもの
　　を明日にでも終わらせる。すなわち、今の社会は欲望と不公平以外の何もの
　　も生みださない。物質的なものに対する嗜好とニーズが最小限に抑えられて
　　いる世界があったら見てみたいものだ…。金さえあれば権力を手に入れるこ
　　とができ自立することもできるという考えは幻想である。たいてい、金がもた
　　らすものは、もっと金が欲しいという要求である。

　ウーマンリブ活動家のなかには、自分たち一人ひとりが成功、金、なかでも
特に歴史的に男性に支配されてきた領域における権力を手に入れることができ
れば、フェミニズム運動は進展すると信じるよう女性たちを鼓舞してきた者も
いる。そうした女性たちは、自らの成功が集団としての女性の社会的な地位に
ほとんど影響を及ぼしていないだけでなく、性差別主義的な抑圧の過酷さを少
なくすることも、あるいは男性支配をなくすこともしていないということを認
識する必要がある。

　そうした女性たちの個人主義は、個人の成功と急進的な社会運動とを同一視
しかねない危険な自己陶酔的な考えである。個人の達成というものは、個人的
な野心を満足させるだけでなく、フェミニズムの闘い全体の利益に奉仕して初
めて、フェミニズム運動を進展させるのである。

消費者としての力

　アメリカ合衆国が、帝国主義的な資本主義の家父長制社会であり続けるかぎ
り、既存の権力者の階層に女性の大多数が入りこむことなどあり得ない話であ

る。そして、人を支配し、コントロールする立場には到底なれない女性たち
が、力のそうした形態にばかり焦点を絞るよう、また自分自身を犠牲者とみな
すよう、奨励されているかぎり、フェミニズム運動の進展は望むべくもない。

　人を支配し、コントロールする立場には到底なれない女性たちが行使すべき
力の形態は、そうした女性たちが搾取や抑圧に対して抵抗できるようにさせる
ものである。そして、女性と男性が平等に恩恵を受けることのできる政治的で
経済的な構造を実現するために社会を変革しようとするそうした女性たちの取
り組みを阻むものであってはならない。

　フェミニズム活動家は、こうした女性たちが行使している力の形態を強調
し、彼女たちがそれを自らの利益のために用いることができる方法を示さなけ
ればならない。女性が経済の領域で行使している力のひとつの形態は消費であ
る。これまでしばしば展開されてきた戦術としてのボイコット運動は、たとえ
経済的にという意味では成功したと言えなくても、啓蒙的にという意味では成
功したと言えるだろう。

　もし全米の女性たちが、たとえば、テレビでの女性に対する暴力シーンの増
大といった女性の搾取に対して抗議するために、長時間テレビのスイッチを切
り、生活必需品以外の製品を購入しなければ、そうした行動は重大な社会的か
つ経済的な結果を残すことができたはずである。しかし、女性たちは皆が皆、
組織化されているわけではなく、また性差別や女性の消費から利益を得ている
男性の支配者集団に日常的に操られている。そのために、わたしたち女性はそ
のような力をこれまで一度も行使したことはない。

　ほとんどの女性が、自分の行使できる力の形態というものを理解していな
い。女性たちは、自分の持っている特別な能力を行使する方法を示してくれる
批判的な意識を育てなければならない。女性が必要としているのは、そうした
批判的な意識を育てるための政治的な教育、すなわち社会の仕組みを理解する
ための教育である。

　これまで、フェミニズム文献が女性の経済力のないことばかりを問題にして
きたために、消費者としての女性の役割は正当に評価されていない。前述した
フィリス・チェスラーは、女性は消費者として無力だと感じている。

　　　おそらく、物を買うという行為は女性の領分なのだろう。たしかに女性は、
　　日常的な家庭の必需品や贅沢品を買っている。しかし、価格、重要性、意

第6章　パワー　135

思決定としての価値、そして一般的に経済全体に与える影響といった意味では、それらは「小さな」アイテムでしかない。「大型」家庭用品の購入に関しては、そして産業や政府のための「より大きな」アイテムでさえ、その購入に関しては、ほとんど男性がコントロールしている。あるいは少なくとも男性がかかわっている。

　消費者の力というものは現実として存在している。ただし消費者が組織化され、物ごとに精通し、核弾頭のような「大きな」アイテムを必要とするほど強大になればの話である。主婦や母親のような消費者が組織化もされず、情報も与えられず、「小さな」アイテムしか必要としないかぎり、消費者の力というものは根拠のない作り話にしか過ぎない。

　たしかに女性たちは核弾頭を買うことはない。しかし、それはほとんどの男性も同じである。小さなアイテムしか購入しないことは意味のないことであるというチェスラーの前提に反して、女性のファッションの売上げから得られる利益からだけでも、この経済社会のなかでメジャー産業が成りたっている。莫大な経済的な利益と力というものは、小さなアイテムの絶え間ない購入によって生みだされる。消費者として、女性は力を持っている。そして、もし組織化されれば、その力を女性の社会的な地位を向上させるために使うことも可能なのである。

　フェミニズム運動が、まさに性差別主義的な差別、搾取、そして抑圧に注意を喚起するときに、女性が行使している力を訴えかけさえしていれば、これまでより多くの女性にアピールすることができたはずである。そして、これから先もアピールすることができるはずである。今まで性差別主義がしてきたように、フェミニズムのイデオロギーは女性たちに自分が無力であると思い込ませるようなことを奨励すべきではない。また、女性が日常的に行使している力を明らかにし、そうした能力を性差別主義的な支配や搾取に抵抗するために使うことのできる方法を示していくべきである。

　これまで、性差別が女性を無力にさせてきたことはない。女性の強さを抑圧してきたか、あるいはそれを搾取してきただけである。そうした強さ、そうした能力を認識することこそ、女性が共に解放に向かって踏みだすことのできる第一歩なのである。

第7章

仕事

その本質を問い直す

ブルジョワ階級の偏見

多くのフェミニズムの文献に書かれている仕事に対する姿勢には、ブルジョワ階級の偏見が反映されている。フェミニズム思想を形づくってきた中産階級の女性たちは、女性にとってもっとも差し迫った問題は家庭の外に出て働く必要があるということ、そして「ただの」専業主婦でいることをやめる必要があると決めてかかっていた。これがベティ・フリーダンの著したフェミニズムの草分け的な著書『女らしさの神秘』（1963年）の中心を貫く教義だった。家庭の外での仕事こそ解放への鍵である、とフェミニズム活動家たちは断言した。そして、仕事こそ女性たちに男性への経済的な依存という足かせを断ち切らせ、それがひいては女性たちに性差別主義的な支配に対して抵抗する能力を与えることになると主張したのである。

ただし、こうした女性たちの意味していた仕事は高収入のキャリア、つまり専門職のことだった。彼女たちは低賃金の仕事やいわゆる「卑しい」下働きのことを言っていたわけではなかった。彼女たちは自らの体験に目を奪われていたために、『女らしさの神秘』が出版された当時でさえ女性のほぼ全員がすでに家庭の外で働いていたという事実、しかもそうした女性たちが自分たちを男性依存から解放させてくれることも、経済的に自立させてくれることもない低賃金の仕事で働いていたという事実を無視したのである。

第7章　仕事　137

ベンジャミン・バーバーは、女性運動に対する彼の批評『フェミニズムの解放』（1975年）のなかで、このことを指摘している。

　　何とかして暇な時間から逃げだそうとしている女性にとっての仕事と、そうではない歴史の大半における人類のほとんどにとっての仕事は明らかに、まるで違う何かを意味している。幸運な男性のなかには、そしてそれよりはるかに数少ない女性のなかには、仕事がときには生きる意味や創造力の源になってきた者もいる。
　　しかし、人類のほとんどにとって、仕事は今でもなお嫌々ながら農具や機械、言葉や数字の前に引きずりだされ、生きるために必要なモノを手に入れる資金を何とかしてひねりだすための生産高を上げ、スイッチを押し、書類と格闘する苦役なのである。

　バーバーが指摘したような批判によって、女性と仕事に関するその当時のフェミニズム思想家たちの見方が検証されることはなかった。たとえ解放としての仕事という概念が、搾取され低賃金で働く女性たちにとってほとんど意味を持っていなかったとしても、それは大学を卒業した白人女性にとっては就職したり再就職したりするための精神的な動機づけになった。また、大学には進学することなく、女性の居場所は家庭であると教え込まれてきた多くの白人女性にとっては、低賃金の仕事に耐えたり、主として世帯の収入を増やしたり、世間に取り残されたような生活から抜けだしたりするための心の支えになった。そうした女性たちは自分では新しい自由を行使していると思っていた。しかし多くの場合、彼女たちはもはや夫の収入だけでは支えきれなくなった中産階級のライフスタイルを維持するために悪戦苦闘していただけだった。
　キャロライン・バードは、著書『給料袋がふたつある結婚』（1979年）のなかで、女性の労働力への参入の背後にある動機づけの真意を明らかにしている。

　　専門職であろうと、「ピンクカラー」と呼ばれる一般事務の仕事であろうと、主婦たちは自分たちが世の中の経済の流れに身を委ねているとは考えていなかった。また、自分たちが革命をなし遂げつつあるとも思っていなかったし、そんなつもりもまったくなかった。そうした女性たちのほとんどは、家計

を「助ける」ために、家の頭金を貯めるために、子どもたちの服を買うために、あるいはだんだん高くなっていく大学の学資を埋め合わせるために、仕事をこなしていただけである。

そうした女性たちは、仕事が決して家族に「影響」しないように、パートタイムの仕事を探すことに熱心だった。1970年代、子どもは女性を家庭に縛りつけるものではなく、女性を稼ぎに駆りたてる金のかかる存在だった。そのために、子どものいる主婦たちは、世間一般の女性より働いて金を稼ぐことに一生懸命だった。

こうした女性の多くはフェミニズム運動にまったく参加していなかった。しかし、自分たちが女性の居場所についての時代遅れの考え方に挑戦していると考えていたことは確かである。

非白人女性たちが抱いた危惧の念

初期のフェミニストたちが「仕事が女性を解放する」という考えを根づかせたことは、多くの貧しい労働者階級の女性を、なかでも特に非白人の女性をいろいろな理由でフェミニズム運動から遠ざけた。また、「家事に賃金を」といったキャンペーン活動を組織した人びととは同時に、性差別主義的な仕事の定義と資本主義の経済構造に挑戦したが、仕事に関するフェミニズムの定義についての大衆の認識を根本から変えることはできなかった。こうした女性たちがしばしば仕事をやめたいと思うのは、彼女たちのやっている仕事が彼女たちを解放してはくれないからであるというベンジャミン・バーバーの指摘は正しい。

多くの貧しいアメリカ女性にとって解放とは、仕事をやめて家庭に戻り最終的に母親として自由になることを意味している。これまでずっと資本主義社会でそうであったように家庭に入ることを意味している。もちろん、そうした女性たちにとっての仕事は、床をごしごしこすってきれいにしたり、トイレをぴかぴかに磨きあげたり、安物の上着にえんえんとボタン付けをしたりすることであって、自己実現というより自分を守ること以外の何ものでもなかった。

たとえ人に馬鹿にされるようなつまらない仕事でも、それが強制されたも

第7章　仕事　　139

のでないかぎり、まさに指摘されている暇な時間というジレンマからの逃避と
みなすことができるということは本当である。働けることと働かねばならない
ことは、ふたつのまったく違う問題なのである。

　労働者として貧しい労働者階級の女性たちは、仕事が自分たち一人ひとりを
自己実現させてくれるものでも解放させてくれるものでもなく、それがたいて
いは搾取的で非人間的なものでしかないことを経験から知っていた。そして、
女性が仕事をつうじて解放されるといったブルジョワ階級の女性たちの主張な
ど信用できないと思っただけでなく、危惧の念もまた抱いたのである。
　貧しい労働者階級の女性たちが危惧の念を抱いたのは、労働力として参入し
ようとしている大勢の白人女性のために新しい仕事など用意されるはずがない
ことが分かっていたからである。そして、自分や自分と同じ階層の男性たち
が、そのために職を失うのではないかと心配したのである。ベンジャミン・バ
ーバーも同じ考えだった。

　　比較的高い教育を受けた女性たちが、そうでなくても他と比べて技術訓練
　を受けていない労働者がすでに失業している硬直化した労働市場に参入して
　くれば、そうした女性たちの雇用はおそらく底辺にいる多くの人びとの失業を
　意味することになるだろう。そしてすでに失業者の大きな割合を占めている
　16歳から30歳の間の非白人の若い男性たちは、仕事を見つけることがかつ
　てないほど難しくなることを知るだろう。
　　この時点で、本当に苦しんでいるのは、抑圧されているのは、そして不当
　に扱われているのは誰かということについての、客観的な判断基準にもとづ
　く優先順位を決める必要性がもっとも重要なことになる。そして、「抑圧」の
　名のもとにフェミニズムの主張するところの本当の意味での代価が見えてく
　る。性差別は、人種差別や経済的な搾取と共にあるものでそのなかに潜んで
　いるものではない。いくら解放運動家でも、貧しい人びとが自分たちの仕事
　をこれまで以上に奪い取ろうとする中産階級の組織的な運動を、謝意を表し
　ながら見守ってくれるなどと期待することはできないだろう。

　真っ先に懸念を表明した集団のなかに黒人の女性と男性が含まれていたの
は、既婚の白人女性の労働市場への流入は明らかに、能力のある黒人の雇用が
今より少なくなることを意味していたからである。これまで白人至上主義が、

どれほど非白人が特定の職種に就くことを妨げ、排除してきたかを考えれば、それは当然のことだった。差別撤廃措置プログラムのなかに非白人とあらゆる階級の白人女性を同じグループに分類することによって、雇用主が非白人を差別し続けることが認められ、白人女性を雇用することで白人至上主義を維持するようなシステムが事実上、制度化されてしまうことになった。雇用主にしてみれば、非白人をまったく雇用しなくても差別撤廃措置のガイドラインに従うことができるようになったのである。

わたしが英文学の博士号を取得しようとしていたとき、白人の教授や一緒に学んでいた白人の学生たちから、「あなたが最初に仕事を見つけるに違いない」「あなたは黒人なので仕事を見つけやすいはずだ」とよく言われたものである。わたしが博士課程に在籍していた間、ほとんどの差別撤廃措置によって設けられた仕事に雇用されたのは白人女性だったので、彼らのそうした言葉はわたしをいつも困惑させた。

黒人が、あるいは黒人以外の非白人が雇用されたのは、およそ非白人にしかその地位は考えられないと当然視されている場合だけだった。白人女性にそういうことはなかった。不幸なことに、白人女性が少数派であると主張するフェミニズム運動は、かつて基本的に能力のある非白人のために用意されていた仕事に白人女性たちがありつくことができるような状況をつくりだす手助けをすることになった。こうして多くの有色人種は、フェミニズム運動は自分たちの解放闘争に対する脅威だと感じるようになったのである。

白人のフェミニズム活動家たちは、差別撤廃措置のプログラムをふたつのカテゴリーに分け、ひとつを職業上の平等を求める抑圧された少数民族とはまったく別の女性のためのカテゴリーにすることを強く主張するべきだった。そうすれば、非白人の女性や男性を犠牲にしてまでも自らの目的を遂行したがっているなどとみなされるようなことはなかったはずである。

女性解放の鍵として仕事を強調することは、多くの白人フェミニズム活動家が働いている女性に対して「あなたたちはすでに解放されている」と暗にほのめかすことでもあった。それは事実上、働く女性の大多数に対して「フェミニズム運動はあなたたちのためのものではない」と告げたようなものだった。

あたかも働いている女性とは関係のないものであるかのように思わせるやり方でフェミニズム思想を公式化することによって、ブルジョワ階級の白人女性は事実上、働いている女性たちを運動から排除した。それから、彼女たちは、

第7章　仕事　(141)

それが良いものであれ悪いものであれ、フェミニズム改革が多くの労働者階級の女性に及ぼす影響に直面することなく、フェミニズム運動を自らの階級の利益にかなうものとして形づくることができたのである。そうした意図を感じとった多くの黒人女性は、自分たちがすでに解放されており、フェミニズム運動なんか必要としていないという証拠に、自分たちがこれまでずっと家庭の外で働いてきた事実を指摘した。

ブルジョワ階級の白人女性たちは、いかなる仕事でも女性を解放するという考え方に対して疑念を抱き続けるべきだった。そして、フェミニズム運動が働いている女性の関心事にまっすぐ向き合うよう要求し続けるべきだったのである。

女性の貧困

女性がもっと賃金の高い仕事に就くことができるように努力するだけでなく、女性のための職場環境を改善していくことを、そしてあらゆる階級の失業している女性のために仕事を見つけることをフェミニズム運動の中心課題にしていたら、フェミニズムはすべての女性の関心事を訴えかける運動としてみなされてきたはずである。

フェミニズムは、女性が給料の高い専門職に雇われることを目的とするキャリア至上主義に焦点を絞ってきた。それは、フェミニズム運動から多くの女性を遠ざけただけでなく、フェミニズム活動家たちに労働力として参入するブルジョワ階級の女性が増えることは集団としての女性が経済力を手に入れている徴候ではない、という事実を見落とさせる結果を招いた。フェミニズム活動家たちが、貧しい労働者階級の女性たちの経済的な状況に目を向けていたら、失業やあらゆる階級における女性の貧困化の問題が大きくなっていることに気づいたはずである。

今や多くの中産階級の白人女性が離婚し、自分たちが貧しい労働者階級に転落していることを自覚している。そして、フェミニズム活動家たちは「女性の貧困層の増加」について語りはじめ、アメリカ合衆国における女性の経済的な窮状に注意を呼びかけている。バーバラ・エーレンライクとカリン・スタラードは、評論「にわか成金ならぬ、にわか貧乏」（1983年）のなかで、増大している中産階級の白人女性の貧困化に注意を呼びかけている。そして、多くの人

びとが女性の経済的な繁栄の時代だと思っている1967年から1978年にかけて、あらゆる階級の女性の貧困が増大したことを強調している。

　　きびしい経済報道は、女性たちの「解放の10年」とされた70年代のイメージが偽りであったことを示している。一部の女性にとっては、そしてある意味では、たしかにそれは解放の10年だった。若くて教育を受けた進取的な女性たちは、かつては女性に閉ざされていた医療、法律関連の仕事、大学で教える仕事、そして中間管理職のような道を切り開いた。
　　マスコミには、2、3人の子どもを持ち、ステーション・ワゴンを運転する郊外の専業主婦といった旧態依然とした女性像ではなく、アタッシュケースをさげ、スカートをはいたスーツ姿の上昇指向の強いきびきびとしたキャリアウーマンが登場するようになった。テレビでは女性の総合司会者である「アンカーウーマン」が珍しくなくなり、男性名詞であったチェアマン（議長）がチェアパーソンになった。
　　そのために、当時、女性が家庭に引きこもっているのは単に「積極性」が足りないからだとさえ思われていた。しかし、こうした景気のいいイメージに隠れて、女性という階級は、若年層、老年層、黒人、白人にかかわらず、もっとも重大な損失をこうむっている黒人やヒスパニック系の女性のように二重にハンディを抱えている人びとと共に確実にその基盤を失いつつあった。

　残念ながら、白人女性がこうした損失に目を向け始めたのはつい最近の話だが、それは単なる偶然ではない。階級差別主義や人種差別主義は、ブルジョワ階級の白人女性が、自らが恵まれない立場の一員になりそうもないときにはこうした損失に対して注意を呼びかける必要はないとみなすような女性の物の見方を形づくっている。同時に、ここ最近、フェミニストの間からも保守派からも、女性と貧困の問題が非常に注目されるようになったのは、近い将来、貧困層に転落してしまいそうな白人の中産階級の女性の数が増大しているからである。このことは、そのためにこの問題がこれまでより一層深刻で、より注目する価値があり、そしてより変革する必要のある状況だとみなされるようになったことを意味している。
　女性と貧困の問題に対するこうしたアプローチの仕方は、あるひとつの集団の女性の窮状に特権を与えるものである。女性たちは、女性全体の経済的な地位を検証することを奨励されるというよりむしろ、ブルジョワ階級の白人女性

第7章　仕事

の失業や離婚などの影響を検証することを余儀なくされている。もし、フェミニズムの活動家たちが常に全体像を観察していたら、集団としての女性が経済的な基盤を手に入れているというよりむしろ失いつつあるという事実はそれほど驚くようなことでもなかったはずである。そして、そうした問題にもっと早くから取り組むこともできたはずなのである。

　適切にアプローチさえしていれば、貧困の克服はさまざまな民族集団や文化的な背景の女性たちを結びつけることのできる関心事のひとつになり得ただろう。エーレンライクとスタラードはこう断言している。

　　　女性の貧困層の増加──別の言い方をすると女性の貧困化──は今日のフェミニズムが直面しているもっとも重大な難問なのかもしれない。

新しい経済プログラム

　女性に対する経済的な搾取をなくすことをフェミニズムの課題とするなら、多くの女性の関心事に強く働きかけ、それによりフェミニズムの組織に積極的に参加しているごく一部の女性とそうした組織化されたフェミニズムの闘いに参加していない社会のより大きな集団の女性を隔てる障害を乗り越えることができるようになるだろう。そして、そうした障害を乗り越えることによって、フェミニズム運動をもはや特定の集団の階級的な利益を追求しないものへと変えていくこともできるはずである。また、女性に対する経済的な搾取の問題に取り組むための集団的な試みは、多くの問題に焦点を合わせることになるはずである。そして、そうした多くの問題のなかには、現在のシステムにおける労働条件を改善することのできる道筋が隠されているかもしれない。しかし、そのことによって資本主義の家父長制社会を根本的に変えることはできない。

　この最後の指摘はきわめて重要である。そして、前述のエーレンライクとスタラードが回避しているのはまさにこの点である。ふたりはこうした問題に関して膨大なパラグラフを割いているが、実現可能な解決法を示しているのは次の一節だけである。

　　　わたしたちはフェミニズムの提唱する経済プログラムを必要としている。しかし、それは簡単に実現するようなものではない。女性たちのニーズを訴え

る経済プログラムは、経営を中心とした経済と男性支配的な社会にもっとも深く根づいている不公平さに触れなければならないからである。

　それを告発することは、平等な権利の要求によって定義されたありきたりの合意を越え、新しい問題、新しいプログラム、そして、もしかすると新たな展望にわたしたちを導くことになるだろう。これから議論が続くにしろ、共通の打開策が見つかるにしろ、長い時間がかかることになる。女性の貧困層の増加という問題は、公正かつ民主的な社会に関するフェミニズム的な先見性を必要としている。

　エーレンライクとスタラードは、この評論のなかで、女性たちは新しい経済プログラムに思いを巡らす努力をするべきであると提言している。しかし、資本主義をあからさまに批判することは避けている。わたしたちは、下層階級を搾取することによって成りたつのがシステムというものなのだと認めなければならない。そして、そうしたシステムのなかでは、現在も、そしてこれからも、多くの女性が階級的な抑圧の犠牲者であり続けることも認めなければならない。

　フェミニズム運動で活動しているほとんどの女性が急進的で社会的な展望を持ち合わせておらず、こうした現実と直面することに不本意である。特に彼女たちが既存の構造のなかで、個人として経済的に自立しているときほど、そうした傾向が強い。そうした女性たちは、資本主義の家父長制社会を支持することは、あるいはたとえ性差別主義的でない資本主義システムであってもそれを支持することは、下層階級に対する経済的な搾取を決して終わらせないという事実をなるべく認めたくないと思っている。そうした事実を認めることに不本意でさえある。

　そうした女性たちが恐れているのは、自分たちの物質的な特権が奪われることである。より多くの中産階級の白人女性がその地位を失い、貧困層に転落していくにつれて、そうした女性たちも資本主義を批判する必要があるということに気づくようになるだろう。エーレンライクとスタラードが著作のなかで記述しているひとりの女性は「試練のときほど、人を物ごとの本質に目覚めさせるものはない」ということを認めている。

　より多くの女性が現在の経済システムのなかで破産に直面するようになるにつれて、わたしたちは意味のある改革をつうじて女性たちの現在の経済的な窮

状を軽減していくよう働きかけながら、新しい経済プログラムを思い描く努力
をしなければならない。

　就業日数を短縮することで新しい仕事をつくりだすような取り組みも支持さ
れるべきである。女性たちは、高収入を得られるような地位をパートナーとシ
ェアするような取り組みを支援するべきである。女性がよりよい仕事に就ける
環境を整え、男性の「家族手当」など当てにしなくても、家族が暮らしていけ
る収入を得られるようにすべきである。そして、福祉を支援し、その改革を要
求するべきである。また、非常に基本的なことだが、女性は収入の多い少ない
にかかわらず、自分の収入をよりきちんと管理する能力を身につける必要があ
る。女性は、何かに取りつかれたような消費依存症から抜けだすための手助け
を必要としている。労働条件の悪い職種に従事している女性グループは組合を
結成して結びつき、集団でよりよい条件を要求する必要がある。低賃金労働に
たずさわっている女性たちが、その劣悪な労働条件のために健康を損ねたり、
人間性を不必要なまでに喪失したり、ストレスを引き起したり、気力をなくし
たりすることも多い。サービス業に従事している女性たちは、仕事上の問題を
どうやって訴えていいのか分からず、どこか指導やアドバイスをしてくれると
ころを必要としている。

　実現可能な改革や進歩的なプログラムを挙げれば切りがない。これらの問題
のなかにはすでに取り組まれているものもある。しかし、より一層それが押し
進められることによって、すべての人びとに利益をもたらすことができるよう
になるだろう。自分たちの抱えている経済の問題がフェミニズム運動の中心的
な課題であることが分かれば、女性たちもフェミニズムのイデオロギーをもっ
と検証したいと思うようになるだろう。

　女性は、仕事で経済的に搾取されているだけでなく、精神的にも搾取されて
いる。そして、性差別主義的なイデオロギーをつうじて、自分たちの労働力に
対する貢献を過小評価するよう教え込まれている。また、消費主義をつうじ
て、社会に貢献し、創造性を発揮し、あるいは他人だけでなく自分自身のため
になる仕事をなし遂げているという満足感を経験するためではなく、物質的な
必要性や生活のためだけに働いていると教え込まれている。

　フェミニストたちが仕事の本質を問い直すことに焦点を絞れば、たとえそう
した取り組みによって経済的な状況が変わらなくても、女性労働者が精神的な
搾取に抵抗するのを手助けすることができるはずである。たとえ有給であろう

と無給であろうと、女性の従事しているすべての仕事の価値を認めることで、フェミニズム活動家たちは新しい女性のための自分自身についての考えや自分とは何なのかという考えをもたらすことができるはずである。

フェミニズム運動内部での専門職やキャリアの重視は、参加者たちにそれ以外の仕事には、なかでも特に低賃金の仕事にはまったく価値がないかのような態度をとらせることがあまりにも多かった。このようにして、多くの女性が従事している仕事に対するフェミニストたちの姿勢は、男性の姿勢を反映したものになったのである。

家事の価値

労働市場のなかで多くの女性が従事しているのは、低賃金、あるいは、たとえば家事のような賃金の支払われないサービス業である。家事をはじめとするサービス業は、資本主義の家父長制社会のなかで特に低く評価されている。

家事に対して賃金を要求したフェミニズム活動家は、そのことを女性に何らかの経済力をつけさせる手段として、そして女性が従事している労働に価値を見出す手段として考えていた。しかし、たとえ家事に対して賃金が与えられても、サービス業そのものに価値がないとみなされているかぎり、社会に家事の価値を認めさせることはできなかったように思われる。賃金が支払われるサービス業に従事している人びとは、経済的には報われている。しかし、経済的な補償がそうした人びとの精神的に搾取されている度合いを少なくすることはない。たとえ賃金が支払われても、サービス業には家事と同じように自己評価を引き下げる精神的な負い目が伴っている。

1976年に発行されたフェミニズムのパンフレット『女性と新世界』の匿名の執筆者たちは、家事に対する賃金は「わたしたちを資本主義の道のさらに奥へ追いやる要求である。なぜなら、家事に対して賃金を要求することで、わたしたちは市場のなかに位置づけられ、人間としてのニーズを満たすべき活動にまで値段がつけられることになるからである。そして、それは女性の経済的な自立なんかではない」と述べている。女性が家事に対して賃金を受け取れるようになったとしても、家事が「女の仕事」でなくなることは決してないだろうし、家事が価値のある労働としてみなされることもおそらくないだろう。

サービス業の価値、なかでも特に家事の価値について書かれたものはあまり

にも少ない。アン・オークリーの著書『家事の社会学』（1975年）、レイ・アンドレの著書『主婦　忘れ去られた労働者』（1981年）、エレン・マロスが編纂した選集『家事の政治学』（1982年）などが家事に関する書物として挙げられる。さらに、きちんと遂行された家事がどれほど個人の幸福に貢献してくれるか、どれほど美的感覚の発達を促してくれるか、そしてどれほどストレスを少なくする手助けとなるかについて検証しているフェミニズムの研究もほとんどない。

　家事を習得することで、子どもも大人も自分の身の回りを整理する責任というものを引き受けるようになる。自分の周囲にあるものに対して感謝し、それらを世話することを身につける。非常に多くの男の子が家事を教えてもらっていないために、自分の周囲に対する敬意を持たないまま大人になる。そして、自分自身や家族の世話をするノウハウさえ知らないことも多い。また、そうした男の子たちは家庭生活のなかで不必要なまでに女性に依存することを許されてきた。その結果として、自主性という健全な感覚を発達させることができないこともある。

　また、女の子たちはいつも家事を強制される一方で、人間の品位を傷つけおとしめるものとして家事をみなすよういつも教え込まれる。そのために女の子たちは、家事をすることを嫌うようになり、こうした家事という必要な仕事を達成したとき感じることのできるはずの人間としての満足感を得ることができなくなってしまう。そして、家事だけでなく、ほとんどの仕事は退屈でやっかいなものであるという姿勢を身につけた大人になり、できれば仕事を、なかでも特にサービス業をしなくていい生活ばかりを夢見て時間を過ごすようになる。家事に価値を見出すよう教えられていれば、女の子のすべての仕事に対するアプローチも違っていたかもしれない。そして、自分のアイデンティティを否定するものというよりむしろ肯定するものとして仕事をみなすようになっていたかもしれない。

　今日、多くの西欧の若者が男女を問わず、自己実現を体験することを期待して、さまざまな東洋の宗教や哲学を学んでいる。その過程で、若者たちは仕事に対する自らの姿勢、なかでも特にサービス業、すなわち人に奉仕する仕事に対する自らの姿勢を問い直すことを学ぶ。そして、彼らはそうした修養があらゆる仕事を、なかでも特にこのアメリカ文化における、いわゆる「人の嫌がる」仕事を心をこめて実際にやってみることから始まるということを学ぶので

ある。

仕事の本質を問い直す

仕事の本質を問い直す作業は、アメリカ合衆国のフェミニズム運動にとってきわめて重要である。その作業の一環として、女性は仕事に価値を見出すことができるようにならなければならない。多くのフェミニズム活動家は、たとえ有給であろうと無給であろうと、女性たちが自分の従事している仕事に価値を見出すことができるようになることこそが、力や抵抗を示す重要で意味のある行為であるという立場を取ってこなかった。そして、あたかも女性が自分の仕事に価値を見出すことができるただひとつの手段は、（家事に関して言えば、それを賃金労働にすることによって）男性に、なかでも特に支配者集団の男性たちにその価値を無理やり認めさせることであるかのように行動してきた。もし、女性が自分のやっている仕事に価値を見出せないなら、その仕事の価値を男性が認めるかどうかなどどうでもいい話なのである。

女性は、このアメリカ社会で搾取され、抑圧されている他の集団と同じように、仕事一般に対して否定的な姿勢を示すことが多い。なかでも特に自分のしている仕事に対してそうした姿勢を示すことが多い。女性が自分のしている仕事の価値を低く評価しがちなのは、仕事の重要性を交換価値に換算して判断するよう教え込まれてきたためである。低賃金であるということ、あるいは賃金が支払われないということは、人間としての敗北、不成功、そして劣等と同一視されている。他の搾取されている集団と同じように、女性は自らに対する強者の定義だけでなく、自らの労働の価値に対する強者の評価を内面化している。そして、仕事を尊厳、鍛錬、そして創造性などの発露としてみなす姿勢を育てていない。

グレース・リー・ボグスとジェームス・ボグスは、共著『20世紀における革命と進化』（1974年）のなかで、このアメリカ社会のほとんどの労働者は男女を問わず、仕事を一種の隷属の形としてみなしているとしている。そして、彼らは仕事が人間性を創造するということに気づく必要があると述べている。

　　人間が働かずして存在できることなどあり得ない。仕事の新しい価値体系
　は、仕事が人間のパーソナリティのために必要なものであるという考えから

その第一歩が始まる。しかし、わたしたち人間は、女性も男性も、あまりにも長いあいだ強制された労働と闘い続けてきた。そのために、働かなければ人間として存在することすらできないという考えを見失ってしまった。

　わたしたちは、これまで持っていた働くことに対する理由を喪失してしまうような労働や技術革命に対する大衆闘争がかつてないほど高いうねりを見せている、まさにその歴史的な転換点に生きている。たしかにわたしたち人間は働かなくてはならない。しかし、今までのようなやり方や今までのような理由のために働く必要はないということもあらためて確認しなければならない。わたしたちが、働くことは人間にとって意味があるということを信じないかぎり、新しいやり方、あるいは新しい理由を見出すことはできない…。

　わたしたちは仕事に対してふたつの姿勢を持っている。そして、それらが対立し、反目していることを主張する必要がある。この歴史的な転換点に、そしてこの移り変わりに、わたしたちが仕事に対するふたつの姿勢、すなわち、ひとつは人間のパーソナリティを破壊してしまう仕事を嫌悪し拒絶する姿勢、そしてもうひとつは人間としての成長に欠かすことのできないものとして仕事を認識する姿勢があることを認識さえしていれば、人がそれらをそれぞれ「ブルジョワ的」姿勢と呼ぼうが、「社会主義的」姿勢と呼ぼうが、それは重要ではない。

　伝統的に、女性にとって仕事とは、自らのパーソナリティや自己概念などを発展させるために参加する人間としての活動分野ではなかった。それは現在も変わらない。これが経済的な自立を達成してきた女性たちでさえ、無償労働をして生きていくために経済的に他人に依存している女性たちと同じように、性差別主義的な相手との抑圧的な関係からしばしば自らを解放することができずにいる理由のひとつである。

　こうした働く女性は、対人関係が自らのパーソナリティを成長させ、自らを定義づけるような領域だと考えていることが多い。そして、いつの日か「自分に相応しい」男性と出会い、働く必要性から解放されるだろうといった馬鹿げた考えにしがみついている。こうした考え方は、彼女たちに性差別主義的なイデオロギーを支持させ、永続させることになる。労働者階級の女性と同じように、そうした女性たちも仕事の本質を問い直すフェミニズムの取り組みによって救われるはずである。

　仕事を見つけることができず、失業して福祉に頼らざるを得ない女性は、支

配者集団から自らを他人の労働を食い物にする寄生虫としてみなすよう仕向けられている。福祉制度というものは、受給者が援助を受けるために自分はだめな人間だと思い込んでしまうようなプロセスを経なければならない構造になっている。また、そうしたプロセスはしばしば、福祉に頼らざるを得ない女性たちを無気力にし、依存者の立場から自らを解放することをできなくさせてしまう抑うつ状態をつくりだしてしまう。そうした女性たちもまた、仕事の本質を問い直すフェミニズムの取り組みによって救われるはずである。そして、福祉と仕事に対する肯定的な概念を結びつけ、福祉からの就業を保障するような現在の制度を率先してつくり直そうとするフェミニズムの取り組みにも参加することができるはずである。

　フェミニズム運動の未来は、多くの女性が必要とするものを訴えていくことによって初めて開かれる。フェミニズム活動家たちは、仕事の本質を問い直す作業によって、運動がすべての女性にとって意味のあるものになるように、そしてすべての女性を参加させるように、運動を方向づけていくことができる。

女性を教育する

取り組むべき課題として

識字能力の重要性

　現代フェミニズム運動の参加者の多くは大学教育を受けている。そのために、わたしたちフェミニズム運動にたずさわる者は、自分たちの教育水準や教育的な特権が女性一般に共有されていると考えてしまいがちである。そして、その結果として、フェミニズムの課題としての教育の必要性、なかでも特に基本的な識字能力の必要性が強調されてこなかった。フェミニズム活動家は、教育機関における性差別主義、そして子ども時代における社会の一員としての適合がもたらす性差別主義と闘うことに焦点を絞ってきた。しかし、アメリカ社会における女性に対する性差別主義的な搾取と基本的な読み書きの技術の欠如を含む女性の教育程度との関係を十分に調べてこなかった。

　フェミニズム活動家で学者でもあるシャーロット・バンチは、評論「フェミニズムと教育」(1979年)のなかで、識字能力の社会的な重要性を強調している。

　　革命運動では常に、そしてほとんどの場合、一般大衆の識字能力を伸ばすことがもっとも重要な仕事のひとつとみなされてきた。しかし、ほとんどの人が読み書きができて当然と思われているアメリカ合衆国においては、この点が見落とされていることが多い…。
　　読み書きはそれ自体価値のあるものであり、女性はその喜びを自分のもの

にするべきである。しかし、それ以上に、読み書きはいろいろな意味で変革には不可欠なものである。第一に、それは一般のメディアからは容易に手に入れることができないような考えや情報を伝達する手段となる。たとえば、ウーマンリブという女性解放の思想は最初、ガリ版刷りの印刷物をつうじて広がった…。第二に、読み書きは個人の想像力や思考能力を高める手助けをする…。第三に、現実に対するさまざまな解釈を読むことによって、人は自主的な心を持つための能力を、文化の規範に立ち向かう能力を、そして社会のために今あるものに代わる何かを思い描く能力を高める。それらはすべて社会運動としての行動の基盤である。第四に、読み書きは自分で選んだ行動をなし遂げる能力を高めることによって、それぞれの女性が世の中を生き抜き、成功するための手助けとなる。そして最後に、文字というものは今もなお一般大衆のコミュニケーションにおいてもっとも値段が安く、もっとも入手しやすい形態である…。

　　なぜ識字能力がフェミニズム運動に重要なのかを思い起こせば、すべての女性がすでに識字能力を身につけていると決めてかかるべきではない。そして、フェミニズム教育の一環として、女性に読むこと、書くこと、そして考えることを教育する価値は見過ごされるべきものではないということが明らかになってくる。

　フェミニズム運動を組織した女性たちが、フェミニズムの理論と戦略は文書をつうじて多くの女性にもっともよく広められるはずだと単純に決めつけたのは、そうした女性たちの階級的な偏見によるものだった。そして、そうした女性たちが文書に焦点を絞ったことで、実際に多くの女性がフェミニズムについて学ぶことができなくなっている。

　アメリカ合衆国にはフェミニズムに関する文献が手に入らない地域もあり、そこでは女性も男性も「フェミニズム」という言葉すら耳にしたことがなく、たとえこれまで耳にしてきたとしてもその言葉の本当の意味を理解していない。もし、フェミニズム活動家が識字能力の問題を考慮して運動の方向づけをしてきたなら、文書を重要視することによって、フェミニズム思想がある特定の階級や集団の女性にしか伝わりにくくなってしまうことに気づいたはずだった。また、そのメッセージを伝える媒体として文字に頼る運動は、すべての女性が読み書きを学ぶことのできるプログラムを強調しなければならないということにも気づいたはずだった。

事実上、印刷物が理論の唯一の表現媒体であるにもかかわらず、運動における識字能力の重要性は今日のフェミニズム運動のなかで今もなお重要視されていない。多くの理論家は、自分たちの考えを一般の人びとに伝えようとさえしていない。その結果として、わたしたちは、たとえばテレビなどをつうじて、一般の人びとの頭のなかに刻みつけられてしまったフェミニズム思想についての薄っぺらで歪曲した見方に対して、何らかの責任をとらなければならなくなっている。

　フェミニズム活動家が識字能力の問題を重要視し、女性のための識字訓練プログラムを組織するのに遅すぎることはない。フェミニストたちが先頭に立った識字プログラムをつうじて、すべての階級の女性たちは、なかでも特に貧しい労働者階級出身の読み書きができない女性たちは、読み書きを学びながら、批判的で分析的な考え方も同時に身につけることができるだろう。

　フェミニズム活動家のブルジョワ階級的な偏見のために、生きるための基本的な技術を身につけていない女性たちを教育する必要性にはほとんど、あるいはまったく注意が払われてこなかった。そして、学生や教師のような高等教育にたずさわる女性にばかり注意が向けられてきた。そして、女性の学者や研究者の仕事を押し進め、促進するためだけに時間と金が費やされてきた。

　そうした取り組みも重要ではあるが、すべての女性が読み書きできるようにするための闘いよりも一方的に優先されるべきではない。アメリカ合衆国におけるあらゆるレベルでの多くの財政削減を考えれば、女性たちが識字プログラムを公的資金に頼ることはできそうにもない。しかし、社会構造に対する急進的な変革に打ち込んでいる学術機関の女性や男性に寄付してもらい、そうしたプログラムのスポンサーになってもらうことはできるはずである。また、たとえどこからも財政的な支援を受けることができなくても、規模の小さい識字プログラムなら、近隣や地域社会で女性たちに読み書きを教えることのできる社会的な使命感を持った能力のある個人が始めることができるはずである。

戸別訪問による口伝え

　このアメリカ社会の多くの女性が読み書きできるようになるまで、フェミニズム思想もまた口伝えで広めていかなければならない。家を留守にしてまでフェミニズムの会議や話し合いに参加するつもりがなかったり、参加したくて

も家を留守にすることができなかったりする女性は少なくない。そういう女性たちを戸別訪問することもフェミニズムの理念を分かち合うためのひとつの方法となり得る。こうした戸別訪問は、フェミニズムの組織にすでに参加している女性たちのグループによってなされることが可能だろう。

　全米の大学で女性学を学んでいる多くの学生は、自分たちの学んでいる知的で学術的な研究が、集団としての女性や「現実」世界の女性と本当に関係があるかどうかという問題と取り組んでいる。そうした学生たちが地域社会に入り込み、戸別訪問してフェミニズムの問題を論ずるなら、学生たちは自分たちの教育体験と多くの女性が学習してきた体験との間にある溝の橋渡しをすることになるだろう。

　多くの女性は、見知らぬ女性にアプローチすることを考えただけで気後れしてしまうものである。わたしは、女性学のプログラムの一環として、「アメリカの第三世界の女性たち」という講義を教えていたことがある。その講義は学期によって、さまざまな民族的な背景を持つ学生が履修していたが、ある学期だけ学生のほとんどが白人だったことがある。学生たちは皆、多くの有色人種の女性が講義に参加しないことを嘆いていた。わたしは、そんな学生たちに大学のキャンパス内にいる非白人の女性に女性学の授業を履修しない理由を聞くという課題を出した。そして、そういう学生を授業に誘うよう勧めた。最初の頃、学生たちはわたしが出した課題を快く思っていなかった。面識のない女性にアプローチすることに動揺していたのである。

　声をかけた学生のほとんどが気づいたのは、これまで一度も女性学の講義を履修しなかった主な理由は、女性たちがしばしば講座や教員について情報不足だったということだった。学生のなかには非白人の女性グループを授業に連れてくることに成功した者もいる。学生たちに気づいたことを発表してもらったあとで、わたしたちはすべての学生にさらに女性学のプログラムを学んでもらうための方法について話し合った。学内新聞の広告やポスターのような印刷物で宣伝するのがいい戦術であるということに異論はなく、講義のことについて直接話をするのが一番効果的な方法だという結論に至った。

　直接話しかけることで、話しかけられた女性が質問をすることができる。それによって、フェミニズムや女性学のプログラムに対してそうした女性たちが抱いている可能性のある固定観念や恐怖感を一掃することもできる。口頭によるコミュニケーションの重要さは、フェミニズムの考えを広めていくときにも

当てはまる。より多くの人びとにフェミニズムを新たに紹介する戸別訪問キャンペーンのなかで、女性たちは質問し、論点を明らかにし、意見を述べる機会を持つことができるはずである。

選ばれた集団しか出席することのできない会議を開くのに何千ドルも費やすことを、1年間でもいいからやめることはできないものだろうか。その予算を使って、大学だけでなくアメリカ社会の街頭や家庭にフェミニズムを根づかせるという意図のもとに、その年の目標をすべての州における大衆を対象とした奉仕活動、たとえばスタッフが実際に出向く現場出張サービスとでもいうべき活動にすることも可能なはずである。

フェミニズム教育は、女性学のプログラムをつうじて大学のなかで制度化されてきた。たしかに、こうしたプログラムは必要であり、それは大学の学生たちにフェミニズムについて学ばせる非常に効果的なやり方である。しかし、そうしたプログラムが女性や男性全体に及ぼす影響力は、もしあったとしても非常に小さいものである。

大学の学生ではない人びとに同等の知識や情報を与えてくれる女性学のプログラムに対応するようなものはほとんどない。多くの学生は女性も男性も、自分たちの性差別主義的な社会の一員としての適合について問い直す作業の多くが、女性学のクラスのなかで進められていることに気づいている。学生たちが受け取る情報はたいてい、現実に対する彼らの視点を、そして性役割の本質に対する彼らの認識を根本的に変える。

この種の情報をより多くの人びとに伝える必要がある。女性であろうと男性であろうと、大学教員や研究者ができるフェミニズムへの社会的なかかわり合いとして考えられるのは、YWCA、YMCA、そして教会などの地域のコミュニティセンターで女性学のコースを担当するような積極的な行動である。たとえ大学のように時間や日数をかけて教えることはできなくても、女性学の公開講座に費やされた時間は意義深いものになるはずである。

「言い換える」能力

黒人歴史週間に、わたしは生まれ育ったケンタッキー州の小さな町で、「黒人女性作家　地域社会の先見性」と題した講演をしたことがある。講演の内容は、黒人の家庭や地域社会での日常的な経験を自らの作品に取り入れる黒人女

性作家の手法に焦点をあてたものだった。聴衆の多くは、講演でわたしが取りあげるような文芸作品や作家にあまり馴染みがなく、読み書きもできたりできなかったりする、主にアフリカ系アメリカ人の老若男女だった。文学に親しんでいる学生たちに大学の授業で教えることに慣れているわたしは、そうした人たちに大学と同じような知識を与えるために講演することが実はとても難しいということに気づいた。

わたしは詩、小説、そして戯曲などのさまざまなテキストから、日常の出来事を並みはずれた表現力で生き生きと描いている作品の一部分を朗読することにした。講演の準備をしながら、わたしは聴衆に対して何としても「上からものを言うような」ことだけはしたくないという意識を強く持っていた。また、大学の教室でおこなう講義と変わらない知的レベルを保ちたいとも望んでいた。こうして、わたしは「言い換え」ということについて、異なった様式やより単純な文章の構造などで同じメッセージを伝える表現方法について考え始めたのである。

年齢、性、民族性、そして識字能力の程度の異なる聴衆に対して、理念を「言い換える」能力は、フェミニズムの教育者が身につける必要のある技術である。フェミニズムの教育者が大学に集中していることで、教師と学術的な文体や専門用語に馴染みのない人との十分なコミュニケーションを妨げる学術的な文体の常用が助長されている。教育者、なかでも特に大学教授は、自分の研究をより多くの聴衆に理解しやすい形で発表などしたら、それが他の学術研究者から評価してもらえないのではないかと恐れることがあまりにも多すぎる。

そうした教育者が自分の研究をいろいろ異なった文体に「言い換え」ようとするなら、自分の研究を多くの人びとに理解しやすいものにする一方で、権威的で学術的な基準を満たすこともできるはずである。取っつきにくさは今も昔も、多くのフェミニズム理論が抱えている問題である。革命的な思想が書かれているにもかかわらず、特別な学問分野の専門用語が用いられ、複雑で抽象的な様式で書かれたフェミニズムの論文はおそらく、本当に限られた集団の人びとにしか読まれることはない。そのために、その論文は、女性や男性の意識に対して本来持っているはずの影響力を持つことができなくなってしまう。

たとえフェミニズムの学者にとって、複雑な文体を用いて執筆するほうが自由に自らを表現することであったとしても、できるだけ多くの人びとに自分の考えを呼びかけたいと真剣に考えているなら、もっと分かりやすく書いてみた

第8章　女性を教育する　157

り、あるいは書き方を工夫してみたりしなければならない。そして、自分の考えのひとつひとつに理解しやすい文体が用いられ、それが自分以外の人びとに受け入れられやすくなっているかどうかに気をつけなければならない。

　フェミニストの業績の価値は、それが学術的な基準を満たしているかどうかで決められるべきではない。また、それが難解であるかどうかで決められるべきではない。同時に、業績は難しいというだけで否定されるべきでもないのである。フェミニストの著作や学問が、フェミニズム運動を押し進め、発展させることを目的としているのであれば、どのような文体を選ぶかは戦略的な意図、すなわち何の目的で誰に読んでもらいたいかという意図のもとに検討されなければならない。

　フェミニズムの理念が教育レベルの高い少数の人びとにしか理解されないのであれば、大衆を基盤としたフェミニズム運動はあり得ない。これからもフェミニズムの理念が書き言葉、すなわち文字というもので伝えられていくのであれば、フェミニズム活動家たちは教育レベルの低い女性に対して教育を施す必要性をよく考えなければならない。

理論と実践の対立

　フェミニズム活動家にとって、教育が根本的な重要問題とされてこなかったもうひとつの理由は、フェミニストの知識人や学者と教育をブルジョワ階級の特権とみなす、著しく反知識主義的な運動の参加者との間にフェミニズム運動内部で勢力争いが存在してきたからである。

　こうした勢力争いによって、「実践」に特権を与えるようなグループと共に、理論（理念の構築）と実践（運動における行動）の間に誤った対立が形づくられてきた。その結果として、フェミニズムの理論と実践が一致していることはほとんどない。また、たとえば暴力的な配偶者を殺害して投獄された女性を守るための、委員会を組織するような活動にたずさわっている女性のなかには、理念の構築にエネルギーを注いでいる女性よりも自分たちの方がまさっている、あるいはより「社会運動に対して適切な行動をしている」と感じている者もいる。フェミニズム運動内部での勢力争いはそうした感覚をいっそう強めている。

　その始まりから、ウーマンリブ運動の参加者たちは理論と実践を結びつけ、何ものにも縛られることのないフェミニストとしての行動指針、パウロ・フレ

イレが「世界を変革するための行動と思索」と定義している行動指針を打ちたてようと闘ってきた。しかし、「思想」が現実の生活と関係がある必要はないなどと思い込んでいる反知識主義者やエリート主義の学者によって、そうした闘いの土台は崩されてきた。

多くのフェミニズム理論家は、ブルジョワ階級特有の偏見に縛られ、大多数の女性の実際の体験とはほとんど、あるいはまったく関係のない理念やフェミニズム革命の成就にまるで役に立たないような理論を展開させてきた。そうした理念によって困らされたり激怒させられたりしたために、多くの女性はすべての理論を自分には関係ないものとして退けてしまった。しかし、フェミニズム運動の成功を思い描き、成就させるために、女性たちは理念や理論が重要でどうしても不可欠なものであるということを認識する必要がある。

理念や理論こそ社会を変革するために人びとを結集するものである。皮肉なことに、革命としての社会運動に対する認識が欠けているために、女性たちは理念や理論を重要ではないとみなしている。グレース・リー・ボグスとジェームス・ボグスは、共著『20 世紀における革命と進化』(1974 年) の「弁証法と革命」という章で、革命をめざす活動家にとって理念がいかに重要であるかについて論じている。

> 革命家は現実を変革し、それをより良くしていこうとしている。革命家に必要なのは、単に弁証法という革命的な哲学だけではない。革命家が必要としているのは革命的なイデオロギーである。すなわち、変革しようとしている社会特有の主たる矛盾の分析にもとづく一連の概念である。そして、そうした矛盾を解決し得る現実のより高度な形態のヴィジョンを提案する一連の概念である。また、その解決と社会の力、あるいは革命の遂行に対して責任を持ちかつ革命を実現させることのできる力とを結びつける一連の概念である。
>
> 人は正しいイデオロギーに到達してはじめて、自らの革命としての社会運動を発展させる意味を理解することができる。すなわち、それこそが、革命的な社会の力を結集し組織していくために必要なプログラムだからである。もし、そのイデオロギーに悪いところ、たとえば方向性の違いや限界があっても、何ものも恐れない行動のための輝かしいプログラムすべてにおいて、革命的な哲学から革命的なイデオロギー、そして革命としての社会運動へと続く順序だけは——その順序だけは、絶対に明確にさせておかねばならない。

第 8 章　女性を教育する　159

反知識主義

　フェミニズム運動のなかで反知識主義が支持されているのは、その発展を知らぬ間に害したり妨げたりするイデオロギーが働いている証拠でもある。性、人種、そして階級による搾取や抑圧をつうじて、集団として女性は知性を高める権利や特権を否定されてきた。そして、ほとんどの女性が、解放闘争に必要な批判的で分析的な理解を促進してくれる思考方法に近づく手段を奪われている。そのために、わたしたち女性は、知的な仕事をするとき心もとなく感じたり、新しい概念や情報に取り組むことを恐れたりするのである。また、難しいというだけで、本当は自分に関係のあることを関係のないこととして退けてしまうこともある。

　フェミニズム運動で活動している有色人種の女性たちは反知識主義であることが多い。そして、わたしたち有色人種の女性の多くは、大学教育を受けてこなかったために、いかなる学位も取得していない。わたしたち有色人種の女性は、白人女性たちがフェミニズム理論と実践の主導権を握っているのは教育レベルが高いからだと思い込んでいるところがある。階級と人種の階層に由来している白人の主導権を攻撃するかわりに、知的労働を「さげすむ」こともある。また、理論を退け、組織での仕事を特権化することでしか、自分自身が本当に価値のあることにより戦略的にかかわっているとみなせない者もいる。

　しかし、このように理論と実践の対立を受け入れてしまえば、わたしたちはいつも経験にしか頼らざるを得なくなる。また、そうすることによって、白人女性の役割は理念や理論などを発展させるような「知的」労働をすることであり、わたしたち有色人種の女性の役割は「人の嫌がる」仕事に従事するか、それとも白人女性の分析を正当化し、証明するために自分たちの体験を提供することであるといった、白人女性たちがしばしば助長してきたような馬鹿げた考えを支持することになる。

　有色人種の女性は知的な側面を伸ばしていく必要がある。わたしたち有色人種の女性は、一定レベルの教育水準に達していないことを恥じる必要はない。しかし、知的な専門知識と組織化に関する現場での技術の統合を互いに推し進め、手助けする責任を引き受ける必要がある。そして、なぜ非白人の知的な女性というイメージがこれほど少ないのか検証する必要がある。

　また、教育を受けて学位を取得している有色人種の女性は、なぜわたしたち

有色人種の女性が知的な活動の価値を低く評価してしまうのか検証する必要がある。有色人種の女性だけでなく、特権に恵まれない境遇でありながら高等教育を受けることができたために知的発達の価値を理解している女性たちは皆、それがどれほど自らの再生と根本的な社会の変革を望んでいる被抑圧者を力づけてくれるかを理解している女性は皆、自らのそうした認識をすべての女性と分かち合わなければならない。わたしたちはまた、フェミニズム運動から反知識的な偏見を取り除くために積極的に闘わなければならない。そして、意味のない知的労働を批判し、フェミニズムの行動指針となるような研究や学問を推進し続けなければならない。

シャーロット・バンチは、その著作のなかで、それが読み書きの技術のための基本的な努力であろうと、批判的で分析的な技術を発展させる努力であろうと、教育に挑戦するよう女性たちを励ましている。そして、女性たちの理論に対するネガティブな姿勢について、こうコメントしている。

> フェミニズム理論を教えるとき、女性たちの理論に対するネガティブな姿勢を正さなければならない。そして、世界について体系的に考えるよう女性たちを励ます方法を見つけなければならない。
>
> アメリカ社会だけでなく、実はすべての現代社会において、そうした思考方法を訓練されているのはごく少数の人びと、主として社会秩序をコントロールする役割を期待された階級の出身者だけである。疑いなく、ほとんどの女性がそうした役割など期待されていない。そして、その結果として、物ごとを分析的に思考することができないよう仕向けられている。
>
> 事実、批判的思考は伝統的な女性の役割とは正反対のものである。女性は目先の生活しか心配せず、運命をくよくよ考え、自分だけの空想の世界にこもっていると思われている。また、社会について分析的に考え、物ごとのあり方に疑問を持ち、あるいはどうしたらそれを変革することができるかということについて考えるのに生まれつき向いていないとされている。こうした考え方が世の中との関係に能動的に、決して受動的ではなく影響している。
>
> 自分の考えが追い求めるに値するもので、自分たちは変革していく能力を持っているという自信こそ必要なのである…。わたしのフェミニズム教育の目標は、女性たちを挑発して自らの人生や社会についてこのように考えさせることである。

第8章 女性を教育する　161

女性たちに教育を受ける努力をするように、そして自らの知的能力を伸ばすように導き、勇気づけることは、フェミニズム運動の主たる目標であるべきである。これもまた、パウロ・フレイレの言葉だが、「自由の行使」を目指す教育は、すべての女性が必要とする教育方法論を確立して初めて、女性にとって現実のものとなる。そして、これはフェミニズムのひとつの重要な課題である。

第9章

暴力

根絶するための運動

増大する女性への暴力

　現代フェミニズム運動は、男性による女性に対する暴力を根絶する必要があることに人びとの関心を向けさせることに成功した。そして、犠牲者の女性たちが自分自身を癒し、新しい人生を歩み始められるよう手助けすることに専念している女性活動家たちによって、全米各地に虐待された女性のための避難所が設けられた。しかし、そうした何年にもわたる献身的な活動にもかかわらず、男性による女性に対する暴力の問題は確実に増大している。男性の女性に対する暴力は、性差別主義的な社会の仕組みや男性主権、すなわち女性を支配する男性の権利といったものと明らかに結びついている。そのために、フェミニズム活動家たちが社会の他の暴力とは全く別個のものであると決めてかかっていることも多い。

　スーザン・シェクターは、虐待された女性を救うための運動に関する詳細な研究書『女性と男性暴力』（1982年）のなかで、「そうした女性に対する暴力は男性支配に根ざしている」と繰り返し強調している。そして、「家庭内での女性に対する暴力の分析に向けて」という章で、男性優位主義的なイデオロギーが女性に対する暴力をどれほど助長し、支持しているかについて検証している。

虐待に関する論理的な説明は単なる机上の空論ではない。それらは、女性に対する暴力が生みだされる状況を正確に指摘することによって、そうした暴力をやめさせるために続けるべき運動の方向づけをしてくれる。女性への虐待は本書において、家庭の内部で浮き彫りにされる男性支配のあらわれとして昔から続いてきたものであるとみなされている。

　そして、資本主義社会における社会制度、経済的な協定、そして労働での性差別主義的な格差によって、最近とみに強化されている。このように虐待の背景を総合的に分析することによって初めて、女性も、そして男性も、虐待を根絶するための長期的な計画を立てることができるようになる。

　家庭内での男性の女性に対する暴力は男性支配のひとつのあらわれであるというシェクターの指摘に反論しているわけではない。しかし、わたしは強者と弱者、そして支配者と被支配者の間で生じているアメリカ社会のあらゆる暴力行為は密接に結びついていると考えている。

　たしかに、男性優位主義は、女性に対する男性支配を維持するための暴力的な力の行使を助長している。しかし、女性に対する暴力、子どもに対する大人の暴力、そして支配する者と支配される者の間に存在しているあらゆる暴力のもとになっているのは、階級制度や強制的な権威といった西洋哲学の概念そのものである。そして、性差別主義的なイデオロギーをはじめとする集団的な抑圧のイデオロギーの基盤になっているのも、こうした凝りかたまった考え方である。すなわち、こうした基盤がなくならないかぎり、暴力を根絶することはできない。

　女性に対する暴力をなくすために続けられているフェミニズムの闘いが、すべての暴力をなくすための総合的な運動の一環であることを忘れてはならない。これまでフェミニズム運動が男性の暴力に焦点を絞ってきたために、その結果として、男性は暴力的で女性は暴力的ではないというような、たとえば男性は加害者で女性は被害者であるといった性差別主義的な固定観念が人びとに植えつけられてしまっている。こうした考え方を受け入れてしまえば、被支配者に対する強制的な力の行使は、支配者や支配者集団の自らの権利を守ろうとする行為であり、それは容認せざるを得ないことである、という考えをどれほどアメリカ社会の女性たちが、男性たちと共に受け入れ続けているかを見落としてしまうことになる。また、女性たちがどれほど他人に対して強制的な権力

を行使し、暴力的に振るまっているかを見過ごし、見落としてしまうことになる。

女性が男性のようにひんぱんに暴力を振るわないからといって、その事実は女性が暴力を振るうという現実を否定するものではない。わたしたちが本当に暴力を根絶しようとするなら、暴力を肯定しているアメリカ社会の集団としての女性と男性の両方に目を向けなければならない。

家庭内暴力

白人至上主義的な資本主義の家父長制社会における社会階層では、理論上、男性には力があり女性は無力である。そして、大人には力があり子どもは無力である。また、白人には力があり黒人をはじめとする非白人は無力である。状況によって、どの集団が権力の座についていようと、そうした集団は自分たちの権力が挑まれ、脅かされれば、おそらく強制的な権威を行使してそれを守ろうとするだろう。

たとえ男性に暴力を振るう女性がごく少数いたとしても、ほとんどの女性は明らかに、男性をコントロールし、支配するために虐待したり暴力を振るったりはしない。しかし、女性も自分が権力を行使している集団との交流において、権威を維持するために暴力的な手段に訴えることがある。父親が暴力を振るうことによって女性や子どもを支配しコントロールしようとする家父長主義的な家庭で成長したわたしたち有色女性の多くは、権威を持っている人間は権威を維持するために力を行使する権利があると思い込んでいる。そのために、そうした家庭内暴力の問題がしばしば悪化してしまうことを知っている。男性が暴力的でない家庭の女性も含めてそうした家庭の女性のなかには、理由のない手当たりしだいの暴力的な攻撃だったり、あるいは理詰めの言葉による暴力だったりする強制的な権威を自分の子どもに行使する者もいる。

親の９割が何らかの形で子どもに身体的な暴力を振るっているとされている。そのために、女性の暴力が男性の暴力ほど一般的でないとはとても思えないが、たとえそうだとしても、こうした女性の暴力は子どもや女性に対する男性の暴力と何ら異なるものではない。女性でも力のある立場にあるときには、強制的な権威を行使する可能性があることを強調することで、女性に対する男性の暴力の問題の深刻さが決して軽減されることはない。しかし、このことを

第９章　暴力　165

認識することによって、わたしたちは女性も男性と同じように、強制や力によって権力を維持するのは認めざるを得ないと教え込んでくる社会的な適合を学び直すよう努力せねばならないということにあらためて気づくのである。

フェミニズム活動家たちは、男性の女性に対する暴力をなくすことばかりに集中することによって、そうした問題の深刻さを見過ごしてしまうことになる。また、女性に対して強制的な支配のすべての形態に反対するよう奨励するのではなく、ただ男性の強制的な支配にだけ抵抗するよう奨励することにもなりかねない。

スーザン・シェクターは、「理論構築における疑問点」という家庭内での女性に対する暴力を論理的に分析した章の一節で、暴力を引き起こす要因はさらに調査される必要があることを認めている。また、同性愛の関係にある女性もときには殴打されることがあるという事実を指摘し、この事実と男性支配を原因とみなす暴力に関する理論をどのようにして「すり合わせ」すればいいのかという疑問を提起している。

シェクターは、「アメリカ社会には、力と支配にもとづいた性的な関係というモデルがあまりにも広く行き渡っている。そのために、そうしたモデルが同じ性の人びとの間の関係のあり方に実際に影響を及ぼしてしまっていると理論づけることができるのではないか」と答えている。しかし、暴行の原因として男性支配を認めないこうした理論を受け入れることには気乗りがしないようである。そのために、ふたつの暴力の形態を結びつけるにはもっと多くの研究がなされねばならないとつけ加えている。しかし、わたしが仮定しているように、アメリカ社会に階級的な支配と強制的な権威が当然であるという信念が浸透していることによって暴力が引き起こされているなら、わたしたちのあらゆる人間関係は力と支配にもとづく傾向があり、それゆえに暴力のあらゆる形態は結びついているのである。

哲学者ジョン・ホッジは、その著書『人種差別主義と集団抑圧の文化的な基盤』（1975年）のなかで、わたしたちのほとんどは集団的な抑圧や権威を支えるための力の行使を受け入れるよう社会の一員として適合されているとしている。そして、それは権威主義的な男性のルールと権威主義的な大人のルールを合わせもった伝統的な西欧家族のなかで育てられたためであるとしている。こうした様式がすべてのわたしたちの人間関係の基盤を形づくっている。

二元論的文化におけるほとんどの個人的な人間関係は、すでに確立されて
しまった社会制度のなかで成立している。その結果として、ほとんどの個人
的な人間関係は強い階級的な要素を含んでいる。そして、ほとんどの個人的
な交流は階級構造の内部で発生し、こうした構造によって形づくられている。
　わたしたちはまさに、大人のルールが子どもに優先し、男性のルールが女
性に優先することが規範として受け入れられているような、家庭のなかに通
常広く行き渡っている人間関係を考察してきた。こうした個人的な人間関係
に加えて、それ以外の個人的な交流もたいてい、雇用主と被雇用者、上司と
部下、メーカーとユーザー、大家と借家人、金貸しと借り手、教師と生徒、
支配者と被支配者といった、いわゆる操る者と操られる者といった階級的な
枠組みと共に生じている。

　すべてのこうした人間関係において、支配集団が行使する権力はそれが実行
される、されないにかかわらず、その階級構造が脅かされるようなことでもあ
れば、身体的、あるいは精神的に残虐な処罰もあり得るといった脅しによって
維持されている。

資本主義と男性支配

　個人的な人間関係における男性の女性に対する暴力は、相手を支配しコント
ロールするために残虐な力が行使されるもっとも露骨なあらわれのひとつであ
る。そして、それは、階級的な支配と強制的な権威の概念の実際の縮図でもあ
る。また、子どもに対する暴力や白人による白人以外の民族集団に対する人種
間の暴力とは違って、アメリカの文化においてもっとも公然と見過ごされ、受
け入れられ、そして賞賛さえされている暴力でもある。社会が受け入れ永続さ
せているために、こうした暴力は保たれ、規制したり撲滅したりすることが困
難になっている。
　こうした暴力がなぜ認められているかは、力の行使による男性の女性支配が
支持されている家父長主義的なルールだけでは十分に説明することはできな
い。先進国の資本主義社会という状況において、家父長主義的な男性支配はま
ったく異なった性質を帯びるようになっている。前資本主義的な世界では、す
べての男性は家父長制によって家族の一員である女性を完全に支配し、その運

第9章　暴力　167

命を決定し、その人生のあり様を形づくることが許されていた。それだけではなく、男性は処罰されることを恐れることもなく女性に対して自由に暴力を振るうことができ、娘を誰と結婚させるか読み書きを学ばせるかなども決めることができた。

　アメリカ合衆国においては、こうした男性の権力の多くは資本主義国家の発展と共に失われることになった。こうした権力は失われたものの、そのことは男性優位主義的なイデオロギーが重要視されなくなったということではない。ただ、家族を養い守る働き手としての家長の概念が、何よりもまず資本主義国家に尽くす労働者としての家長の概念と化しただけである。

　男性たちは、女性に対する完全な権威と支配を失っただけでなく、もはや自分自身の生活すらコントロールすることができなくなっている。彼らもまた、資本主義の経済的なニーズに支配されているのである。わたしたちの文化圏のほとんどの男性は、働いている女性たちと同じように、労働者としてコントロールされ、支配されている。働いている女性と違うのは、働いている男性たちは男性の優位や権力という幻想を糧に日々暮らしているということである。

　実際には、男性たちは非常に小さな力しか持っていない。そして、彼らもそのことに気づいていないわけではない。しかし、彼らは経済秩序に立ち向かおうともしなければ、革命を起こそうともしていない。男性たちは、支配権力によって、労働という公的な世界での自分たちに対する非人間的な扱いや搾取を受け入れるよう社会的に適合されている。そして、私的な世界、すなわち家庭や性的関係のある人間関係が、彼らが男らしさと同一視している力という感覚を回復させてくれると教え込まれている。また、コントロールし支配するための家庭内でのルールをつくることもできると教え込まれている。

　これこそが、搾取的な経済社会の秩序を彼らが受け入れていることに対する大きな報酬なのである。資本主義の男性支配者は、仕事の場での反乱を阻止するために女性に対する男性支配を容認し続けることによって、男性の暴力が確実に職場ではなく、家庭のなかで発散されるよう仕向けているのである。

　労働力への女性の参入もまた、資本主義の利益にとって都合のいいものであっただけでなく、同時にそれは男性よりはるかに女性を支配してきた。その結果、自らが支配的な立場にある性役割という階級制を確立し持続するために、男性たちは暴力という手段に今まで以上に頼るようになっている。男性支配はかつて、男性が唯一の稼ぎ手であるという事実に支えられていた。男性優位主

義的なイデオロギーによって社会的に構造化された、女性を支配したいという男性の欲求は、彼らを「支配」しようとする雇用主に対する抑圧された攻撃的な感情と相まって、家庭という環境を今にも爆発しそうな緊張関係の中心にしている。そして、それが暴力行為へとつながっていく。

　女性たちが標的にされるのは、たとえ女性を、なかでも特に妻や恋人を傷つけても、男性は不利な立場に立たされたり厳しく罰せられたりする恐れがないからである。もし、雇用主や警察官を暴力的に攻撃でもしようものなら、彼らはすぐに処罰されるはずである。

「暴力の輪」

　黒人は女性も男性も、「暴力の輪」というものに、すなわち男性労働者が上司や権威者によって支配される公的な場での、屈辱的で人をおとしめるような精神的虐待に始まる「暴力の輪」というものに、いつも注意を向けてきた。生きていく糧を得るために仕事を失うわけにはいかない男性労働者は、自分を解雇したり牢屋にぶち込んだりして罰することのできる雇用主に対して、殴りかかることもないし反抗することもない。彼は自らの怒りを押し殺し、わたしが「支配」の場と名づけたところで発散させる。

　そこは報復を恐れる必要のない場所であり、そこでは暴力を振るっても報いを受けなくてもよい。家庭が通常、その「支配」の場であり、彼の暴力の標的になるのは通常、女性である。女性に対する男性の暴力による自己表現は男性が感じた精神的な痛みに由来しているのだが、この痛みは女性に対して発散され、投げだされる。そして、痛みが解消されるとき、男性はほっとするだけではなく快楽すら感じる。男性の抱えている痛みは、直視されないまま、あるいは健全なやり方で解決されないまま、とりあえず消えてなくなるのである。

　また、性差別主義的な社会の男らしさという心理学は、男性たちに苦痛を認めたり表現したりすることは男らしさを否定することだと吹き込む。そして、そんなことをするやつは男なんかではないと吹き込む。そのために、苦痛を表現するよりむしろ相手を痛めつけることが、完成しているとか、全能であるとか、男らしさとかいった男としての感覚を取り戻すことになるのである。

　このアメリカ社会の、他人の死や自分自身の死によっていつもその絶頂に達するような暴力の輪というものに特徴づけられている人生を送っている多くの

第9章　暴力　169

若い黒人男性の運命は、資本主義の家父長制社会の支配集団によって社会的に構造化された男らしさという幻想を実現させることが、いかに危険なことなのかを如実に物語っている。

　男性の女性に対する暴力について記述している多くのフェミニズム活動家とは違って、黒人の女性や男性が仕事の場から始まる「暴力の輪」を強調するのは、たとえ暴力的な虐待がより一般的に家庭でなされるものであっても、体系的な虐待は家庭の領域だけにとどまらないことに気づいているからである。

　こうした暴力の輪を断ち切るために、そして自らを解放するために、黒人男性だけでなくすべての男性は、男らしさという性差別主義的な概念を批判することに着手しなければならない。そして、どれほど自分たちが、労働において人としておとしめられ、疎外され、そして搾取されていることを感じているかといった、資本主義が自分たちの生活に与えている影響を検証することに着手しなければならない。男性たちは、男であることを自分以外の人に対して権力を行使する能力、なかでも特に強制的な力をつうじて権力を行使する能力と同一視する男らしさの概念に挑戦することに着手しなければならない。

　こうした活動の多くは、暴力的でない男性や資本主義的な家父長制社会の価値観を拒絶してきた男性によってなされなければならない。女性に対して暴力を振るう男性のほとんどは、救いを求めてもいなければ、自分が変わらねばならないと感じてもいない。また、女性に対する暴力を受容していることや女性に対して暴力を振っていることを悪いことだとも感じていない。たしかに、社会が報酬として認めているのにそれが悪いものであるはずがない。むしろ、社会は暴力を奨励しているではないか。

　テレビの画面は毎日、男性の暴力の話、なかでも特に女性に対する男性の暴力の話で文字どおり氾濫している。それは美化され、見ているものを楽しませ、そして性的に興奮させる。ヒーローであろうと悪党であろうと、男性の登場人物が暴力的であればあるほど、彼は注目を集める。男性ヒーローが、悪党を服従させるために激しい暴力を振るうことも多い。こうした暴力は容認され、報酬が与えられる。たいてい女性や犠牲者を救い、守るためではあるが、その男性ヒーローが暴力的であればあるほど、彼はより多くの女性からの愛情や賞賛を得ることになる。保護という名のもとに、彼の暴力行為は女性への思いやりや「愛情」表現、そして博愛の精神のあらわれとしてみなされるのである。

暴力と愛情の同一視

　もうひとつの理由として、このように女性や男性が暴力を愛情と同一視していることが、多くの人びとに暴力の廃止を訴える動機づけを困難にしている。実生活において、愛情を暴力と同一視してしまうのは人間の幼いころからの社会的な適合の一部である。

　ジェーン・パトリックは、雑誌『マドモアゼル』1982年10月号に掲載された「愛、暴力、そして独身女性に関する特別報告」という記事のなかで、経済的に男性に依存しているわけでも、結婚のような法的契約によって男性に縛られているわけでもない多くの女性が、暴力的な男性を拒絶しないのは暴力を愛情と同一視しているからであるという事実に注意をうながしている。パトリックは、親と子どもの間の暴力と成人してからの性的な関係における暴力の受容を結びつけている、家族学のロドニー・ケイト教授の文章を引用している。

　　　親が子どもに罰を与える状況を検証してみれば、いかに犠牲者と、そして虐待者が暴力を愛情と同一視しているかが一層理解しやすくなる。そして、どんなに時間をかけて、わたしたちがある種の身体的な罰は愛情と対になっていると考え始めるかを、そして誰かが自分を傷つけるのは愛しているからだと思い込み始めるかを、理解するのはそれほど難しいことではない。

　多くの親が、一番望ましいやり方ではないにしても、暴力が人と人の対立を終わらせ、相手に力を示すもっとも安易な方法であると子どもたちに教え込んでいる。子供たちをコントロールするためにその身体を虐待しながら「お前を愛しているから、こんなことをやっているだけだ」というような言葉を口にする。そうすることによって親は、暴力を愛情と同一視するだけでなく、愛情というものはただ黙って受け入れるものであり、説明したり議論したりするものではないという考えもまた教え込む。

　多くの家庭で、小さな子どもや十代の少年少女は、親と問題について話し合いたいという願望がときには、親の権威や権力に対する挑戦として、あるいは「愛していない」行為としてみなされることに気づく。力はこのように、親が挑戦、あるいは脅威とみなしたものに対して行使される。ここで再び、教会や学校をはじめとするさまざまな機関で、権威を守るために暴力を振るうことは

正しいことであるという考え方が個人に教え込まれていることも強調されなければならない。

アメリカ社会では愛情と暴力があまりにも密接に絡み合ってきたために、多くの人びとは、なかでも特に女性は、暴力がなくなるということは愛情の喪失につながりかねないと危惧している。ハーレクインシリーズのような人気のあるペーパーバックのロマンス小説においても、10年前には女性に対する男性の暴力など描写されていなかった。しかし今では、あらゆるロマンティックな愛情表現の文脈のなかで暴力やレイプなどの行為が描かれている。また、こうしたロマンス小説のなかに登場するほとんどの女性が今、専門職のキャリアウーマンで、しばしば性的にも経験が豊富であるということも記述すべき興味深い点である。つまり、こうしたロマンス小説は、男性の暴力はたとえ職場では対等であっても、家庭のなかでは従属的な立場を引き受けざるを得ない「高慢な」女性を服従させるために行使されねばならないと暗に示しているのである。

女性が仕事をやめるべきだとほのめかされることはほとんどない。ヒロインの仕事は、家庭での性的な対立を盛りあげるための挑戦的なジェスチャーとして描写されており、男性が「高慢な」女性を何でも受け入れる従順な存在に変えるために力を行使するときの性的な快楽を高める小道具として使われているだけなのである。もちろん、こういう小説に登場する男性はいつも白人であり、金持ちであり、そして支配階級の一員である。

何百万人もの女性が、こうしたロマンス小説を読んでいる。そして、そうした女性たちは、性差別主義的な役割パターンを強化し、女性に対する暴力をロマンティックに描いた本を読むために、苦労して手に入れた何百万ドルものお金を注ぎ込んでいる。さらに、こうした小説が白人至上主義や欧米の帝国主義を支えているということも記述しておかねばならない。ロマンス小説を読む女性たちは、暴力が性的な快楽を高め、増大するという考えを受け入れるよう仕向けられている。そして、暴力は男らしさのしるしであり、男性に思いやりがある証拠であり、男性が暴力を振るうほど怒るのは彼が愛情深く思いやりのある証拠であると思い込むようにもまた仕向けられている。その結果、女性の読者たちは、愛情と思いやりというご褒美を手に入れるためには暴力を黙って受け入れることがどうしても必要なのだと学習するのである。

こうした事例はしばしば女性の生活に実際に起こっている。女性たちが、異

性愛であれ同性愛であれ、性的な関係において暴力を受け入れてしまうことがあるのは、そうした思いやりを失いたくないからである。こうした女性たちは、暴力に耐えることを自分が愛されるための代償とみなしている。誰だって暴力は嫌だと思っている。しかし、たとえ暴力を伴った愛情でも、それを失っては生きていくことができないと思い込んでいるのである。

　シェクターは、なぜ貧しい女性たちが暴力的な関係から抜けだすことができないのだろうかということについて、「貧しい人びとは、あまりにも多くのさまざまな抑圧を経験しているために、暴力もそうした多くの虐待のひとつに過ぎないという反応を示しているのかもしれない」と述べている。

　たしかに、多くの黒人女性は、アメリカ社会ではどんな生き方をしようと、自分たちはある程度の虐待に直面しなくてはならないと感じている。大学院でも、主流から追いやられた多くの集団と同じように黒人女性は、学位を取得するまでの期間、あるいは「自暴自棄になって」退学するまでの期間、何年も組織的に侮辱し、屈辱を与える教授たちから精神的に虐待されることが多い。一見「成功」したかのように見える専門職の黒人女性も、その存在をこころよく思わない雇用主や同僚からいじめの標的にされることが多い。そして、サービス業で働く黒人女性は、自分たちに対して権力を持っている人びとから、人を人とも思わないような屈辱的な言葉や態度で毎日のように責めたてられている。また、アメリカ社会の貧しい黒人女性のほぼ全員は、自分たちが公共機関や店舗などで繰り返し虐待にさらされていることに気づいている。

　こうした女性たちが、自分たちの個人的な交流のほとんどが虐待によって構成されていると感じていることも多い。そのために、何らかの見返りや報酬があり、虐待だけがその人間関係を特徴づけるものではない状況では、より虐待を受け入れてしまう傾向がある。これはたいてい男性が暴力を振るう状況でもある。そのために、彼女たちはそうした人間関係を終わらせることをためらうだけでなく、望まないことすらある。自分たち以外の女性集団と同じように、黒人女性も愛情を失うことを恐れているのである。

　女性と男性が暴力を愛情と同一視することをやめるまで、性的な関係における意見の相違や対立は暴力を使わないでも解決できるということを理解するまで、そして男性は女性を支配すべきであるといった考えを拒絶するまで、男性の女性に対する暴力は続くだろう。そして、同じように性的な関係における他の形態の暴力的な攻撃も続くだろう。女性に対する暴力をなくそうとして、フ

第9章　暴力　173

ェミニズム活動家たちは男性優位のイデオロギーを批判したり、男性優位のイデオロギーがそうした暴力を支え、容認しているさまを示したりする先頭に立ってきた。しかし、男性の女性に対する暴力をなくすための努力は、暴力そのものを根絶するための総合的な闘いの一環でないかぎり成功を収めることはないだろう。

軍国主義と家父長制

　現在、核軍縮を支持しているフェミニズム活動家たちは、軍国主義と家父長制を関連づけている。女性に対する暴力の分析と同じように、こうした議論は男性が暴力を支持していることにばかりに焦点が絞られる傾向がある。そして、わたしたちは、そのことに議論の焦点が絞られることによって、問題の理解を狭められる。フェミニズムを支持する多くの女性は、軍国主義を男らしさという家父長制の概念を実証するものとして、そして自分以外の人間を支配しようとする男性の要求を実証するものとしてみなしている。こうした女性たちにとって、軍国主義と闘うことは家父長制や男性の女性に対する暴力と闘うことである。

　最近発行された、核を考える女性のためのハンドブック『どこにも逃れることはできないのか』（1980年）の冒頭で、スーザン・コーエンはこう述べている。

　　　わたしたちは、核武装によってつくりあげられた専制政治は単に、支配と搾取によってあらゆる領域が特徴づけられた文化のもっとも新しい、そしてもっとも深刻なあらわれに過ぎないと確信している。そのために、世界中の核の脅威の存在は、単独の問題としてではなく、全体の問題の一部としてしかみなされ得ないのである。

　　　わたしたちは、原子力発電所や核兵器の問題をわたしたちが生きているアメリカ社会を支配している文化的、社会的、そして政治的な展望から切り離してしまうことは、問題の理解を狭める結果になり、裏を返せば解決の可能性すら狭めてしまうことにもなるという認識を持つよう強く求める。次に、わたしたちは、アメリカ社会の構造や結びつきを支配している男性によって定義された概念体系は、核施設や核兵器の拡散に対して直接的な責任があると

いう主張も表明している。

　家父長制こそ問題の根幹であり、核の脅威によって生じた一触即発の脅威
は、家父長制の基本的な問題に対するわたしたちの注意を喚起するものであ
る。

　フェミニズムを支持する女性たちはしばしば、軍国主義と家父長制を同一視
することによって、男性であるということは強さ、攻撃性、そして他人を支配
し、他人に対して暴力を振るう意思を持っていることであるといった、すなわ
ち女性であるということは弱さ、消極性、そして自分以外の人の命を育み肯定
する意思を持っていることであるといった議論を構築する。

　このような二元論的な考え方は、西欧社会における社会的支配のあらゆる形
態の基盤である。たとえ、核軍縮という重要な目的のために転化され用いられ
たとしても、それでもやはりそうした考え方は性差別主義をはじめとする集団
的な抑圧の文化的な基盤を強化してしまうために危険である。それはまた、女
性であるという理由だけで、女性は帝国主義や帝国主義的な支配を維持させよ
うとする軍国主義、あるいは他の支配システムを支援し、鼓舞する役割など演
じてこなかったと暗に示し、男性と女性は生まれつき違うんだといった典型的
な考えを助長する。

　男性は暴力を振るうことができることこそ男らしさであると教え込まれてき
たと主張する人もいる。そして、女性は命を育む性であると考えるよう教え込
まれてきたと主張する人もいる。仮にそうだとしても、多くの女性や男性がそ
うした固定観念に当てはまらないという事実は変えようがない。今のフェミニ
ズムと軍国主義に関するほとんどの議論は、わたしたち女性が支配のシステム
を維持するために行使している力を明確にし、抵抗や変革のための戦略を提示
するというよりむしろ、女性の役割というものをますます不可解なものにして
いる。

　性差別主義的なイデオロギーという教義から解き放たれていないために、女
性はこうした議論のなかで自ら行動を起こす主体として語られることはない。
そして、自分以外の人間の行動を受容するだけの客体として語られている。わ
たしたち女性は、男性のように社会的な選択をする労働者や活動家として描
かれることはない。そして、暴力と支配こそが人間の交流のもっとも有効なコ
ミュニケーションの手段であると公言してはばからないアメリカ社会の価値体

系を、すなわち戦争を擁護し引き起こすような価値体系を、積極的に支えていることに対してどんな責任もとってこなかった受身の傍観者として描かれている。

わたしたち女性が演じてきた、そして今でも演じている多様で複雑な役割を明らかにすることのないフェミニズムと軍国主義に関する議論は、女性がみんな戦争に反対し暴力の行使に抵抗しているかのように見せかけている。そして、男性だけが問題であり敵であるかのように見せかけている。

これは、女性の体験を歪めたものであり、女性の体験を解明したものでもなければ、それをあらためて定義したものでもない。女性が演じてきた役割の価値をおとしめることで導きだされるのは必然的に、女性の現実に対する歪められた見方でしかない。わたしが「価値をおとしめる」という言葉を使ったのは、男性が戦争をし、戦略を練ってきた一方で女性はおとなしく傍観してきたといった示唆は、男性に従属しているときでさえ、わたしたち女性が積極的に社会とかかわる存在であったという見方を否定することになるからである。

劣っているとか、あるいは従順であるとか思われることで、その人間が実際に何者なのか、あるいはどのように行動するのかが必然的に定義されてしまうという想定は、女性がこれまで行使してきた力、たとえそれが他者との関係のうえで成り立っていたとしても、そうした力を否定する性差別主義的なパターンを継続させることになる。夫と同じ一票を投じる女性でさえ、誰に投票するか戦略的に選択しているのである。わたしたちは女性を社会的な存在としてみなす必要がある。

女性と軍国主義について論じる一部の活動家によって発言され続けている女性の現実に対する歪められた認識のひとつの例としては、「女性は生まれながらにして戦争の敵である」という広く行き渡った前提がある。多くの女性反戦活動家は、子どもを産む性として、あるいは子どもを産む可能性のある存在として、女性は必然的に男性より戦争そのものがなくなることを切望していると主張している。その意味するところは、女性は男性より命を大切なものだと考えているということである。

レスリー・キャガンは1983年、ニュース紙「サウス　エンド　プレス」でのインタビューで、軍縮運動に参加している女性は、自分たち女性は子どもを産むために「地球の命の生存に対する特別な関係と責任」を持っているとほのめかすことが多いと断言している。そして、こうした発言は、女性の生物学的

な側面ばかりに焦点を絞り、「女性であることと母親であることを同一視する性差別主義的な概念を強化する傾向がある」ために「危険な見方」であると続けている。カギャンはこう説明している。

> たしかに、女性のなかには、そして多くの女性は、自分の子どもを案ずる気持ちから活動に参加する動機づけを与えられているのかもしれない。しかし、同じように、自分の子どもが核戦争によって吹き飛ばされるところなんか見たくないという父親もなかには参加しているはずなのである！
> しかし、これだけでは、視野の狭い限定された見方であるということを証明することはできない。そうした見方が限定的なのは、わたしたちの地球の未来といった重要な問題と女性との関係を生物学的な事実だけにもとづいて述べているからである。

　フェミニズムと軍国主義について懸念するのなら、たとえ子どもを産んだことのある女性であっても、女性が生まれつき非暴力的で生命に対して肯定的なわけではないということを主張しなければならない。母親として多くの女性は、ひとり親であろうと、あるいは夫と子育てしていようと、男の子に対して、戦闘をはじめとする暴力的な攻撃の形態がコミュニケーションの望ましいあり方とまでは言えないにしても許容できるあり方だと教え込んできた。すなわち、それは愛情や思いやりによる交流よりも価値のあるあり方だと教え込んできたのである。
　たとえ、人間関係のなかで子どもを育て生命を育む役割を担うことが多いとしても、女性は力を行使して感情を抑圧し、権威を主張することに対して畏敬の念を抱いているのと同じほど、自分たちのそうした役割を必ずしも評価し、尊重しているわけではない。わたしたちは、たとえ母親であることによって触発されたとしても、暴力、支配、そしてそれらの究極的な表現である戦争に対する告発はまさに、戦略的に決断し、選択しようとする女性の社会的な存在としての行為であることを強く主張しなければならない。
　もし、軍国主義に反対している女性たちが、直接的であれ間接的であれ、女性には反戦的な傾向が生まれつき備わっているとほのめかすようなことを続けるなら、男性優位主義的な概念の哲学的基盤であるところの生物学的決定論そのものを強化してしまう危険をおかすことになる。そして、アメリカ合衆国の

第9章　暴力　　177

多くの女性が、反帝国主義でも反軍国主義でもなく、社会統制の手段としての暴力の行使にも反対しないという現実を覆いかくしてしまう恐れもある。こうした女性たちが価値観を変えないかぎり、共犯者である男性と同じように、さまざまな形態の人間関係における社会支配すべてを信奉する物の見方に執着しているとみなされなければならない。また、そうした女性たちは自らの行動の責任も問われなければならない。

帝国主義の企て

たしかに、近代軍国主義は国や人びとを征服しようとする闘いを引き起こす男らしさの概念と結びつき、帝国主義の利益に奉仕する。しかし、近代軍国主義の核となる基盤は帝国主義であって、家父長制ではない。そして、世界のなかで男性によって支配されている社会の多くも帝国主義ではない。すなわち、アメリカ合衆国の多くの女性は、帝国主義や軍国主義を支援するために自ら決断をくだしてきたのである。

歴史的に見ても、女性の権利のために働いてきたアメリカ合衆国の白人女性は、こうした努力と世界を征服しようとする欧米の帝国主義的な企てに対する自らの支援との間に何ら矛盾を感じてこなかった。そればかりか、男性との平等な権利を得さえすれば、自分たちもこの「偉大な国家」の建設に、すなわち帝国主義のためにもっと貢献できるようになるとしばしば公言してはばからなかった。ウーマンリブ、すなわち女性解放を声高に主張していた20世紀初頭の多くの白人女性は帝国主義支持者だったのである。

1910年に出版されたヘレン・モンゴメリーの著書『東洋の地における西洋女性たち』のような白人女性の50年間にわたる海外布教活動を概略した数々の書物は、アメリカ合衆国における白人女性の解放のための闘いと、地球規模による欧米の価値観と欧米支配の帝国主義的で覇権的な広がりの間の結びつきを立証している。宣教師として白人女性は、東洋の女性たちの信念体系を徐々に蝕み、彼女たちの信念体系を西欧的な価値観と置き換える精神的な武器をたずさえて東洋の地まで赴いたのである。ヘレン・モンゴメリーは、自分の著書をこう締めくくっている。

　　わたしたちを求める声があまりに多いために、そしてわたしたちの献身を求

める善き人びとがあまりに多いために、わたしたちはどうすることが一番いいことなのかを見失ってしまいそうです。天なる神の荘厳な福音の光のなかの、引き裂かれることも悩まされることも混乱させられることもない安らぎをもって、何よりもまずこの大地にキリストの王国をもたらすこと、もっとも心を痛めている人びとの要求に応えること、羊飼いが囲いからこれまで見失ってきた愛すべき迷える子羊たちのために荒野に踏みだすこと、持たざるものとすべての基本的な権利を分かち合うこと、不幸なものと幸福を分かち合うこと、そして現世の罪から救われる可能性を見出すこと、これこそが女性宣教師の布教活動の使命なのです。

　たしかに、現代フェミニズム運動は帝国主義と軍国主義に反対し、白人女性は現代フェミニズム運動の主導権を握っている。そうした事実にもかかわらず、フェミニズム運動の主導権を握っているような白人女性は少数派に過ぎない。そして、そうした女性たちがアメリカ社会の白人女性の大多数の価値観を代表しているわけではない。いわんや女性全体の価値観を代表しているわけでもない。

　アメリカ合衆国の多くの白人女性は心から軍国主義を支持し続けている。フェミニズム活動家たちは、こうした女性たちの社会に対する能動的な決断の責任を問うだけでなく、こうした女性たちの物の見方もまた変えていくよう努力しなければならない。あたかも男性や家父長制だけが悪者であるかのように振るまうなら、わたしたちはこうした挑戦を回避してしまうことになる。

　男性が、地球規模による帝国主義的な振るまいの大半にかかわり、戦争における暴力行為の大半にかかわってきたことは誰もが認める事実である。しかし、国家の危機に際して求められれば、女性も戦闘に加わるということを、そして必ずしも女性が戦争に反対というわけではないことを忘れてはならない。また、戦争とは戦闘だけを意味しているのではなく、前線や前線以外の家庭での女性の協力が戦争を支えてきたことも忘れてはならない。

　パティ・ウォルトンは、女性たちの戦争参加について論じた評論「我々の身体に滲みこんだ文化」（1982年）の最後をこう結んでいる。

　　女性が戦争で戦ってこなかったのは実体的な要因によるものである。わたしたち女性が生まれながらにして男性より道徳的だったからでも、わたした

ち女性の側に何か生物学的な限界があったからでもない。社会のなかで戦争と平和のためのさまざまな活動の両方を支援するよう努力するのが女性の仕事である。そして、そうしたわたしたち女性の支援はいつも、女性としての固有の社会的な適合に由来してきた。事実、女性と男性の社会の一員としての適合は、わたしたちが生きている文化のニーズを互いに補い合っている。

　このことを認識することが必要なのは、こうした世俗的な関係を変える必要があるからである。この世界でいろいろな問題を引き起こす原因となっている性そのものを変える必要があるからではない。女性が生まれつき消極的ではないように、男性も生まれつき攻撃的ではない。わたしたちには戦争の文化がある。それならば、平和の文化もあるはずである。

社会秩序の手段としての暴力

　性別役割分業によって、女性は親として自分の子どもに社会秩序の手段としての支配の受容や暴力の尊重を教え込み、戦争を支援してきた。こうしたイデオロギーを人間の意識に植えつけることは、戦争するのは男性であり、戦争によって利益を得るのも男性であると主張する男性の支配者集団による完全な男性支配と同じくらい、軍国主義的な国家を築くための拠りどころとなる。

　男性と同じようにアメリカ合衆国の女性たちも、あまりにテレビを見過ぎることで、暴力を目の当たりにしても何も感じなくなってしまっている。わたしたちは、軍国主義と闘うために、日常生活のなかで無抵抗に暴力を受け入れてしまうよう教え込んだり、暴力をなくすには暴力に訴えるしかないと断言したりする社会的な適合や洗脳に抵抗しなければならない。軍国主義に反対している女性は、日々の生活において、社会秩序の手段としての暴力を無抵抗に受け入れてしまう自らの姿勢を変えるよう努力することによって戦争の支援をやめなければならない。

　わたしたち女性はもはや、あたかも男性だけが暴力的な行為をし、暴力を受入れ容認し、そして暴力的な文化をつくりだしているかのように行動してはならない。女性として、わたしたちは暴力を容認することによって女性が演じている役割の責任を負わなければならない。女性に対する男性の暴力に関心を向けさせるだけでは、あるいは軍国主義をまさに別の男性暴力の表出とするだけでは、わたしたちは暴力の問題を十分に訴えることはできない。そして、実行

可能な抵抗のための戦略や解決方法を発展させることも困難になる。女性の生活に対する軍国主義の影響は、シンシア・エンローの著書『カーキ色の軍服はあなたに相応しいか？』（1983年）のなかで、詳しく論議されている。

　わたしたちは、女性に対する男性の暴力、そして国家や世界に対する男性の暴力の問題の深刻さを過少評価する必要はない。しかし、男性と女性が一緒にアメリカ合衆国の暴力の文化をつくりあげてきたことを認めなければならない。そして、そうした文化を変革し、再構築するよう一緒に努力しなければならない。

　女性も男性も、戦争、女性に対する男性の暴力、子どもに対する大人の暴力、十代の若者による暴力、人種的な暴力などといった、これほど多くの社会統制の手段としての暴力の行使に反対しなければならない。そして、女性に対する男性の暴力をなくすためのフェミニストたちの努力も、あらゆる形態の暴力を根絶する運動のなかで展開されなければならない。また、階級構造こそが人間の交流の基盤であるといった概念を根絶しようと努力するなら、広い基盤にもとづいたこうした運動が人びとの潜在意識を根底から覆し、女性に対する男性支配をなくす必要があるという人びとの認識を一層強めることになる。

第10章

子育て
画期的な育児

ゆゆしき障害物としての母性

　現代のウーマンリブ運動、すなわち女性解放運動の初期の段階において、フェミニストによる母性に関する分析には運動の参加者たちの人種や階級による偏見が反映されていた。白人で大学を卒業した中産階級の女性のなかには、母性こそ女性解放にとってゆゆしい障害物であり、女性を掃除、洗濯、料理、そして育児に縛りつけ、家庭に閉じ込める罠であると主張する者もいた。また、母性と子育てを単に女性を抑圧する根源とみなす者もいた。このように母性は今までずっと、女性としての自由に対するゆゆしき障害物として名指しされてきた。しかし、もし黒人女性が母性に関する見解を表明していたらそんなことには決してならなかったはずである。そして、リストの上位には――母性ではなく――人種差別、失業、そして技能や教育の欠如をはじめとする多くの問題が挙げられていたはずである。

　黒人女性が、母性がわたしたち女性を有給の仕事の世界に入ることを妨げているなどと発言するはずがなかった。なぜなら、わたしたち黒人女性はこれまでずっと働いてきたからである。アメリカ合衆国の黒人女性は、奴隷の境遇だった頃から今日に至るまで、畑、工場、洗濯屋、そして他人の家といった家庭以外の場所で働いてきた。そして、そうした仕事は金銭的な報酬もわずかで、望ましい子育てを妨げ、邪魔することも少なくなかった。

歴史的に見て、白人至上主義的なイデオロギーは、黒人には人間的な意思表示などできないと断言してきた。しかし、黒人女性にとって人間性を取り戻すことのできる家庭での仕事は、ごく当たり前に愛情や思いやりを示すことのできる、女性としてのアイデンティティを肯定してくれるものだった。家庭以外の場所での労働は、家庭のなかでの思いやりのある環境での労働に比べて、ストレスを引き起こし、自尊心を傷つけ、人間性を失わせるものが圧倒的に多かった。

　こうした黒人女性の見解は、白人女性の解放運動家によって述べられた母性と家庭の外での仕事に関する見解とは著しく対照的だった。多くの黒人女性は、「もっと家族と一緒に過ごす時間を持ちたい。わたしたちは家族から引き離される仕事の世界から解放されたい」と訴え続けた。それに対して、多くの白人女性の解放運動家は「家庭に閉じ込められることにも、子どもや夫の世話だけに明け暮れることにも、そして精神的に経済的に依存していることにもうんざりしてしまった。わたしたちは解放されて仕事の世界に入りたい」と主張し続けたのである。こうした声は、労働者階級の白人女性のものではなかった。労働者階級の白人女性たちも黒人女性と同じように、家族から引き離される労働にうんざりしていたからである。

　労働力として仕事に参入することを望んでいたウーマンリブ活動家たちは、この世界がまさに疎外された仕事の世界であることを知らなかった。今や彼女たちもそのことを思い知らされている。フェミニズム運動の最近20年間、多くの中産階級の白人女性が賃金労働に労働力として参入してきた。そして、そうした女性たちは、性差別主義が未だに規範としてあり、個人間に妬み、不信、反目、そして悪意を助長させる不必要な競争の存在する社会という状況のなかで働くことによって、仕事がストレスや欲求不満の原因となるということに気づいてきた。また、仕事がまったく満足感を得られないものになってしまうことも多いということに気づいてきた。同時に、自分の従事している賃金労働が好きで楽しんでいる多くの女性も、仕事にあまりに時間を取られてしまって、仕事以外の気晴らしで満足する余裕がほとんどないということを切実に感じている。

　女性は仕事をすることによって、ある程度の経済的自立を手に入れることができるかもしれない。あるいは経済的に自立することさえできるかもしれない。しかし、仕事はほとんどの女性の人間としての欲求を十分に満たしては

第10章　子育て　(183)

こなかった。その結果、女性たちは思いやりのある環境でのやりがいのある労働を求めるようになり、家族の重要性や母性の肯定的な側面が再び強調されるようになってきた。そのうえ、多くのフェミニズム活動家が出産における年齢的なタイムリミットに直面する30代半ばから30代後半に差しかかったことで、母性が一斉に注目されるようになってきた。このような母性に対する新たな注目が、子育てに関心を持っていた多くのフェミニズム運動の女性活動家に子どもを産む選択をさせてきたのである。

母性への関心の高まり

初期のフェミニストたちは家事や育児に対する敬意や感謝を要求したが、女性の子育てや母性に大きな意味や価値を認めることはなかった。それは、フェミニズム運動の始まりにおいて、そうせざるを得なかったためである。初期のフェミニストが母性を攻撃したために、子育てが自分を肯定し、正当に評価してくれる数少ない対人関係のひとつであることに気づいていた多くの女性が、なかでも特に貧しい女性や非白人の女性がフェミニズム運動を敬遠することになった。

残念ながら、積極的に母性に焦点を絞っている最近のフェミニストは、著しく性差別主義的な固定観念でそのことを捉えている。フェミニズム活動家のなかには「家庭崇拝」を美徳として讃えていた19世紀の男性や女性のように母性を美化する者もいる。こうした新ビクトリア主義といわれるフェミニズム活動家たちのアプローチのひとつの重大な食い違いは、母性がもはや異性愛の結婚の枠組みのなかで、あるいは異性愛の関係性のなかですら、主たる位置を占めているとはみなされていないということである。

未だかつてなかったほど、異性愛者、あるいは同性愛者にかかわらず、男性に執着しない女性が子どもを産む選択をするようになってきている。アメリカ社会において、特に経済的な意味でシングルで子育てすることが困難であるにもかかわらず、関心が集中しているのは「母親であることの喜び」、母子の関係を特徴づけるとされている特別な愛情表現、親密さ、そして絆である。フィリス・チェスラーが著した『子どもと共に　母親の日記』(1979年)のような本は、子どもの誕生、そして育児の楽しさや喜びを熱狂的に語っている。もっと学術的で内容の堅いジェシー・バーナードの著書『母性の未来』(1974年)、

エリザベス・バディンターの著書『母の愛』(1981年)、ナンシー・フライデーの著書『母と私』(1977年)、ナンシー・チョドロウの著書『母性の再生産』(1978年) などの出版は、母性への関心の高まりを反映している。

　こうした母性への関心の新たな高まりは、フェミニズム運動にプラスとマイナスの影響を及ぼしている。プラス面としては、こうした母性に対する関心が促進され奨励されたために、女性の子育てに関する継続的な研究や調査の必要性が認められたことである。エイドリアン・リッチは、著書『女性として生まれて』(1976年) の序文で、自分が母性に関する本の執筆が重要だと思うのは、それが「フェミニズム理論にとってきわめて重要でありながら、今もなお他と比べて探索されていない領域」だからであると述べている。たとえ出産によって運動に積極的に参加することができなくなるようなことがあっても、子どもを産むことを選択した女性たちがもはや、そうした選択によってフェミニストとして認めてもらえなくなるのではないかと恐れる必要がなくなったこともまたプラスの側面である。

　マイナス面としては、母性を美化し、女性は生まれながらにして生命を肯定し育むものであるとほのめかすような性差別主義者によって用いられている同じ言い回しを使うことで、フェミニズム活動家自身が男性優位主義的なイデオロギーの中心的な教義を強化してしまうことである。男性優位主義的なイデオロギーの中心的な教義は、母であることは女性の真の天職であると、すなわち母親にならずにキャリアや創造的な仕事や社会運動ばかりに専念している女性は結局、女としての幸せな人生ではなく、精神的に満たされない人生を送る運命にあるとほのめかす。そして、子どもを産まない女性をあからさまに攻撃し中傷することはなくても、社会全体がそうであるように出産が女性の他の労働よりも重要であり、より報われるものであるとそれとなく暗示する。また、出産が重要であり、報われるものであると単純に決めつけることすらある。

　注意しなければならないのは、こうした物の見方がキャリアを手に入れるのに成功し、今まさに子どもを産むことを選択しようとしているブルジョワ階級の白人女性の多くによってしばしば表明されるということである。こうした女性たちは、多くの女性に向かって、キャリアや仕事は決して出産ほど重要でもなければ満足できるものでもないとでも発言しているかのように思われる。

　ティーンエイジャーの女性たちは、人生にはたくさんの目標があるということに気づいていない。こうした発言は、そうした若い女性たちが子育てを先延

ばししないで何人も子どもを産もうとしている時代に、そして一般大衆の女性が体制側から性差別主義的な役割を引き受けなければ家庭生活が成りたっていかなくなると告げられようとしている時代に、著しく危険な考え方である。

　マスメディアをはじめとする情報システムをつうじて、女性の周囲には今、出産を奨励する情報が氾濫している。新聞には「母性の復活」などといった見出しの特集記事が掲載されているし、女性誌には新しい母親像に関する記事が溢れている。そして、ファッション誌はデザイナーズブランドの妊婦服を特集し、テレビのトークショーは最終的に子どもを育てることを選ぼうとしているキャリアウーマンの特別番組をやっている。子どもを抱えている女性たちがより一層生活に困窮し、毎日多くの家や親のない子どもたちが増え、そして女性だけが子育ての責任を背負わされ続けている時代に、このような人心を煽るような偽りの情報はフェミニズム運動を知らぬ間に弱らせ、脅かすことになる。

　ある程度のブルジョワ階級の白人女性の母性に対する美化は、過去のフェミニズム批判によって受けたダメージを修復するための、そして子どもを産んだ女性たちに受けるに値する敬意をもたらすための試みだと考えることもできる。注意を払わなければならないのは、こうした批判のなかでもっとも激しかったものでさえ、母親に対する搾取と屈辱の源としての性差別主義を糾弾してこなかったということである。

　女性の子育てそれ自体は、フェミニズム活動家も含めて社会の誰からも認められるべき重要で価値のある仕事である。母性は、その本質を見つめ直すために、母親としての経験を女性にとって義務的でもなく搾取的でもなく、あるいは抑圧的でもないものにするために、そして子育てが女性だけでなされようと男性と共同でなされようと、子育てを女性が満足することのできる望ましいものにするために、フェミニズム運動において新たな努力が積み重ねられているなかでそれに値する承認、賞賛、そして祝福を受けるべきなのである。

父性と母性

　メアリー・エレン・シューンメーカーは、「赤ん坊を育てるということ」という1983年に執筆された記事のなかで、男性が平等に子育てを分担しないというしばしば指摘される点を強調している。

母性に対して相反する感情を抱いていた初期の頃から、女性運動の最終的な目標は、母親だけが子育てを押しつけられる母親業から抑圧をなくし、そうした「母親業」と母親も父親も協力し合う「子育て」を結びつけ、子どもを産むことを選択した女性たちが男性や一般社会と子育てを分担する平等を追い求めることだった。しかし、過去20年間を振り返ってみると、そうした目標は女性運動において達成するのがもっとも困難な課題であり続けてきたように思われる。

　もし、子育てが本当の意味で男性と平等に分担されていたら、子育ては男女間で時間制の役割交代になっていたはずである。多くの男性が専業主婦より共働きの女性のほうが役割分担しやすいことに気づいてきた。しかし現実的には、乳幼児を抱えた何百万人もの母親が勤めているにもかかわらず、多くの女性が未だに家事の大半を押しつけられている。

　理想的には子ども時代から、父性は母性と同じ意味であり、母性と同じように重要であることを教え込まれないかぎり、男性たちは子育てを平等に分担しないだろう。女性が自らの身体に子どもを身ごもり出産することを理由に、女性や社会全体が母と子の関係を独特で特別なものとみなしているかぎり、あるいは女性がこうした生物学的な体験こそが、自分たちが男親より子どもと親密でより重要な絆を持っている何よりの証であるとしているかぎり、育児と子育ての責任はこれからも基本的に女性の仕事であり続けるだろう。

　子どものいない女性でさえ、生まれながらにして世話し育む性だとみなされているために、男親よりも子どもを育てるのに適していると考えられている。妊娠や出産という生物学的な体験は、たとえ痛みが伴おうと喜びが伴おうと、女性の子育てが男性の子育てより必然的に優れているという考えと同一視されるべきではない。

　辞書によれば、「父親」という言葉は責任を引き受けるという意味であると定義されている。その定義に「やさしさ」や「愛情」のような言葉による言及はされていない。けれども、これらの言葉は「母親」という言葉の意味を定義するために用いられている。社会は、養育の責任、より正確に言うと、子どもの精神的、そして物質的なニーズを満たす責任を女性にだけ押しつけることによって、母親になることは父親になることより重要であるという考えを強化する。

定義として体系化され、「父親」と「母親」というふたつの言葉はまさに、ふたつのまったく異なった体験を意味しているといった感覚で用いられている。男女が子育ての責任を平等に引き受けようとするなら、男性も女性も、男性の親としての仕事と女性の親としての仕事に違いはない、すなわち父親業と母親業は同じだと定義すべきなのである。

ところが、男性も子育てを平等に分担する必要があるということを強調してきたフェミニズム理論家でさえ、母親業に特別な価値づけをすることをやめようとしない。これは、フェミニストたちが、女性が力と支配を行使することのできる社会生活の檜舞台としての母性の存在を認めようとしないだけでなく、母親としての生理的な体験を賛美しようとしているという実例である。

女性も社会全体も、母親と子育てを平等に分担している父親を規範とすべき好例としてよりむしろ、変人だとか特別な人間だとか考えがちである。こうした男性たちは「母性的」な役割を引き受けているとみなされることさえある。エリザベス・バディンターは、子育てをしている男性を描いた著書『母の愛』（1981年）のなかで、こうコメントしている。

> 女性にプレッシャーをかけられて、新しく父親になった男性が女性と同じように、そして伝統的な母親のイメージそのままに、母のように子どもの世話をしている。彼はまるでもうひとりの母親のように母親と子どもの間に入り込み、子どもは母親とのそれとほとんど区別できないような父親との親密な触れ合いを体験する。父親がその裸の胸に新生児を抱きしめている雑誌の写真が増えていることに気づくようになったのはつい最近のことである。そうした父親の表情には、完璧に母親らしい優しさが滲みでている。そして、そのことにもはや誰も驚かない。
>
> 何百年間も父親は権威ある者、あるいは存在しない者だったが、母親の愛情と何ら変わらない父親の愛情という新たな概念が登場してきたように思われる。女性が長い間、実際に子育てをしてきたために、女性の子育てが必然的に男性の見習おうと努力すべきモデルになることは明白である。しかし、そうした男性たちは親に、しかも立派な父親になろうとしているのである。決して母親になろうとしているわけではない。

こうした傾向を示すもうひとつの事例が、サラ・ルディックの評論「母性的な思考」（1982年）の最後に見られる。彼女は、男性が子育てを平等に分担す

る未来を思い描いて、こう記述している。

　　　どこにも「父親」がいなくなったときには、注意深い愛情を注ぐ人はいて
　　も、子どもたちの生活に対して、そして子どもたちの世界の道徳的な権威に
　　対して、力を持つ大人は女性にも男性にもいなくなる。現実的、精神的、経
　　済的、そして社会的に、親業を分担する地域社会に存在するのは、今までと
　　は違う母性的な考え方をする両性の母親、すなわち女性の母親だけではなく
　　男性の母親である。地域社会は、こうした母親たちから、子どもの命の価値
　　を推しはかる方法を習得することになる。

　ルディックは、引用した段落だけでなくその評論全体で、「母性」という概
念を美化し、男性が母性的になりつつあることを強調している。しかし、そう
した見方は近視眼的であるように思われる。なぜなら「母性」という言葉は女
性の行動と結びつけて考えられているために、男性はたとえ伝統的に「女性
的」であるとみなされてきたように行動したとしても「母性」と一体感を持つ
ことはできないからである。希望的観測では、わたしたちの生きているアメリ
カ社会の母性の概念を変えることはできない。母性の概念を変えるより、「父
性」という言葉は「母性」と同じ意味を共有すべきなのである。
　人形で子育てごっこをしている男の子に「お母さんみたいだ」と言うこと
は、女性がより子育てに適しているという考え方を変えられないだけでなく、
むしろ強化してしまうことになる。人形を可愛がったり世話をしたりしている
女の子に「あなたはいいお母さんだ」と言うように、「あなたはいいお父さん
をしているね」と言うことが、男の子に望ましい子育てのあり方、そして父性
のあり方を教えることになる。父性は母性と同じものなのである。
　望ましい子育てをしている男性を「母性的」であるとみなすことは、女性の
方が生まれつき子育てにより適しているというお決まりの性差別主義的な考え
を強化することになる。あるいは、女性と同じようなやり方で子育てをしてい
る男性は親として当然のことをやっているというよりむしろ、本物であるとさ
れている女性の子育てを真似ているだけであるという、これまたお決まりの性
差別主義的な考えを強化してしまうことにもなる。母親としての世話の仕方と
父親としての世話の仕方を区別しないことが望ましい子育ての概念のあるべき
姿である。

第10章　子育て　　189

ルディックが述べているような注意深い愛情を含む望ましい子育てのモデルは女性だけに当てはめられてきた。そして、そうした子育てのモデルは父親が子育ての方法を習得する妨げになってきた。父親は、自分の役割は単に権力を行使し、物質的なニーズを満たすことだけであると考えてもいいとされている。そして、自分の役割は、母親の役割に準ずるものであると考えるよう教え込まれている。

これまで女性に対して教え込まれてきた従来の子育てモデルを使って子育てのやり方を学んでいるかぎり、男性たちは平等に育児に参加することはできないだろう。男性は、自分たちは無能な、あるいは望ましくない育児者であると思うように教え込まれてきたために、子育てに参加すべきではないとさえ感じている。

男性の子育てに対する責任回避

男性たちは、子育ての責任を回避するよう社会的に適合させられている。そして、そうした男性の子育てに対する責任回避は、母性というものは男性が平等に子育てに参加してくれば、女性が失ってしまうに違いない権力の領域であるという信念を持つ女性たちによって支えられている。そうした女性の多くは、男性と平等に子育てを分担することなど望んではいない。フェミニストの間でも、アメリカ合衆国の多くの女性が未だに男性には望ましい子育てなどできないとか、男性は子育てに挑戦することさえすべきではないとかといった信念を持っていることは見過ごされがちである。

男性も主体的に子育てを担うべきであり、担うことができるということを理解しないかぎり、そうした女性たちが日常生活において男性に子育てを平等に分担してもらいたいと思うことはないだろう。たとえ、そうした女性たちが子育てを分担してもらいたいと思っても、男性がそれにやる気で答えてくれることはほとんどない。男性が子育てに参加しないことが家族関係と子どもの成長に悪い影響を及ぼすということを人びとは認識する必要がある。

男性が子育てに参加しないときに失うものについて指摘するフェミニストの男性に対する矛先は、ブルジョワ階級に向けられがちである。性差別主義的でない子育て、あるいは貧しい労働者階級の男女間でなされている男性の子育てについて議論されることはほとんどない。事実、ルディックが評論のなかで提

唱している、親による、なかでも特に母親による子どもに対する配慮をあまりにも強調した、母親が今までやってきたような世話は、仕事から疲れきって帰宅する多くの労働者階級の親たちにとっては負担の大きい世話の仕方である。

　経済的に生き抜くために苦労している家庭の女性や男性が、子育てに対して特別な配慮をすることはますます難しくなっている。彼らの経済的な困窮と、ブルジョワ階級の家族構成との違いは非常に際立っている。ブルジョワ階級の白人の女性や男性はほぼ間違いなく、子育てに男性が参加する肯定的な側面についてよく知っている。そして、子育ての時間も十分にある。そして、年がら年じゅう金銭的な問題について気を揉むこともない。しかし、シングルマザーは仕事と子育てを両立させることすら難しいのである。

　フェミニズム理論家たちは、子育てが個人のみで、あるいは女性のみでなされた場合に起こり得るいくつかの問題を指摘している。すなわち、女性だけの子育ては子どもたちに男性の子育ての役割モデルをほとんど示すことができないといった問題、子育てが女性の天職であるという考えを永続化するといった問題、そして男性支配や女性の不安感を強化するといった問題を指摘している。しかし、社会はこうした状況に対して関心を示さない。しかも、男性が未だかつてないほど子育てに対する責任を回避している時代に、女性がさらに仕事をするようになったために一層子育てができなくなっているだけでなく、ひとりで子育てすることがますます多くなっている時代に、こうした指摘はほとんど影響力を持たない。こうした事実から、これからのフェミニズム運動で中心課題とすべき論点がふたつ見えてくる。すなわち、ひとつは親をはじめとする育児者から望ましい育児を受ける子どもの権利であり、もうひとつは女性だけが育児を担わされることのない社会の再構築である。

　性差別主義をなくすことで、男性が平等に育児に参加しないという問題、あるいはまったく育児をしないという問題を解決することができる。そのために、より多くの女性や男性がフェミニズム運動を支持し、フェミニズム運動に参加する必要があることを認識しなければならない。多くの女性が、育児に関して自分に一番大きな責任があると思い込み続けている。この点はいくら強調してもし過ぎることはない。女性がこうした社会的な適合を学び直す手助けをするフェミニストの努力の数々は、男性の平等な子育て参加に対するより大きな女性からの要求へとつながるはずである。

　女性のためのヘルスセンターをはじめとする公共の場所で、女性と男性が子

第10章　子育て　　191

育てを平等に分担する重要性を強調するパンフレットをつくり配布することは、その必要性をより多くの人びとに気づかせるためのひとつの方法である。地域のコミュニティセンターで、性差別主義的でない子育てや男女による共同の子育てを強調した子育てに関するセミナーを開くこともまた、より多くの人びとがそうした問題について学ぶことができる方法である。女性は妊娠する前に、男性と子育てを平等に分担する重要性を理解する必要がある。

　出産を念頭におきながら男性と関係している女性のなかには、その男性パートナーから子育ての責任を引き受けないと言われて出産することを断念する者もいる。子育ての分担を拒絶する男性とは子どもをつくらないというこうした女性たちの決断は、子育てに平等に参加する重要性や女性に対する男性支配をなくす必要性を訴える社会的な声明である。わたしたちは、そうした選択をする女性たちの声にもっと耳を傾ける必要がある。また、子育てに平等に参加しないことが前もって分かっている男性の子どもを産む女性もいる。これから先の女性の子育てに関する研究にとって重要なのは、こうした女性たちの選択を理解することである。

　女性は子どもを妊娠、出産する前に、相手の男性と育児について話し合うことが重要だということを認識する必要がある。それぞれの責任を明らかにする法的な契約書、あるいはふたりの間だけの同意書を交わしている男女もいる。女性のなかには、子どもを妊娠、出産する前には子育ての分担を口約束していた男性が、実際は何もしてくれないということが次第に分かってきた者もいる。同意書を交わしていれば、たとえそれが法的な拘束力を持たなくても、親としてどんなふうに子どもの世話をすればいいか、誰に責任があるのかなどといったことについて互いに話し合う際に、それぞれの立場を明確にすることができる。ほとんどの女性と男性が、子どもが産まれる前に子育てのあり方について話し合うことをしないのは、単に女性が当然子どもの面倒をみるだろうとみなされているからである。

性差別主義的でない子育て

　男性と平等に子育てを分担することが重要であるにもかかわらず、子どもの父親である男性と何もかかわり合いを持とうとしない女性がたくさんいる。これは、その男性に子育てに対する関心がない場合もあるが、その女性が自分で

選択している場合もある。女性のなかには、自分の子どもが男性から世話や躾をしてもらう子育てを経験することが重要であると思っていない者もいる。

黒人社会では、シングルマザーが男性の親戚や友人に子育ての手助けを当てにすることは別に珍しいことではない。異性愛、同性愛にかかわらず、より多くの女性が父親との確固たるつながりを持たないまま子どもを産む選択をするようになっている。それにしたがって、子どもたちが女性だけが子育てする、あるいは子育てすべき集団であるといった考えを持つような大人にならないためにも、子どもが男性の育児者と触れ合うことのできる地域社会に根ざした育児の必要性はますます大きくなっていくだろう。

子育てをする人間が必ずしも親である必要はない。これまで、アメリカ社会の教師や図書館員などといった育児者の職業は女性によって占められてきた。しかし、それも変わりつつある。そうした状況を考慮すれば、どんな子どもでも男性による子育てを経験できているはずである。

父親の手助けなしで子どもを育てている母親のなかには、子どもと楽しく過ごすだけで日々の子育てにまったくかかわろうとしない父親と顔を合わせるとき、自分自身の立場をひそかに傷つけられているような気持ちになる者もいる。そうした女性たちは、性差別主義的なイデオロギーによって、女性の世話よりも父親の示す関心のほうが重要であると教え込まれている。そのために、彼が男性だという理由だけで、子どもたちに対して父親を高く評価するような態度で接しなければならないこともある。こうした女性たちは、自分の子どもに性差別主義的でない価値観を教えることこそ、子どもたちに女性の子育てを正当に評価させることができ、性差別主義的な基準にのみもとづいた偏愛を根絶することができるということを認識する必要がある。

女性が子育てのほとんどを引き受けているために、性差別主義的な考え方をしない男女の保育士が同じ人数働いている公営の保育所に対するニーズは、これからもフェミニズム運動の緊急の課題であり続けることになる。こうした保育施設は、子育てに男性が参加することが必要だという認識を促進する手助けとなるだけでなく、子育てに関する責任をひとりで担わされている個々の女性を解放してくれるはずである。

しかし、これはまだ大多数の人びとから支持されている課題ではない。今後のフェミニズムの組織づくりは、とりわけ大多数の人びとを基盤にしたフェミニズム運動を築きあげるために、こうした課題を足がかりにすることができる

第10章　子育て　193

はずである。これまでずっとフェミニズム活動家たちは、女性だけが子育てを押しつけられている問題に対するひとつの解答としてしか公的保育をみなしてこなかった。

　前述したシューンメーカーは、1983年に執筆した記事「赤ん坊を育てるということ」のなかで、保育所の必要性についてこうコメントをしている。

　　　家庭以外の育児に関して、女性運動がこれまで描いてきた一見シンプルにも思える、身近にあって、信頼できる良質の保育所という構想が実は、とても実現されにくいものであることが証明されてきている。私立で料金も高額であることの多い保育所が中産階級の必要性に合わせてつくられてきた一方で、公営の保育所のひどさは論外である。
　　　首都ワシントンでロビー活動をしている児童擁護運動「子どもを守る基金」は、学齢前も含めておよそ600万人から700万人の子どもたちが親に保育所の料金を支払う余裕がないために、親が仕事をしている間、家に置き去りにされている可能性があると報告している。

　労働者階級、あるいはブルジョワ階級いずれの必要性に応じたものであっても、ほとんどの保育園で性差別主義的な育児がなされている。生まれて間もない頃から、性にもとづいて役割を区別しないことが重要であるということを学び始めないかぎり、子どもたちが、女性だけが子育てを担うべきであるといった考え方をする大人になることは止められないだろう。

　多くの人びとが税金の投じられた公的保育に反対しているのは、公的保育というものを女性たちによる子育ての回避とみなしているからである。多くの人びとは、女性が担わされている孤立した子育ては、子どもを育てるためにも、あるいは母親である女性にとっても最善の方法ではないということを認識する必要がある。

　エリザベス・ジェーンウェイは、著書『断面図』（1982年）のなかで、個人が子育ての全責任を負うといった考え方が世界のなかでもきわめて特異な子育てのパターンであることを強調している。そして、そうした考え方が、子どもや親たちを社会から孤立させてしまうために困った事態を引き起こしていることが立証されてきたと指摘している。

家族の孤立が今日どれほど行き過ぎたものになっているかは、マサチューセッツ教育諮問委員会によっておこなわれた調査で、リストアップされた以下の実例によって示されている…。同委員会はその調査の結果を次のように報告している。

　1. 賃金労働者たちが、長時間労働のために、配偶者や子どもから隔てられ孤立している。

　2. 1. の結果として、幼い子どもたちが、親をはじめとする大人が仕事をしている世界から隔てられ孤立している。

　3. 幼い子どもたちが一般的に、異なる年齢の人間、すなわち大人や他の子どもから隔てられ孤立している。

　4. 各々の家族の居住が、異なる社会的、民族的、宗教的、そして人種的背景を持つ人びとから隔てられ孤立している。

　5. 家族メンバーが、親戚や隣人から隔てられ孤立している。

　こうした孤立が意味しているのは、母親が勤めているか否かにかかわらず、現在ではもはや子どもを社会集団に適合させる場としての家族の役割が十分に機能していないということである。子どもたちは今、女性と男性両方のさまざまな大人の役割モデルという恩恵を受けることなく、また賃金労働の世界についても無知なまま成長している。

　女性が家庭を中心とした生活や家族のもとに戻ったとしても、家族とコミュニティとのつながりが基本的に失われてしまったという問題を解決することはできないだろう。保育園は社会によって提供されるべきであるとする女性運動の取り組みは、母親としての義務を他者の手に委ねようとする試みではない。昔のような親としての本来の義務を補うコミュニティの援助を求めているのである。

　地域社会に根ざした小規模な公営の保育園が、こうした孤立の問題を解決するもっともいい方法だろう。子どもを保育所に連れていくために遠くまで運転しなければならないとしたら、親たちの負担は少なくなるどころか多くなってしまう。地域での公営の保育園は、小さな子どもたちの日常をきめ細かく目配りすることもできるはずである。

画期的な育児

　育児の責任は、自分以外の育児者と、それがたとえ子どもと一緒に暮らしていない人とでも分担することが可能である。アメリカ社会において、こうした子育てのあり方が画期的なのは、親だけが、なかでも特に母親だけが子育てを担うべきであるという一般的な概念と対極にあるからである。

　黒人社会で成長した人びとの多くは、この種の地域社会に根ざした育児を体験している。家庭から離れ、家計を助けるために働かねばならなかった黒人女性には、子どもを保育施設に預けるような余裕はなかった。そのうえ、そうした施設がいつもあるとはかぎらなかった。そのために、そうした女性たちは地域の人びとに助けてもらっていた。母親が家にいる家族でさえ、地域の人びとに助けてもらうことができた。母親は子どもたちが遊び場に行くたびに一緒に行ってじっと見ている必要はなかった。なぜなら、子どもたちは遊び場の近くに住んでいる多くの人びとに見守られていたからである。子どものいない人びとが、子育てを分担し、その責任を担ってくれることも多かった。

　わたしの生家にはわたしも含めて子どもが7人いた。そのために、子どもたちが成長していく過程において、両親は子どもに四六時中注意を向けることなどできなかった。また、ときに甘えてくる子ども一人ひとりに対して特別に配慮してやることすらできなかった。隣人や地域の人びとが、そうした子どもたちの欲求を満たしてくれることも少なくなかった。

　この種の育児に関する責任分担は、人びとが顔見知りで互いに信頼している小さな地域社会という環境で起こり得るものである。そして、親たちが子どもを自分の「財産」や「所有物」とみなしているような環境では起こり得ないものである。多くの親が、たとえ親戚であっても、自分の子どもが自分以外の人間から世話をされることを望まない。地域に根づいた保育施設があれば、子どもたちが幼なじみとそのまま友情を育んだり、両親以外の大人との親密な関係を築く可能性もより一層大きくなるはずである。

　ひとりの保育者が多くの子どもの世話をするような、また施設の外で保育者が子どもと触れ合うことのないような保育施設では、この種の人間関係が築かれることはない。公共の保育園のような環境で育ってきた人なら誰でも、他人が自分の子どもに対して親のような世話をすることをその親が受け入れることができないかぎり、こうした関係は築けないことを知っている。子どもたちに

は自分の世話をしてくれる多くの大人とかかわらねばならない状況がつくりだされる一方で、自分の感情的、知的、そして物質的欲求を親だけでは満たしてもらえないときに、頼ることのできる相手もまたできることになる。今日、多くの子どもは高齢者と接することがないが、黒人社会のなかでは、高齢の女性や男性が参加した子育ての分担がしばしば見られる。

　そしてこれは、片親だけでなく、核家族の子育てにも言えることだが、親たちには自分の子どもに感情移入し過ぎる傾向がある。こうした傾向もまた、地域社会で子どもを育てることで回避できる危険な要因のひとつである。これは、子どもは決してつくらないと何年間も考えていたにもかかわらず、子どもを持つことを選択した多くの人びとによくある問題である。そうした人びとは、「愛情の対象」である子どもに多種多様な人とのかかわり方を教えることに関心を示さないことがある。このことは、一般の親にとって問題であるとともに、子どもを育てているフェミニストの女性や男性にとっても問題である。

　運動の初期、ウーマンリブ活動家にとって、アメリカ社会が世界の資源を消費し過ぎているという認識による人口抑制に対する必要性が子どもを産まない表向きの理由だった。こうした理由づけは、もはや無視され退けられているが、今でもそれは変わっていない。しかし、「自分自身」の子どもを持つことより、すでに生を受け保護を必要としている子どもたちを育てることが重視されるようになれば、女性と男性からなる多くの集団が子育ての過程を分担する責任を担っていかねばならなくなるだろう。

　ルシア・ヴァレスカは、1975年に雑誌『ケスト』で発表した評論「何も出来なくても、それでもわたしは母親なの」で、こうした立場を支持している。

　　今日において、わたしたちが自分と血のつながった子どもを持つことは、個人に責任があることでも社会に責任があることでもない。あなたが子どもに与えられるだけの健康、体力、気力、経済的な資産を持っているなら与えればいい。しかし、そうなったら、子どもを持つのは誰？　子どものいない人がすでに産まれている子どもたちを育てることになれば、かつてないほど多くの人びとが子どもを「持つ」ことになるだろう。そして、血のつながった母親とそうでない母親との境界線はなくなり始めるだろう。人口激減の危機に見舞われているって？　ご冗談でしょ？

　　あなたの生きている地域社会でまさに今、個人や地域社会の支援を渇望し

第10章　子育て　197

ている何百何千という子どもや母親が存在しているのである。

　子どもを産まない選択をした人のなかには、子育てに参加しようと努力する者もいる。しかし、多くの親がそうであるように、子どものいないほとんどの人が「自分」の子どもを持つまで育児に関心を示すべきではないと決めてかかっている。子どもがいなくても子育てに参加しようとしている人は、自分たちの関心を理解してくれない人びとの、そして子どものいない人間は皆子ども嫌いであると決めてかかっている人びとの疑いや抵抗に直面しなければならない。人は特に、見返りを求めず子育てを手助けしたいというような個人に対して用心するものである。

　わたしはかつて、友人と一緒に、たいていはひとりで子どもを育てている母親に休息を与えるために、そしてわたしたちも子どもたちと生活するために、短い期間だが子どもたちを自宅に泊めるような形で子育てに参加しようと一生懸命努力したことがある。自分たちの行動の理由を説明すると、大概の人は驚きながらも支持してくれた。しかし、警戒もされていた。警戒されたのは、わたしたちの行動が普通ではなかったからだと思う。こうしたことがネックとなり、わたしたちは自分たちが望んでいたより子どもと交流する生活を享受することができなかった。こうした事例は子どものいないほとんどの人に当てはまる。そして、このように子どもと交流できないことが、多くのフェミニストに子どもを産む動機づけをさせてきたのである。

　子どもの世話をひとりで担わされる重責から女性を開放してくれる、子育てにおける責任分担が実現する以前に、女性も男性も意識を根本的に変えていかなければならない。そして、親が女性であろうと男性であろうと、孤立した子育てが子どもを育て親として幸せになるもっとも望ましいやり方ではない、ということを率先して受け入れなければならない。

　アメリカ社会では、子育てのほとんどを女性が引き受けており、そうした状況は当分変わりそうにもない。そのために、育児の問題を視野に入れたフェミニズムにおける新たな組織づくりが必要となってくる。重要なのは、ひとりで子どもを育てている親を非難するのではなく、共同で子育てする必要性を強調することである。女性は一致団結して、軍事競争をはじめとして軍事目的に使われている税金がアメリカ社会における子育てや育児の質の向上に使われるよう要求しなければならない。

ひとりで子どもを育てる危険を強調し、男性が子育てを平等に分担する必要性を説くフェミニズム理論家はたいてい、男親のいる家庭で生活している。そのために、たとえそれが子どもを育てるのにもっとも適した社会的な枠組みであったとしても、こうした理論家たちは男親のいる子育てが多くの女性にとって選択肢にならないという事実を見過ごしがちである。

　こうした子どもを育てるのにもっとも適した社会的な枠組みを実現することができるのは、女性と男性が育児の責任を平等に分担する地域社会に根づいた公営の保育施設だけである。すべての子どもができるかぎり望ましい社会的な枠組みのなかで育つことができるように、そして女性がたった一人で子育てを担わなくてもよくなるように、女性と男性が育児の問題に関して団結する必要性がかつてなかったほど大きくなっている。

第11章

セクシュアリティ

性的抑圧に終止符を打つ

「性解放」

　現代フェミニズム運動の初期、ウーマンリブはよく性解放と同一視された。70年代にもっとも多く読まれたフェミニズム文献のひとつであるジャーメイン・グリアーの著書『去勢された女』（1971年）のブックカバーには、この本は「性の自由に関する究極の表現」であると記述されている。そして、その裏表紙で、グリアーは「自分のセクシュアリティに誇りを持っているユーモアのセンスのある女性」として紹介されている。また、ジャーメイン・グリアーの著書『性と宿命』（1984年）は、彼女が自分の初期の作品で推奨した女性のための性の自由に関する多くの概念に挑戦するような、生殖に関する社会の仕組みについての興味深い再考である。

　グリアーのようなフェミニズム思想家たちは、まずセクシュアリティを主張することが解放の意思表示であると信じていた。そして、そうした思想家たちは、性に対して積極的になること、セックスを楽しむこと、相手との新しい関係を試みること、そして性的に「自由」になることを女性たちに熱心に勧めた。しかし、ほとんどの女性には、このいわゆる「性解放」なるものに耽る時間の余裕も、自由も、出会いも、そして欲望すらなかった。結局、本質的には男性の性解放の概念の裏返しに過ぎなかったそうした性行動にもっとも熱心だったのは、そしてそうした性行動を見習うことができたのは、独身で子どもの

いない若い異性愛者の女性たち、すなわちティーンエイジャーや大学生、そして革新的な女性たちだった。

　性の束縛からの本当の意味での自由を支持することは前向きなことだった。しかし、自ら性関係を求め、一夫一婦制に囚われることなく、グループセックスやSM的な性行為などを経験する自由は、ときには刺激的で利那的な満足を与えてくれるものの、性における女性と男性の間の力関係を解体するものではないということを女性たちは体験から学んだ。そして、多くの女性が性解放という考えに幻滅を感じたのである。

　フェミニズムの集まりに参加している人びとのなかには、男性モデルを見倣うべきであるという考えを拒絶し、性の自由、すなわち性解放の重要性を強調し続ける者もいた。しかし、より大きな勢力を持っていた異性愛者やレズビアンの女性たちのグループは、女性が未だに古い性の枠組みによって搾取されているとして、性の自由という概念だけでなく、男性との性的な接触さえ告発し始めた。そして、こうしたフェミニストたちはますます、男性のセクシュアリティ、すなわち男性性を嫌悪すべきものとして、必然的に女性を搾取するものとしてみなすようになった。

　性の自由、すなわち性解放をフェミニズムの問題とすべきかどうかは、現在大いに論議を呼んでいるところである。本章が執筆されるまでに、セクシュアリティを論じた多くの新しいフェミニズムに関する書籍が出版されてきたが、そのなかでいくつか挙げるとすれば、シェリー・モラガの著書『戦時の愛』（1983年）、アン・スニトウ、クリスティーヌ・スタンセル、そしてシャーロン・トンプソンによる共編『欲望の力』（1983年）、ロザリンド・カワードの著書『女性の欲望』（1984年）、スー・カートレッジ、ジョアンナ・ライアンによる共編『セックスと愛』（1983年）などである。

　エセル・パーソンは、評論「アイデンティティの支えとしてのセクシュアリティ　精神分析学的な視点」（1980年）をこう結んでいる。

　　つまり、個人のなかには確かに、性解放が重要で決定的でさえある者もいる。しかし、それは社会批判や戦略的手段としてはかなり大きな限界を持っている。最悪の場合、性解放は、社会秩序そのものの仕組みをまったく変えようとしない社会からの要求に対する女性のむき出しの「衝動的」な生き方にしか思えない、個人的なニーズの正当性を認めさせようとするだけの独り

よがりな儀式の一環になりかねない。女性の自立に必要な状況をつくりだすことこそが、本当の意味で性を解放するための前提条件である。

パーソンは、セクシュアリティの再考を、すなわちセクシュアリティの規範を変えることを、女性の性の自立のための前提条件としてつけ加えてはいない。しかし、フェミニズム運動にとって、「性の自由」を意味するセクシュアリティは、重要で今日的な意義のある問題なのである。

セクシュアリティの規範を変える

女性たちにとって、性差別主義的な社会のなかで、社会的に形づくられてきたセクシュアリティに関する否定的な側面を描写し批判することは、たとえば、男性が女性を単なるモノとみなして非人間的な扱いをすることを暴き、レイプ、ポルノグラフィ、性暴力、そして近親相姦などを告発することは簡単な仕事だった。それよりはるかに困難だったのは、新たな性の枠組みに思いを巡らせ、セクシュアリティに関する規範を変えることだった。それは今でも非常に困難な仕事である。

しかも、そうした仕事のためのインスピレーションは、性による幸福にこそ価値があるという環境でしか湧かないものである。皮肉なことに、フェミニストのなかには性の喜び、幸福、そして性が与えてくれる満足を自分たちとは関係ないとして退けてしまう傾向がある者もいる。現代はあまりにも性革命や性に関する、何でもありの表現が強調されているために、多くの女性や男性は性の自由、すなわち性解放がアメリカ社会ではすでに実現され、過大評価すらされていると決めてかかってきた。しかし、このアメリカ社会は本当の意味での性の自由を肯定した文化などでは決してない。

エレン・ウィリスは、評論「フェミニズムにおける性の革命に向けて」（1982年）のなかで、多くの制約がないという理由だけでアメリカが性的に解放された社会であるといった想定を批判して、こう強く主張している。

　　さらにまた、根本的な観点からすると、性解放とはセックスに関する制約をなくすことだけではなく、満足することのできる性関係を育む社会的かつ精神的な状態を積極的につくりあげていくことである。そういう意味では、ア

メリカ文化は未だに深く抑圧されている。性の不平等やその結果としての男女の反目が、彼らの性の幸福を絶望的なほど阻んでいることは何より明らかである。

　さらに、わたしは、性解放が主張されているにもかかわらず、ほとんどの子どもが性に対して深い否定的な考え方をする大人になるように躾けられているという事実もつけ加えておきたい。このような現状でセックスに関する制約を緩和してしまうと、何かに駆りたてられたような性行為やセックスに対する先入観をつうじて、人びとは自らの満足を阻む障害物を闇雲に克服しようとするようになる。重点は、世間的な性のあり方、特にセックスに関するアドバイスや心理療法に対する巨大な需要が、わたしたちが性的に自由ではないだけでなく、性的なフラストレーションを抱え続けていることを証明していることにある。

　男性のセクシュアリティ、すなわち男性性を生まれつき卑しむべきものとみなすフェミニズム活動家たちは、性の自由という問題が強調されることをもっとも望んでいない人びとである。たしかに、男性にとっては抑圧的でないさまざまな点で女性は明らかに抑圧されている。しかし、女性に対する男性支配を強化するために欠かすことのできない男性の性表現の側面にばかり焦点を絞ることで、そうしたフェミニズム活動家たちは性差別主義的な社会のなかで形づくられたセクシュアリティによって、実は男性の方がむしろ女性よりも「解放」されていないという事実を認めようとしないだけでなく、露骨にそれを否定している。また、ウィリスは、「抑圧的なシステムを反映し、永続させている歪められた認識こそが性の破壊的な要素である」とみなすことができて初めて、「性の自由、すなわち性解放に対するかかわり合いが重要な役割を果たすような、統一の取れたフェミニズム運動を思い描く」ことが可能になると論じている。

　性の自由、すなわち性解放は、生物学的に決定された性別の定義にもとづく社会的に形づくられたセクシュアリティによって、たとえば抑圧、罪悪感、羞恥心、支配、征服、そして搾取などによって、個人が抑圧されないようになって初めて実現することができる。そうした性の自由、すなわち性解放を進展させる準備をするためにも、フェミニズム運動は女性が抱えている性的な抑圧に終止符を打つことに焦点を絞り続けなければならない。

第11章　セクシュアリティ　203

「性解放」はいつも、こうした努力の目的は個人のより豊かでより良い性行為を可能にすることであるという前提にその焦点が絞られてきた。しかし、多くの人びとが耐えがたいと感じる性規範のひとつの側面は、人は性行為をする「べきである」という前提そのものである。この「べきである」もまた、性的な強要のひとつのあらわれである。性解放の支持者たちが、自らの性の体験や行為にさらなる自由を行使することに関心を持たない人は誰でも、精神的に何か障害でもあるのか、あるいは性的に抑圧されているのかのどちらかであるとほのめかすことも少なくなかった。性解放よりむしろ性的な抑圧に終止符を打つことに一番重点をおくなら、性行為をするという選択と同じように性行為をしないという選択もまた性の自由、すなわち性解放のひとつのあらわれであるとする社会を心に描くこともできるはずである。

広く社会的に形づくられた性規範は常に、性的な欲望にもとづいた積極的な性表現に特権を与えてきた。性的に行動することは自然でノーマルなことであると、そして性的に行動しないことは不自然でアブノーマルなことであると思われている。こうした考え方は、性差別主義的な役割パターンとも一致する。

男性は性的に行動するよう社会集団の一員として適合され、女性は性的に行動しないように、あるいは男性に性的に言い寄られたときにだけ応じるように適合されている。解放された意思表示として、女性も性に積極的になるべきであるというウーマンリブ活動家たちの強い主張は、抑圧的なダブルスタンダードによる束縛から女性のセクシュアリティを解放する手助けをした。しかし、性欲を抑える行為につきものの屈辱感は取り払えなかった。そうした屈辱感が取り除かれないかぎり、女性も男性も、自分が欲望を感じたときにだけ性的に行動する自由を手に入れることはできないであろう。

そして、男性は自らの「男らしさ」、すなわち自分が異性愛者であることを証明するために、性的な行動へと若い男性を駆りたてる性的な強要に応じ続け、女性もまた自らの「女らしさ」、すなわち、異性愛者の性的な対象であることを自ら進んで受け入れていることを証明するために、男性からのそうした言い寄りに若い女性を無理に応えさせる性的な強要に応じ続けるだろう。

性欲を抑える行為につきものの、誰しもが感じる刻印されるような屈辱感を取り除くことが、結果的に性規範を変えることになるはずである。そして、そのことは、女性のためにも男性のためにも、なかでも特にこの歴史的な瞬間に、性差別主義的な性規範によってもっとも犠牲にされやすいティーンエイジ

ャーのためにも、多くの肯定的な意味合いを持っているはずである。最近の異性愛者のティーンエイジャーの間での性への関心の高まりは、そうした性的な強要が依然として性行為の主な動機であり続けることを示している。エレン・グッドマンの評論「十代のセクシュアリティの混乱」（1983年）のなかで、ある17歳の少女は自分の母親にこう打ち明けている。女の子は「男の子のためにする」のであり、男の子は他の男の子たちに対して自分が異性愛者であることを証明するために「する」のであり、また女の子に対して自分が「男らしい」力を行使できることを証明するために「する」のであると。

異性愛しか認めない考え方

　同性愛者を差別する異性愛主義——異性愛しか認めない考え方——を根絶しようとするフェミニズム運動は、性的な抑圧に終止符を打つための活動の中心に位置づけられるものである。ギア・グッドマン、ジョージ・レイキー、ジュディ・レイキー、そしてエリカ・ソーンは、共著『もう戻らない　80年代のレズビアンとゲイの解放』（1983年）の序章で、同性愛者を差別する異性愛主義をこう定義している。

　　　同性愛者を差別する異性愛主義は、誰もが異性愛者であるし、異性愛者であるべきであるという前提にもとづく同性愛者に対する抑圧であり、否定である。それはまた、支配する男性、支配される女性といった役割パターンから見える男性優位という思い込みでもある。そうした異性愛主義は、レズビアンやゲイの関係のみならず、自由な表現や互いに支え合う異性愛者の関係もだめにしてしまう強制的異性愛、すなわち異性愛しか認めない考え方にしか至らない。

　レズビアンの女性たちは、フェミニズム運動のなかで、同性愛者を差別する異性愛主義的な抑圧に終止符を打つための闘いに人びとの注意を喚起することに心血を注いできた。そして、より大きな意味での性解放の議論においても、レズビアンはふたつの立場を取ってきた。レズビアンの女性たちは、レズビアンに対する偏見が異性愛しか認めない考え方を支え、永続させていることを多くの異性愛の女性に示してきた。また、わたしたちが互いの関係において、精

神的な充足や双方の性的な充足を見出し得ることも女性たちに示してきた。レズビアンのなかには、同性愛は生殖とは結びついていないために、セックスを肯定するもっとも直接的な表現である可能性があると言う者もいる。

女性が抱えている性的な抑圧をなくそうとするフェミニズム運動は、レズビアンの解放と結びついている。レズビアンやゲイに対する偏見、搾取、そして抑圧に終止符を打つ闘いは、きわめて重大なフェミニズムの課題だからである。そして、そうしたきわめて重大なフェミニズムの課題は、女性が抱えている性的な抑圧をなくすための運動にどうしても欠かすことのできない構成要素でもある。自らの性的指向が何であろうと、レズビアンを認めることで、女性たちは異性愛しか認めない考え方を永続させることに抵抗する。

フェミニズム運動をつうじて、性的な抑圧に終止符を打とうとする闘いには、異性愛と同性愛の競い合いを生じさせる傾向があった。その傾向は今でも続いている。運動の初期、レズビアンを締めだし、沈黙させようとする企ては、「ラベンダーの脅威」という根も葉もないでっちあげによって正当化されることになった。その後、レズビアンは異性愛者同士の葛藤の問題に対処しなくてもよい選択肢として、あるいはフェミニストの女性にとって戦略としてもっとも正しい選択肢として提示されることになった。

多くのフェミニストは、性的な抑圧と、なかでも特に女性に対する男性支配と闘うことは男性嫌悪と同じではないということを認識している。しかし、フェミニズムの集会やその組織のなかで、ときには厳しい反男性的な意見が異性愛者の女性からもレズビアンの女性からも述べられ、レズビアンではない女性は、男性と関係があるなしにかかわらず、自分たちが「本物の」フェミニストではないように感じてしまう。これが特に当てはまるのが、フェミニズムを支持しながら、レズビアンの権利を表向きには支持しない女性たちである。

わたしたちは、わたしたちが皆、急進的で社会的な意識を発展させている過程であることを忘れてしまうことが多い。そして、まだ「過程」でしかないために、今日的な意義があるとみなされているすべての問題に対してすぐに支持してくれない女性たちがいるとき、そうした女性たちを社会問題に対して不適切な言動をしているとして糾弾し、あるいは批判し、連帯を築く努力を水の泡にしてしまうこともある。

本物のフェミニストはレズビアンであるという示唆は、異性愛者からも同性愛者からもなされる。そして、そうした示唆によって、女性が裁かれたり、劣

っているとみなされたりするまた別の性的な基準がつくりだされてしまうこと
になる。フェミニズム運動のなかで、女性がレズビアンであるべきだという声
は一般的ではない。しかし、そうしたメッセージは異性愛についての議論、男
女間のあらゆる性器の接触はレイプであるとか、特定の男性と感情的にも性的
にものめり込んでいる女性は必然的に、女性として社会運動に身を挺するよう
な忠誠心は持てないといった議論をつうじて伝えられていく。

　まさに性的な抑圧に終止符を打とうとする闘いが、同性愛者を差別する異性
愛主義をなくそうと努力しているように、誰がどんな性のあり方を選択しよう
と、たとえば禁欲主義、異性でも同性でも愛情の対象とすることのできる両性
愛、同性愛、あるいは異性愛を選択しようと、そのひとつの性のあり方だけが
推奨されるべきではない。フェミニズム活動家たちは、その人間の社会問題と
のかかわり方が性的関係を結ぶ相手によって決定されるわけではないことを覚
えておく必要がある。

　バーバラ・スミスは、『ホーム・ガールズ　ブラック・フェミニスト選集』
(1983年) の前書きで、こう断言している。「黒人女性のフェミニズムと黒人女
性の同性愛は、まったく別個のものである。フェミニズムは社会運動であり、
多くのレズビアンはフェミニストではない」と。これは多くの異性愛者の女性
にもまた当てはまることである。わたしたちの多くは、社会問題とのかかわり
方によって間違いなく人間関係のあり方が変わってしまうことを経験上知って
いる。しかし、女性にとって重要なのは、なかでも特に異性愛者である女性に
とって重要なのは、たとえ男性と性関係を持っていても、自分がフェミニズム
という社会闘争に対して急進的に身を挺することができるということを認識し
ておくことである。

「あるべき」セクシュアリティの基準

　すべての女性は、自らの性的指向と関係なく、フェミニズム運動に身を挺す
ることができるということを認識しておく必要がある。また、フェミニズム運
動の目的は、社会における「あるべき」セクシュアリティの基準を確立するこ
とではないということも認識しておく必要がある。社会運動として、性の抑
圧に終止符を打つことを求めているフェミニズム活動家たちは、すべての女性
が、そしてすべての男性が、自由に自分の性パートナーを選ぶことができるた

第11章　セクシュアリティ　207

めの総合的な運動の一環として、レズビアンやゲイに対する抑圧をなくしていくよう努力しなければならない。

　フェミニズム活動家は、同性愛者を差別する異性愛主義に対する批判がたとえ正当なものだとしても、そうした批判が異性愛的な行為そのものを攻撃するものではないという点に気をつけなければならない。わたしたちはフェミニストとして、異性愛的な性的指向の女性は裏切り者か、それとも確実に反レズビアンかのどちらかであると頑なに思い込んでいる女性たちと立ち向かわねばならない。異性愛的な行為に対する強い非難は、男性との性的な関係を望む女性に、自分たちはフェミニズム運動に参加することができないと思わせてきた。そうした女性たちは、「本物の」フェミニストであるためには異性愛者であってはならないというメッセージを受け取ってきたのである。

　抑圧的ではない異性愛的な行為に対する支持と同性愛者を差別する異性愛主義に対する信奉は、混同されやすい。たとえば、わたしの著書『私は女ではないの？』のなかでの「異性愛を攻撃しても、男性と共にありたいと願う大多数の女性の自己概念を少しも強化しない」というわたしの主張に対して、レズビアンでフェミニストのシェリル・クラークは、評論「変革の失敗　黒人社会における同性愛嫌悪」（1983年）でこう反論してきた。

　　　フックスは、その大半が黒人であるレズビアンのフェミニストを平手で、しかも逆手で叩いてきた。フックスは異性愛の制度を徹底的に攻撃することもできたはずである。それこそがアメリカの黒人女性を抑圧している最大の原因なのだから。

　クラークは明らかに、わたしの指摘を誤解している。わたしの指摘をまったく理解していない。わたしは同性愛者を差別する異性愛主義のことなど言及していない。クラークは、異性愛的な行為と同性愛者を差別する異性愛主義とを同一視することによって、異性愛主義のみならず異性愛の行為そのものを攻撃しているかのように見える。わたしが指摘したのは、異性愛者が軽蔑されたり引け目を感じたりするようでは、フェミニズムはこのアメリカ社会で大多数を占めている異性愛者の女性に決して訴えかけることはできないだろうということである。わたしは決して、レズビアンの体面を傷つけるつもりで、あんなふうにコメントしたわけではなかった。なぜなら、レズビアンだけが、すべての

異性愛的な行為を批判し、ときには糾弾する唯一のフェミニスト集団ではないからである。

性的抑圧に終止符を打つ

　性的抑圧に終止符を打とうとするフェミニズム運動は、レズビアンやゲイがもはや抑圧されないような社会の精神的風土を、そしてレズビアンやゲイが自らの性の選択を認めてもらえる精神的風土をつくりだすべきである。また、異性愛的な行為が同性愛者を差別する異性愛主義の呪縛から解き放たれ、認めてもらえる精神的風土もつくりだすべきである。これは、社会運動としてのフェミニズムの進展が、そのほぼ全員が異性愛者である多くの女性が積極的に参加してくれるか否かにかかっているという認めざるを得ない現実があるからである。

　禁欲主義者であろうと、レズビアンであろうと、異性愛者であろうと、あるいは他のどんな性的指向の持ち主であろうと、フェミニストの女性が男性のセクシュアリティを糾弾し、その延長線として男性と性的な関係にある女性も糾弾するなら、フェミニズム運動は根元から侵食されることになる。無益で必要のない分断がつくりだされてしまうからである。同時に、どんな異性愛を支持する声も同性愛に対する隠れた攻撃としてしかみなされないかぎり、セクシュアリティとは競い合うものであり、そして競い合うべきものであるといった考えにわたしたちは囚われ続けることになる。

　異性愛にまったく言及することなくレズビアンの肯定的な側面、あるいは否定的な側面を詳細に描写することが可能なように、その逆もまた可能なはずである。エレン・ウィリスは、前述した評論で、レズビアンがフェミニストの女性にとってより正しい性の選択であるという考えを論じているわけではない。あるいは、そうした考えが女性に性的な基準を押しつけるまた別の試みであると論じているわけでもない。しかし、男性に貞淑であれという淑女礼賛の新ビクトリア主義に関する彼女のコメントは、明らかに男性と性的に接触する女性に対する攻撃である。

　　　新ビクトリア主義者もまた、フェミニストの保守派に対する抵抗の邪魔をしてきた。そして、フェミニズムと自らの性的指向を同一視することによっ

て、事実上意見の合わないあらゆる女性を運動から除名してきた。新ビクトリア主義者の主張する、あるべきフェミニストのセクシュアリティという概念は、紋切り型の道徳的な判断や保守派から現在もたらされている反セックス的な考えの押しつけをそのままおうむ返しに繰り返したものである。そのために、彼らの犯人探しは非常に効果的だったし、今でもそれは非常に効果的である。

　自らの性的な感覚が新ビクトリア主義の理想と相容れないことに気づいた多くのフェミニストは、困惑と自己弁護のために沈黙してきた。さらに、もしこれがフェミニズムの理想ならば、フェミニズムは自分とは少しも関係がないとひそかに結論づけた女性がどれだけ多いか疑う余地もない。その結果、まさにその存在すら脅かす決定的な敵と直面した運動のなかにあるのは、広範囲に及ぶ無関心、不正、そして深い亀裂である。

　性差別主義的な抑圧だけでなく、それとは切っても切れない関係にある性的な抑圧も根絶するよう努力しているフェミニズム運動は当然、異性愛者であろうとする女性の選択を無視することも、否定することもできないはずである。たしかに同性愛者を差別する異性愛主義ではあるが、多くの女性は自分たちがどうしても異性愛者である必要はないことを認識し、受け入れてきた。また、他の選択肢があることも認識したうえで、異性を愛することを、あるいは異性しか愛さないことを選択してきたのである。

　そうした多くの女性の選択は尊重されるべきである。選択することによって、彼女たちは性の自由を行使しているのである。彼女たちの選択は、彼女たちに反対する人びとが言うように異性愛の特権によって影響されたものではない。女性が、ほとんどの異性愛の関係のなかで直面する可能性のある搾取や抑圧の程度を比較してみれば、ほとんどの異性愛の特権など消えてなくなってしまうからである。たしかに例外はある。しかし、多くの女性が異性愛者であることを選んでいるのはそれぞれの男性との性的触れ合いを享受しているからである。

　フェミニズム運動はレズビアンというセクシュアリティを豊かにし、新たな側面をつけ加えてきた。異性愛についても同じことができるはずである。異性愛という性的指向を持つ女性たちは、まさにフェミニズムが男性の女性に対する性的な搾取に対して挑戦し、それに対抗する枠組みを提供してくれるもので

あり、自分たちの異性愛者でありたいという選択を否定することのない社会運動であることを認識しておく必要がある。

セクシュアリティを解放する

わたしもそうしたフェミニストのひとりであるが、フェミニストのなかには、人は異性愛や同性愛といった両極端の競合するセクシュアリティからどれかを選択せねばならないというような、そしてその自分の選択した性規範に従わねばならないというような考え方が存在しているかぎり、フェミニズム運動はたとえ性的抑圧に終止符を打とうとしても精神を破滅させるような性規範を変えることはできないと考える者もいる。

性的な欲望は多様で複雑な側面を持っており、たとえどんな規範が示唆していても「他とは相容れないもの」であることは滅多にない。さらに言うなら、解放されたセクシュアリティは決して、女性にすべての男性を自らの身体に受け入れるよう教え込むものでも、あるいは女性にすべての女性を自らの身体に受け入れるよう教え込むものでもないはずである。それよりむしろセクシュアリティは、人間それぞれの交流の本来の姿にもとづいて開かれたり閉ざされたりすることが好ましいのである。

そもそも性的指向という概念は、人は誰でも自分と同じ性的指向を持つ相手の身体にアプローチすることができるという前提を暗黙のうちに含んでいる。これは、性の対象を人間としてではなく、モノとしてみなす傾向を助長する概念である。異性愛という状況において、こうした概念は誰でも、なかでも特に女性を単なる性の対象にしてしまう。性差別主義的な社会の仕組みによってつくりだされた力の差を考えれば、すべての男性はあらゆる女性の身体は当然、自分の思いのままだと教え込まれるために、女性はすべての男性から自分の意思にかかわらずアプローチされかねないことになる。

個々人特有の性的な欲望をむき出しにする規範やレッテルを捨て去ることさえできれば、わたしたちはセクシュアリティを変革することができるはずである。ステファン・ヒースは、著書『ザ・セクシュアル・フィックス』（1982年）のなかで、こう要約している。

抑圧に終止符を打つということは、この「セクシュアリティ」というものに

張りついている、あれやこれやのイメージや規範を性そのものとして流通させたり、交換させたりする暴力や疎外とはほど遠い、性の商品化の外側へ、男性や女性を解放させてくれるような社会関係を再構築することである。

アメリカ社会の多くの女性は、「異性愛者」というレッテルを貼られているにもかかわらず、性的な抑圧の強い社会の仕組みによって、男性に対して性的欲望を感じられなくなっている。男性支配が女性の性的な欲望を破壊し、歪めているからである。女性が男性との性関係を口にすることすら難しくさせられてきたのは、男性が女性に押しつけている性的抑圧の影響である。

異性愛者でフェミニストの女性たちは今まで以上に、自分がその男性を選んで関係を持っていることを主張するようになっている。そして、自分がいかなる男性の性的なアプローチに対しても女性はウエルカムであるべきであるとか、オープンであるべきであるとかいった異性愛の性差別主義的な概念に抵抗していることを主張するようになっている。こうした行動は、男性との関係が自分を支え肯定してくれるものであるかどうかによって、男性の性パートナーを選択している女性の権利を否定する異性愛しか認めない考え方を攻撃するものである。

自らの選択する権利を強く主張することで、女性たちは女性のセクシュアリティが男性の性的欲求を満たすためだけに存在しているといった想定に異議を唱える。そうした女性の努力は、性的抑圧に終止符を打つ闘いを強化する。選択する権利は、個人間のあらゆる性関係を特徴づけるものでなければならない。

性的抑圧に終止符を打つための闘いが進展するにつれて生じてくるのは、明らかにセクシュアリティに対する強迫観念の減少である。これは必ずしも、性行為の減少を意味しているわけではない。それが意味しているのは、性における不平等、男性支配、そして消費主義を維持するという明確な目的のためにセクシュアリティが利用されているこの社会において、セクシュアリティはもはや、それ自体が重要性を持たなくなるということである。性によって引き起こされるフラストレーションや不幸は、社会革命を起こす必要性から人びとの関心をそらしてしまうものなのである。前述したステファン・ヒースは、こうコメントしている。

本当の問題や課題はいつも、常に社会革命ただひとつである。性を特権化することは必ずしもその解放にはつながらない。たしかに性は、変革の望ましい過程を経ることなく、社会がその秩序を守るために啓発したり、引用したりする事例としてあまりにも容易に機能する。そして、まさに「革命」や「解放」を封じ込める空間やイデオロギーを生みだしてしまう。

　性差別主義的な抑圧をなくそうとするなら、セクシュアリティに関する社会運動としての理論を発展させるための努力を続けなければならない。さらに、わたしたちフェミニストは、性的抑圧に終止符を打つための闘いが社会を変革し、新たな社会秩序を確立するより大きな闘いの一環に過ぎないということをしっかりと心に留めておかなければならない。

第12章

フェミニズム革命

闘いをつうじた発展

革命の過程としての改革

　今日、フェミニズム革命について語る人はほとんどいない。革命が簡単に、そしてすぐに実現するだろうと考えていた好戦的なフェミニズム活動家たちは、初期の現代フェミニズム運動を特徴づけていた抗議活動、組織化、意識高揚（CR）活動といった活動の大きなうねりが新しい社会秩序を確立するすべてだと思い込んでいた。そして、ラディカル・フェミニストと称されていた活動家たちは常に、性差別主義的な抑圧さえなくなれば、社会が必ずや一変すると考えてきた。

　しかし、フェミニズム運動がなし遂げてきたことは主として、過去においても現在においても改革の域を超えるものではない。そうした改革は主として、「パンと薔薇」「コンバヒー川女性集団」などのような急進的な集団の努力や先見性によるものだった。こうした改革は、現行の白人至上主義で男性優位のシステムのなかの多くの領域で、多くの女性を男性との社会的平等に向かって大きく前進させる手助けをしてきた。しかし、性差別主義的な搾取や抑圧を弱めるまでには至らなかった。今でもそれは弱まっていない。また、広く一般に行き渡っている性差別主義的な価値観や前提も無傷のままであり、社会の仕組みをそのまま維持しようとする保守的な反フェミニストたちにとって改革の土台を崩すことは容易なことだった。

フェミニズム運動について革新的な考え方をする多くの批評家は、改革に向かう衝動を非生産的とみなしている。しかし、サンドラ・ハーディングは、評論「フェミニズム　改革or革命」（1976年）のなかで、革命の過程におけるひとつの段階としての改革を支持し、こう記述している。

　　改革にたずさわる者は、新たな社会の未来図のような何か長期的な目標を、できれば心のなかに描いていることが望ましい。改革はそうした未来図を少しずつ実現するものである。たとえば、同じ仕事に同じ賃金といった比較的苦労しなくても実現できるものもあれば、たとえば、あらゆる仕事への平等なアクセスといった大変な困難を乗り越えて初めて実現するものもある。しかし、その困難さがどんなに大きかろうが小さかろうが、社会には常にそれぞれの変化の前例が——どこかに——存在している。そして、要求された変化だけが、望ましい新たな社会の未来図のなかに組み込まれる。

　　このように微細な変化の継続的な積み重ねの結果として、システム全体がまったく異なったものになるように、あらゆるものは次第に変化してきたに違いない…。おそらく革命というものは、こうした今あるものに代わるべき、すなわち代替的なモデルにそった一連の改革によって実現するものなのである。

　改革は、革命を目的とする運動のきわめて重要な一部分であり得る。しかし、重要なのは着手される改革がどのようなものかということである。フェミニズムが焦点を絞ったのは、既存の社会構造のなかでの女性の社会的地位を向上させるための改革だった。そして、そのことは、女性にも男性にも、社会が総合的に変化することこそ必要であるという視点を見失わせることになった。

　アメリカ合衆国の女性と男性の平等な権利を要求する平等権修正条項（ERA）のためのキャンペーンを例にとれば、そのキャンペーンに使われた莫大な資金や人的資源は本来なら、フェミニストの支持団体を設立するための大規模な政治キャンペーンに使われるはずのものだった。これまでそうした改革的な取り組みに使われてきた資金や人的資源を転用したものだったのである。資金や人的資源が転用されることなく、本来の目的のために使われ、フェミニストの支持団体が設立されていれば、ERA、すなわち平等権修正条項は採択されていたはずである。

　不幸なことに、何よりもまず、フェミニズム運動について多くの女性や男性

第12章　フェミニズム革命　(215)

を教育することに、そしてフェミニズム運動がそうした多くの女性や男性の生活をよりよく変化させる道すじを示すことに焦点を絞った大変革をもたらす改革が着手されていなかった。それどころか、フェミニズムの改革にかかわっていた女性たちには、社会の変化について考えるよりむしろ、男性との平等や平等な権利のために闘うことばかり考える傾向があった。

　一方、女性運動の多くの急進的な活動家は、既存の社会構造のなかでの男性との社会的平等を獲得することに興味を持たず、搾取的かつ抑圧的な性差別主義的な行動を攻撃することを選んだ。そして、男性たちを悪者であると、「敵」そのものであると決めつけることで、男性の「邪悪さ」を暴くことに注意を集中したのである。

　そのひとつの例が、ポルノグラフィ、いわゆるわいせつ文書に対する批判と攻撃である。ポルノグラフィが女性を侮辱し、性差別や性暴力を助長しているのは明らかである。しかし、ポルノグラフィをえんえんと非難しても、社会が変わることを、暗にセクシュアリティが変わることをもっと強調しないかぎり無益であるということもまた明らかである。フェミニズム運動は、こうしたより意義深い闘いに本気で取り組んでこなかった。アリス・エコルズが1983年に執筆した評論「フェミニズムの文化　資本主義フェミニズムと反ポルノグラフィ運動」のなかに、反ポルノグラフィに対するフェミニストの社会における取り組みに関するより詳細な議論を見出すことができる。

　「男性」や「男性行動」にばかり焦点を絞ったために、新たな社会秩序の確立への道を開く文化的な変革に着手することができるように女性が自らを戦略的に成長させることの重要さが強調されてこなかった。CRと呼ばれた多くの意識高揚活動も、個人生活における性差別の本質を、なかでも特にそれが男性支配に関係していることを女性に理解させる手助けしかしてこなかった。たしかにそれは必要な仕事ではあるが、それだけが意識高揚活動の果たすべきただひとつの仕事ではない。

　フェミニズム運動においてCRと呼ばれた意識高揚活動は、社会の仕組みを根底から変革する方向へと女性たちを押しやる強力な推進力とはなってこなかった。それだけでなく、ほとんどの場合、女性たちに資本主義を理解させるような手助けをしてこなかった。資本主義がどのようにして女性の労働を搾取するシステムとして機能しているのか、どのようにして性差別主義的な抑圧と連動しているのかを理解させる手助けをしてこなかった。CRは、女性たちに

社会主義のような資本主義とは異なる政治システムについて学ぶよう熱心に勧めることもしてこなかった。そして、女性たちに新たな政治システムを考えだし、思い描くよう奨励することもしてこなかった。また、物質主義やアメリカ社会の病的な過剰消費を攻撃してもこなかった。CRは、わたしたちアメリカ合衆国の女性がどのようにして世界規模で他の国の女性や男性を搾取し、抑圧することで利益を得ているのかも女性たちに示してこなかった。そして、帝国主義に抵抗する方法も示してこなかった。

　もっとも重要なのは、性差別主義的な抑圧をなくそうとするフェミニズム運動はわたしたち女性が革命に身を捧げて初めて、新たな社会秩序を確立することができるという認識を、CRという意識高揚活動が女性たちに絶えず突きつけてこなかったということである。

反乱としてのフェミニズム

　新しい社会秩序は徐々に確立される。これがアメリカ合衆国の人びと一人ひとりにとって受け入れがたいことなのである。わたしたちは革命が常に、被抑圧者とその抑圧者の間の激しい暴力によるものか、あるいはそれが突然に起こるものであるかのどちらかであるとみなすよう社会において適合されてきた。わたしたちはまた、自らの欲望をすぐに満足させたり自らの欲求に迅速に応じたりする気持ちを抑制することができなくなるよう教え込まれてきたのである。

　アメリカ社会におけるすべての他の解放運動と同じように、フェミニズムもこうした態度のために、革命を成就させることができるような長い闘いにおける参加者の献身的な気持ちを維持することができずに苦戦を強いられてきた。そして、その結果として、フェミニズム運動は革命的な勢いを持続してこなかった。たしかにフェミニズム運動は見事な反乱だったが、今でもそれは反乱でしかない。

　グレース・リー・ボグスとジェームス・ボグスは、共著『20世紀における革命と進化』（1974年）のなかで、反乱と革命の違いを明確にするためにこう強調している。

　　　　反乱は、革命に達するまでのひとつの段階であって、革命ではない。しか

第12章　フェミニズム革命　217

し、反乱が重要な段階であるのは、それが抑圧された人びとの人間性の主張である「蜂起」に相当するものだからである。反乱は、被抑圧者をはじめとするすべての人びとに状況が耐えがたいものになってきたことを告げる。被抑圧者たちは、抑圧された者同士でコミュニケーション関係を築きながら、同時に自分たちの仲間である市民の運命について何も見ようとしてこなかった、そして、何も聞こうとしてこなかった人びとの目や耳を開く。

反乱は、体制の縫い目を破り、既存の社会制度の合法性やその想定されている永続性に対して疑問を投げかける。また、それは古い価値観を揺さぶり、そのために社会における個人の関係も集団の関係も以前と同じものではなくなってしまう。社会はいつも、それによって、変化を余儀なくされてきた。反乱が何をなし遂げるのかを理解して初めて、わたしたちはその限界を知ることができる。反乱は社会を混乱させる。しかし、反乱が新しい社会秩序を確立するために必要なものをもたらすことはない。

たしかに、反乱としてのフェミニズム運動はそれなりに成功を収めてきた。しかし、その反乱はさらなる革命的な発展には至っていない。フェミニズム運動の進展は、運動がすべての女性や男性を向上させるために存在していると思っていない活動家、運動が参加している人だけを向上させるために存在していると考えている活動家、主流派とされるフェミニズムのイデオロギーとは異なる意見や考えを脅威と感じる活動家、意見の異なる声を抑え込み黙らせようとする活動家、そして解放のためのイデオロギーを形づくるために持続的な努力が必要なことを認めない活動家、こうした活動家たちによって運動の内部から妨げられている。

また、そうした活動家たちは一般に行き渡っているフェミニズムのイデオロギーを批判的に検証する努力を怠り、その限界を認めることを拒絶している。そして一方で、フェミニズム運動の進展は、組織化された反フェミニズム活動、そしてどちらの立場を支持していいのかも分からずに自ら無関心を決め込んでいる大多数の女性や男性、そうした運動の外側にいる人びとからも妨げられている。

フェミニズム運動が反乱という段階を乗り越えるために、そして現代フェミニズム運動を特徴づけている袋小路から抜けだすために、女性たちは組織をつくり直す必要性を認識せねばならない。わたしたちは、これまでのフェミニズム運動の肯定的な側面を見失うことなく、社会的な教育をつうじてフェミニズ

ム運動の必要性に対する多くの人びとの自覚を促す、主催者や参加者側の戦略がまったく存在していなかったという事実を受け入れる必要がある。

　もしフェミニズムが、大変革をもたらすような斬新なやり方で社会全体に影響を与えるような運動であろうとするなら、こうした戦略こそ必要である。さらに、今日フェミニズム運動が直面しているジレンマの多くが、自らの日和見主義的な階級の利益に貢献するようなやり方で運動を形づくったブルジョワ女性によってつくりだされたという事実と正面から向き合わなければならない。わたしたちは今、性差別主義的な抑圧をなくすことによって得られる利益はフェミニズム運動によってもたらされるということをあらゆる階級の女性が理解することができるように、その方向性を変える困難な仕事に取り組まなければならない。

　また、わたしたちはブルジョワ階級の日和見主義者たちがフェミニズム運動を搾取してきたということを認識することで、すべてのブルジョワ階級の女性を攻撃するべきではない。ブルジョワ階級のなかにも階級的な特権を拒絶している女性がいるからである。そうした女性たちは、革新的な考えを持ち、フェミニズム運動を革命的なやり方で推し進めるために自らを捧げてきた。そして、現在もこれからも自らを捧げることを厭わない。フェミニズム運動の階級的な仕組みをつくり直すことは、あらゆる階級の女性をフェミニズムの闘いに参加させるための戦略である。

今、求められるリーダー

　一般大衆を基盤としたフェミニズム運動を構築するために、わたしたちが必要としているのは万人が共有できる解放のイデオロギーである。そうした革命的なイデオロギーは、性差別主義的な抑圧をはじめとする集団的な抑圧に苦しむ、周辺部に追いやられたぎりぎりの状況にある人びとの体験が理解され、訴えられ、受け入れられて初めてつくりだされ得る。そうした人びとこそ、フェミニズム運動における理論の構築者として、そして実践のリーダーとして、参加すべきである。過去のフェミニズム運動において、わたしたちは自分こそ相応しいと自認している個人にその実践を託すことで良しとしてきた。しかし、そのなかには多様なバックグラウンドや社会的な視点を持つ人びととコミュニケーションすることよりも、既存の権利や権力を行使することに関心を持つ者

第12章　フェミニズム革命　219

もいる。そうした個人は、集団としての女性の体験から学ぶこともせず、自分自身の考えや価値観を押しつける。

今、リーダーが必要とされている。リーダーは、自らの集団との関係性だけでなく、誰にその集団の責任の所在があるのかを認識している個人であるべきである。また、愛情と思いやりを示すことのできる能力を、こうした愛情を行動をつうじて示すことのできる能力を、そしてきちんと対話することのできる能力を、備えているべきである。

パウロ・フレイレは、著書『被抑圧者の教育学』（1970年）で、このような愛だけが支配というものを変えていく役目を果たすと述べている。

　　しかしながら、対話は世界に対する、そして女性と男性に対する深い愛情がなければ存在し得ない。創造とか再生とか名づけられた世界は、そこに愛情が注ぎ込まれて初めて起こり得る。愛は同時に、対話の拠りどころであり、対話そのものである。それゆえに対話は必然的に、責任を伴う作業であり、支配関係のなかでは存在し得ない。

　　支配は、愛の病理を、すなわち、支配者のサディズムや被支配者のマゾヒズムを暴く。なぜなら、愛とは勇気ある行為であり、怖れからの行為ではないからである。愛は他者への献身だからである。抑圧されたものがどこに見出されようと、愛という行為はその大義──解放という大義──に献身する。そして、こうした献身はそれが愛することであるが故に対話的なのである。

女性は皆、人種、性、あるいは階級にかかわりなく、自分たちもまた既存の抑圧的な社会体制と共謀し、行動してきたことを認識したうえで、フェミニズム運動の組織をつくり直す仕事に着手しなければならない。わたしたち女性は皆、そうした体制と意図的に袂を分かつ必要がある。わたしたちのなかには、他の人びとより早くこうした行動が取れるようになる者もいる。わたしたちは自分自身を振り返り、自らの意識や行動における変化は経過であり、今もそれは進行しているということを認識したうえで、社会運動としての意識に目覚めていない人びと一人ひとりに対してどのようにアプローチしていけばいいのかを決めなければならない。

わたしたちは、白人女性たちが黒人女性にしてきたような運動における優位性を主張することで、社会的な意識に目覚めていない人びとにフェミニズムの

闘いに加わるよう動機づけをすることはできない。そうした優位性を主張することによって、運動にまさにまた別の抑圧的な階層が形づくられてしまうからである。

失望し、去っていった女性たちへ

　わたしたちは、一般大衆に訴える前に、かつてフェミニズム運動で活動しながら失望し、去っていった多くの女性の関心、支援、そして参加を取り戻さなければならない。あまりにも多くの女性が、フェミニズム思想の伝達、すなわちわたしたちがどう行動すべきかを示してくれる理論の発展を専有的に支配してきたごく少数の女性たちの考えを支持することができないために、フェミニズム運動を見捨ててきた。男性と愛情の絆を育んでいるあまりにも多くの女性が、「男は敵」という決めつけを非建設的なパラダイム（理論や思考の枠組み）だとして、フェミニズム運動から離れていった。今でも同じ理由でフェミニズム運動から離れている。あまりにも多くの女性が、そのイデオロギーが今までずっと、あまりにも独断的、専制的、そして閉鎖的であったためにフェミニズムの闘いを支援することをやめてきた。そしてまた、あまりにも多くの女性が「敵」とみなされたためにフェミニズム運動から去っていった。

　フェミニストたるものは、評論「すべてのイデオロギーへの道」（1982年）のなかのスーザン・グリフィンの言葉に、注意深く耳を傾けるべきである。

　　　社会の仕組みについて深い知識を持つことによって敵がつくりだされるわけではない。実際は、状況からは説明もつかない敵に対する憎しみというモンスターをつくりあげることこそ、社会的視野を見失うことである。とりわけ、行動とは状況から生じるものであるとする社会的視野を見失うことである。そして、それは、あるべき状況のもとでのみ開花し得る人間性のなかの創造、喜び、そして優しさといったすべての人間の生まれながらの能力を信頼する視野を見失うことでもある。

　　　解放のための運動が、こうした可能性を持った視野からではなく、主として敵に対する憎しみによって自らを奮い立たすとき、その闘いは自滅し始める。そのまさに憎しみという概念が解決を阻んでしまうからである。その運動が自ら解放を宣言したという事実にもかかわらず、その言葉はもはや解放者

のそれではない。それはそれ自体のあら探しを強く求め始め、その真実の概念はますます狭まっていく。そして、真実を煽りたて、喚起することから始まった運動が、外部からはまるで人を欺く集団であるかのように見え始め、その運動は言わば、反対しているすべての者と瓜二つになり始める。そうなると、その運動もまた、今や疑問の余地のない真実や語り手たちを抑圧するものとなり、それまでの抑圧者と同じように、その運動そのものを覆いかくし始める。

　女性も男性も、フェミニズム運動に再び革命的な息吹を復活させるために、その方向性を再考し、つくり直す作業に着手しなければならない。たとえフェミニズム運動がこれまで反乱に過ぎなかったとしても、わたしたちはその意義とそれを立ちあげた女性たち、そして男性たちを認め、感謝の意を示し、そして正当に評価しなければならない。その一方で、自ら進んで批判し、再検討し、そして歴史的にも先例がないために困難なフェミニストとしての仕事に新たに着手しなければならない。

　革命を起こすには多くのやり方がある。革命は、既存の社会構造を暴力的に覆すことによって始められることもあり、たいていそうやって始まるものである。アメリカ合衆国において、フェミニズムの闘いに身を投じている女性も男性も、自分たちの対抗している相手、すなわち人類の知り得るかぎりの武器を入手できるだけでなく、暴力を行使することにも容認することにも精通した意識の持ち主であり、同時に暴力を永続させる能力にも長けている相手に力の差で圧倒されていることを思い知らされている。

　暴力はアメリカ社会におけるフェミニズム革命の基盤にはなり得ない。強調すべきは、文化が変わらなければならないということにある。すなわち、二元論を廃し、支配システムを根絶するような文化的な変化でなければならないということである。わたしたちの闘いは、緩やかで長期的なものになるだろう。そして、恐るべき権力に抵抗している世界中の抑圧された人びとによる解放のための闘いの事例によって、ここアメリカ合衆国のフェミニズム革命を実現するためのあらゆる活動はさらに前に進むことができる。

　フェミニズムの闘いに必要なのは、人びとのなかに批判的な世界観を形づくることである。それは、自分たちのもっとも慣れ親しんできた世界を、そして、たとえそうした感覚が幻想にもとづいていたとしても、自分たちが「安

全」だと感じている世界を、根本的に変えていかねばならないことを意味している。敵、あるいは抑圧者と名指ししている人びとだけでなく、わたしたち女性を含めたすべての人びとも変わらねばならないという認識がおそらく、わたしたちの革命的な衝動をこれまで抑え込んできたのだろうと思われる。

　しかし、今ある抑圧に終止符を打とうとするフェミニズム運動を進展させようとするなら、そしてわたしたちが自らの現実を変えていこうとするなら、わたしたちの理論や実践を自由に啓発してくれるのはそうした革命的な衝動のはずである。

　　　　　　　　　　　　　　　　　　　　　　　　　　　　　完

訳者あとがき

　わたしは36歳のときに白血病と診断され、その治療のために骨髄バンクを介して骨髄移植を受けました。そして、それをきっかけとして、20数年間、骨髄バンクの活動に参加してきました。共訳者の野﨑さんは、娘同士が同級生だったということもありますが、わたしが知り合ったなかでドナー登録をしてドナーになったただひとりの人です。

　そんな彼女からベル・フックスというアメリカ女性の著した『フェミニズム理論　周辺から中心へ』の翻訳を共訳者として手伝ってくれないかと言われたときには戸惑いました。たしかにフェミニズムという言葉は知っていましたが、24歳のときに移住先のカナダから結婚のために日本に帰国し、昔ながらのしきたりを重んじる家に長男の嫁として入り30年、3人の子どもを育て、そして大病にかかって生死をさまよういった人生にフェミニズムという考えが入り込む時間も心の余裕もなかったというのが正直なところです。

　そんなわたしを突き動かしたのは、何年もコツコツと本書の翻訳に取り組んでいる彼女のひたむきさでした。「真面目」が洋服を着て歩いているような彼女を引きつけるのが何なのか興味を持ちました。そして、彼女はときどき面白いことも言います。
「あなたはね、英語で勉強してきたの。英語を勉強したわたしたちとは違うの。だからいいのよ」

　たしかにわたしは、13歳のときに家族とともにカナダに移住し、中学校、高校、大学と9年間、オンタリオ州のトロントで学生生活を送りました。人種のるつぼと言われるインターナショナルな都市で教育が受けられたことは貴重な体験でした。そんなわたしにとって、自分がマイノリティであることを認識しつつ、相手や自分の国の歴史や民族的背景を考えながら生活するという緊張感が習慣であったことも事実です。

　考えてみればわたしは、経験や知識を積み重ねていくという普通の生き方ではなく、人生の節目節目でそれらをすべて強制的に上書きされてしまうような人生を送ってきた気がします。そのために自分のアイデンティティが影響を受

けたつもりはないけれど、そうでないような目で見る人もいて、それはそれで
仕方のないことだと思ってきたところがあります。

　『フェミニズム理論　周辺から中心へ』の翻訳にたずさわって確信したこと
は、自分の立ち位置を知ることがとても大切だということです。自分の立ち位
置を知って初めて人は、感情に振り回されることなく、物ごとに動じない心の
余裕と信念にもとづく自信を持つことができるのだと思います。周辺にいなが
ら自分を見つめることから逃げなかったベル・フックスにそのことを学びまし
た。

　ベル・フックスは、謝辞で「フェミニズムに関する書物の価値はフェミニズ
ムの活動家にどう受け入れられるかだけでなく、フェミニズムの闘いの外側に
いる女性や男性をどれだけ引きつけられるかによって決められる」と記述して
います。わたしも、そしてどう見てもフェミニストには見えないのに、出版に
際して真摯に尽力してくださったあけび書房の久保則之代表も、フェミニズム
の闘いの外側にいるにもかかわらず、この本に引きつけられた女性や男性なの
だと思います。そんな久保さんに心から感謝します。
　もちろん、共訳者の野﨑さんにも感謝の気持ちしかありません。野﨑さんは
この本を娘さんのために翻訳したそうです。
　わたしは白血病のときもわたしを支え、共に骨髄バンクで活動し、共に暮ら
し、わたしの処女出版を心配し、今も心配してくれているはずの昨年、旅立っ
た夫にこの本を捧げます。

2017年9月　　　　　　　　本書共訳者　毛塚　翠

索 引

【項目索引】

あ行

愛…220
アダムとイブ…114
「言い換え」…156-158
怒り…34-36, 59-60, 99-100
意識高揚（CR）グループ…76-77, 86-87, 107-109, 120, 216-217
異性愛主義…66, 205-211
イデオロギー…30 →二元論
　　解放…219-222
　　自由主義的な個人主義…28-29, 39-40, 44, 47-48, 54, 113-114
　　抑圧…61-62, 66-67
異文化間コミュニケーション…88-91
ウーマンパワー…131
黄金の檻…93
男の子
　　子育てごっこ…189
　　性…204-205
男らしさ…109-112, 167-170
女の子
　　家事…148
　　出産…185-186
　　性…204-205
『女らしさの神秘』…18-20, 137

か行

改革…26-27, 41-47, 214-217
階級差別主義
　　人種差別主義…21-22
　　フェミニズム運動…19-21, 47-48, 65, 73-75, 91-96, 137-139, 140-142
階級制度…61-63, 164-169
解放闘争…37-38, 66-69, 103-106 →人種差別運動「性解放」
核軍縮→反戦

革命
　　改革…214-217
　　再生…219-223
　　反乱…217-219
家事…18-20, 137-138, 147-148, 182-186
下層階級
　　女性…40-41, 91-95, 132-133, 190-191
　　男性…40-41, 109-110
下層階級の女性
　　仕事…139-142
　　役割モデル…127-129
家族
　　家父長制…30-32, 62-64, 165-166, 167-169
　　黒人女性…64, 182-183, 193, 196
　　白人女性…64-65, 190-191
　　暴力…163-174
価値体系…125-127, 175-178 →階級差別主義　人種差別主義　性差別主義
金（money）…115, 134
家父長制→抑圧　性役割
　　家族…30-32, 62-64, 165-166, 167-169
　　軍国主義…174-178
　　資本主義…24, 167-169
　　男らしさ…109-112, 167-170
犠牲者意識…18-19, 35-36
犠牲者としての絆…72-75, 97
決めつけ…221
決めつけへの拒絶…132-133
虐待→言葉による暴力　暴力　レイプ
虐待された女性のための避難所…163
キャリア…18-19, 93-94, 137, 142-143, 146-147 →仕事
強制的権威…62-64, 164-170 →階級制度　暴力
共通の抑圧…22-25, 31, 40, 71, 90, 93 →異性愛主義　階級差別主義　人種差別主義　性差別主義
共同体
　　意識…52-54

人種と役割…103-105, 196-197
苦悩
　　共通…22-25, 31, 40, 71, 90, 93
　　仕事…139-140, 146-151, 173
　　精神的…18-20, 93, 107-110, 139-140, 146-151,
　　　173
　　男性…107-110
　　物質的…94-95, 142-147, 186
軍国主義…174-178
経済的な課題…144-151
経済的搾取→資本主義
決断力を備えた役割モデル…127-129
権力…122-129
強姦法…43
公的告発…112
公的保育…192-199 →子育て
高齢者…197
黒人女性
　　家族…64, 182-183, 193, 196
　　黒人男性…37-38, 103-105, 111-112
　　コミュニティにおけるリーダーシップ
　　　…104-105
　　仕事…140-142, 173, 182-183, 196
　　人種差別主義…37-38, 55-56, 103-105
　　神話と固定観念…36, 73, 75
　　体験の私物化…33, 56-58, 85-86, 160
　　白人女性…79-82
　　フェミニズム運動…25, 30-38, 46, 55-58
　　暴力…111-112, 169-170, 173
黒人男性
　　性差別主義…37-38, 111-112
　　暴力…169-170
ゴシップ…78
個人主義…28-29, 39-40, 44, 47-48, 54, 113-114
子育て
　　公的保育…192-199
　　責任の分担…186-94, 196-197
　　セミナー…192
　　父親…186-194
　　母親…184-186, 191, 193, 198-199
言葉による暴力…75, 78, 97-98, 165

子ども
　　感情移入し過ぎる傾向…190-191, 196-197
　　虐待…125-127, 165-166, 171-172
「子どもを守る基金」…194
戸別訪問…154-156
雇用における公正→差別撤廃措置
コンバヒー川女性集団（Combahee River
Collective）…214

さ行

サービス業…147-148
差別撤廃措置…82, 141
シェア…146
支援…97
ジェンダーギャップ…126
ジェンダー
　　特権階級…37
　　役割…63, 101, 108-109, 116-118, 175, 180
識字能力…152-154, 161-162
仕事→キャリア
　　家事…18-20, 137-138, 147-148, 182-186
　　黒人女性…140-142, 173, 182-183, 196
　　サービス業…147-148
　　シェア…146
　　精神的苦悩…139-140, 146-151, 173
　　性役割…101, 116-118
　　本質を問い直す…149-151
　　有色女性…139-142
シスターフッド
　　階級差別主義…91-96
　　犠牲者としての絆…72-75, 97
　　支援…97
　　人種差別主義…79-91
　　性差別主義…70-71, 75-79
　　たどり着いた真実…90-91, 96-100
資本主義
　　家父長制…24, 167-169
　　搾取するシステム…133-136, 144-147,
　　　216-217
　　DV…167-169
　　フェミニストの取込み…26-28, 44-45,

索引　227

122-130, 214-215
社会運動…48-58, 68-69
社会化→社会の一員としての適合
社会主義…217
社会主義フェミニズム…37, 95-96 →ラディカ
　ル・フェミニズム
社会的平等…41, 47, 101, 216
『弱者の力』…132
自由主義的な個人主義…28-29, 39-40, 44, 47-48,
　54, 113-114
「主体」「客体」…34, 175-176
消費至上主義…18-19, 77, 216-217
消費者としての力…134-136
女性→黒人女性　白人女性　有色女性
　意識高揚（CR）グループ…76-77, 86-87,
　　216-217
　下層階級…40-41, 91-95, 132-133, 190-191
　関心事の違い…18-26, 40-41, 70-72, 87-91
　教育…152-162
　共犯…164-166, 171-174, 176-181
　識字能力…152-154, 161-162
　仕事…19-20, 44-45, 116-117, 137-151,
　　168-169
　消費者としての力…134-136
　性差別主義…70-71, 75-79, 97-98
　セクシュアリティと適合…165-166, 191-
　　192, 204-205
　貧困…95, 142-147, 186
　分断…91-96 →階級差別主義
　暴力…163-174
　離婚…45, 142
女性運動→フェミニズム運動
女性学…32, 78, 156
女性中心の共同体…51
『女性と新世界』…41, 147
シングルマザー…191, 193
人口抑制…197
人種差別運動…37-38, 55-56, 66-69, 103-105
人種差別主義
　階級差別主義…21-22
　「内面化された」人種差別主義…87-90,

105
　白人女性…33-34, 86-87
　フェミニズム運動…19-21, 32-38, 79-91
人種的アイデンティティ…86-87
人種的・階級的な偏見…21
人権→人種差別運動
新ビクトリア主義…184, 209-210
神話と固定観念
　黒人女性…36, 73, 75
　女性の反戦主義…175-178
　母性…175-178, 184-190
「性解放」
　異性愛主義…205-211
　性的な強要…204-205
　レズビアンの闘い…205-211
性差別主義→家父長制
　イデオロギー…61-62, 66-67, 73, 76, 101-
　　102, 112-113, 164
　下層階級の男性…40-41, 109-110
　家族…62-64
　黒人男性…37-38, 111-112
　女性…70-71, 75-79, 97-98
　男性への影響…107-114, 167-172
性差別的な言い回し…67-69
性の対象化…202, 204-205, 211
性と生殖に関する女性の自己決定権…43, 65
　→リプロダクティブライツ
生物学的決定論…177
性別役割分業…83, 101, 180
性役割…63, 101, 108-109, 116-118, 125, 175, 180
西洋思想→二元論　西欧哲学
宣教師…178-179
専業主婦…18-20, 137
戦争→軍国主義
専門用語…157
相互依存…114-115
創造的で生命を肯定する力…123, 130
組織づくり…74, 84

た行
体験…21-22, 30, 38, 52, 56-58, 159

代弁…36, 90
対立
　建設的な対立…99-100
　非建設的な対立…97-99
対話…220
正しいかどうかを判断する能力…132-133
男性
　意識高揚（CR）グループ…107-109, 120
　下層階級…40-41, 109-110
　性差別主義の影響…107-114, 167-172
　「男性解放運動」…116-118
　男性性…126, 201, 203
　父親…186-194
　敵としての男性…49-52, 59-61, 101-114,
　　206, 216, 221 →男性嫌悪
　同志…101-102, 118-121
　暴力…109-113, 163-174
男性優位主義…205 →性差別主義
父親業と母親業…188
ティーンエイジャー…185-186, 201, 204-205
帝国主義…54, 178-180
適合→社会化
　家族…62-64
　子ども…62-63, 125-127, 148, 171-172,
　　192-194
　女性…165-166, 191-192, 204-205
　性差別主義…62-64, 107-110
　男性…107-110, 190, 204-205
　暴力の文化…163-174, 179-180
テレビ…78, 116, 135, 154, 180, 186
同意書…192
同性愛嫌悪…47, 53, 78, 205-209
東洋思想
　宗教…148
　哲学…148

な行

「内面化された」人種差別主義…87-90, 105
二元論…55, 63, 167, 175, 222

は行

排斥…29-32
パートナー…62-63, 165-174
白人女性
　家族…62-66, 190-191
　黒人女性…79-82
　コミュニケーション…89
　帝国主義…178-179
　覇権…21-22, 30-37, 56-58, 60-61, 84-86,
　　141-142
　貧困…142-147
　労働市場…79, 92-93, 138-141
派閥間闘争…96
反戦…107, 176-178
パラダイム…221
反知識主義…158-161
パンと薔薇（Bread and Roses）…214
反フェミニズム…65-66, 101, 185-186, 214, 218,
　222
反乱…217-219
平等権修正条項（ERA）…129, 215
貧困…95, 142-147, 186
フェミニズム→フェミニズム運動
　「個人的なことは政治的なことである」
　　…49-50
　戸別訪問…154-156
　支持…54-56
　支持を表明しない女性たち…45-47, 50-51
　社会運動…48-58, 68-69
　制度化…61, 156
　体験…21-22, 30, 38, 52, 56-58, 159
　定義…39-41, 47-48
　ブルジョワ的イデオロギー…26-29, 42-45
　マルクス主義…21-22, 27-28
　ライフスタイル…51-54
フェミニズム運動→フェミニズム
　意見の対立…29-32, 50-51
　階級差別主義…19-21, 47-48, 65, 73-75,
　　91-96, 137-139, 140-142
　家族…64-66

索引　229

犠牲者としての絆…72-75, 97
教育…152-156
黒人女性…25, 30-38, 46, 55-58
シスターフッド…70-100
資本主義と取り込み…26-28, 44-45, 122-130, 214-215
社会的平等…41, 47, 101, 216
「主体」「客体」…34, 175-176
女性の教育…152-162
人種差別主義…19-21, 32-38, 79-91
「性解放」…200-213
積極的普及…156
体験の私物化…33, 56-58, 85-86, 160
敵としての男性…49-52, 59-61, 101-114, 206, 216, 221 →男性嫌悪
同志…101-102, 118-121
派閥間闘争…96
反知識主義…158-161
貧困…142-147
分離主義…51-53, 101-104, 106-109, 114-115, 120-121
母性…182-186
未来…57-58, 214-223
名声…26, 45-46
理論と実践…54, 158-161, 221
レズビアン…53, 205-211
福祉…43, 146, 150-151
プチブル・フェミニズム…43-44
物質的な剥奪…94-95, 142-147, 186
ブラック・フェミニズム…29, 111
ブルジョワ階級の子育て…190-191
文化と行動パターン…88-89
分離主義…51-53, 101-104, 106-109, 114-115, 120-121
偏見→階級差別主義　人種差別主義　性差別主義
暴力→軍国主義
家族…163-174
黒人女性…111-112, 169-170, 173
男性…109-113, 163-174
暴力と愛情の同一視…171-174

「暴力の輪」…169-170
母性
フェミニズム運動によるおとしめ…182-184
父性…186-190
理想化…174-178
「母性的な思考」…188
母性の美化…184-186
ポルノグラフィ…202, 216

ま行

マスメディア…78, 116, 186 →テレビ
マルクス主義…21-22, 27-28 →ラディカル・フェミニズム　社会主義フェミニズム
文字…152-154

や行

役割モデル
子育て…191
フェミニズム運動…127-129
唯物論的フェミニズム…24
有色女性…40-41, 46, 64, 132-133
仕事…139-142
体験の私物化…33, 56-58, 85-86, 160
男性…103-106
反知識主義…160-161
分断…87-91
抑圧
イデオロギー…61-62, 66-67
関係…36-38, 40, 49-50, 61-62, 216-217

ら行

ライフスタイルとしてのフェミニズム…51-54
ラディカル・フェミニズム…25-26, 41-42, 122-123 →社会主義フェミニズム
反動…27-28, 59-61, 106-109, 113-114
「ラベンダーの脅威」(lavender menace)…206
リーダー…219-220
リーダーシップ
黒人女性とコミュニティ…104-105

離婚…45, 142
リプロダクティブライツ→性と生殖に関する
　女性の自己決定権
理論…57
理論と実践…54, 158-161, 221
レイプ…110, 111, 202
レズビアン
　　DV…166-167
　　「性解放」…205-211
　　分離主義…53
　　母性…184, 193
「レッドストッキング宣言」…72, 102
労働市場…92-93, 138-141, 183-184
労働者階級の子育て…190-191
ロマンス小説…172

【人名索引】

アニタ・コーンウェル Anita Cornwell……33
アニタ・ラポレ Anita Rapore…………26
アリス・エコルズ Alice Echols……………216
アルベルト・メミ Albert Memmi…………67
アン・オークリー Ann Oakley……………148
アン・コート Anne Koedt………………26
アン・スニトウ Ann Snitow………………201
アントニア・ブリコ Antonia Brico……106, 107
アントワネット・フーケ Antoinette Fouque…27
イザベル・イリゴエイ Isabel Yrigoyei……90
ヴィヴィアン・ゴーニック Vivian Gornick…134
エイドリアン・リッチ Adrienne Rich…82, 185
エイム・セゼール Aimé Césaire…………67
エセル・パーソン Ethel Person……………201
エミリー・ジェーン・グッドマン
　Emily Jane Goodman………………123, 124
エリカ・ソーン Erika Thorne……………205
エリザベス・ジェーンウェイ Elizabeth Janeway
……………………………………132, 194
エリザベス・スペルマン Elizabeth Spelman…84
エリザベス・バディンター Elisabeth Badinter
……………………………………185, 188

エレイエス・サフィオティ Heleieth Saffioti…43
エレン・ウィリス Ellen Willis…………202, 209
エレン・グッドマン Ellen Goodman………205
エレン・マロス Ellen Malos………………148
エレン・レヴィーン Ellen Levine…………26
カリン・スタラード Karin Stallard………142
カルメン・バスケス Carmen Vazquez………39
カレン・コリアス Karen Kollias…………127
ギア・グッドマン Gerre Goodman…………205
キャシー・マッキャンドレス Cathy McCandless
……………………………………………114
キャロライン・バード Caroline Bird…92, 138
キャロル・エールリヒ Carol Ehrlich………27
キャロル・ハニッシュ Carol Hanisch……116
クリスティーヌ・スタンセル Christine Stansell
……………………………………………201
クリスティーヌ・デルフィー Christine Delphy…24
グレース・リー・ボグス＆ジェームス・ボグス
　Grace Lee Boggs and James Boggs
………………… 100, 131, 149, 159, 217
クローディア・テート Claudia Tate………104
グロリア・ジョセフ Gloria Joseph…………81
サラ・エバンス Sara Evans………………75
サラ・ルディック Sara Ruddick……………188
サンドラ・デェイ・オコーナー
　Sandra Day O'Connor…………………129
サンドラ・ハーディング Sandra Harding…215
ジーン・グロス Jeanne Gross……………45, 51
ジェーン・パトリック Jane Patrick………171
ジェーン・ルール Jane Rule………………97, 98
ジェシー・バーナード Jessie Bernard……184
シェリー・モラガ Cherrie Moraga…………201
シェリル・クラーク Cheryl Clarke………208
ジャーメイン・グリアー Germaine Greer…200
シャーロット・バンチ Charlotte Bunch
…………………………26, 41, 57, 152, 161
シャーロン・トンプソン Sharon Thompson…201
ジュディ・レイキー Judy Lakey…………205
ジョアンナ・ライアン Joanna Ryan………201
ジョイ・ジャスティス Joy Justice………109
ジョージ・レイキー George Lakey…………205

索引　231

ジョー・フリーマン Jo Freeman……………77
ジョーン・キャッセル Joan Cassell……………72
ジョン・スノッドグラス Jon Snodgrass…119
ジョン・ホッジ John Hodge…………62, 66, 166
ジラー・エイゼンシュティン
　Zillah Eisenstein……………………28, 42
シンシア・エンロー Cynthia Enloe………181
スー・カートレッジ Sue Cartledge…………201
スーキー・スタンブラー Sookie Stambler…26
スーザン・グリフィン Susan Griffin…30, 221
スーザン・コーエン Susan Koen…………174
スーザン・シェクター Susan Schechter
　………………………………163, 166, 173
ステファン・ヒース Stephen Heath…211, 212
セレスティン・ウエア Cellestine Ware
　………………………………………41, 122
ティ-グレース・アトキンソン
　Ti-Grace Atkinson……………………106
デボラ・バブコックス Deborah Babcox…26
テレサ・ファニシェーロ Theresa Funiciello…85
トニ・モリソン Toni Morrison……………78, 80
ナンシー・チョドロウ Nancy Chodorow…185
ナンシー・ハートソック Nancy Hartsock…130
ナンシー・フライデー Nancy Friday……185
ナンシー・マイロン Nancy Myron…………26
バーバラ・ウォルターズ Barbara Walters…93
バーバラ・エーレンライク
　Barbara Ehrenreich……………………142
バーバラ・スミス Barbara Smith
　………………………72, 111, 112, 207
バーバラ・バーグ Barbara Berg…………48
バーバラ・レオン Barbara Leon…………106
パウロ・フレイレ Paulo Freire
　………………………67, 158, 162, 220
パティ・ウォルトン Patty Walton…………179
バリー・ソーン Barrie Thorne……………65
バレリー・アモス Valerie Amos………57, 64
フィリス・チェスラー Phyllis Chesler
　………………………………123, 135, 184
プラティバ・パーマー Pratibha Parmar
　…………………………………………57, 64

フランツ・ファノン Frantz Fanon…………67
フローリンス・ケネディ Florynce Kenndy…72
ベティ・フリーダン Betty Friedan
　…………………………………10, 18, 137
ベティーナ・アプテカー Bettina Aptheker…75
ヘレン・モンゴメリー Helen Montgomery…178
ベンジャミン・バーバー Benjamin Barber
　……………………………23, 138, 139, 140
ポール・ホーナセック Paul Hornacek……108
ボブ・グリーン Bob Greene………………46
マーレーン・ディクソン Marlene Dixon…50
マデリーン・ビキン Madeline Bekin………26
マヤ・アンジェロウ Maya Angelou………104
ミハイロ・マーコヴィック Mihailo Markovic……44
メアリー・エレン・シューンメーカー
　Mary Ellen Schoonmaker…………186, 194
メアリー・ダリ Mary Daly………………51
モリス・コネリー Morris Conerly…………118
リタ・メイ・ブラウン Rita Mae Brown……21
リリアン・ヘルマン Lillian Hellman………36
ルシア・ヴァレスカ Lucia Valeska………197
レア・フィリッツ Leath Fritz……………72, 93
レイ・アンドレ Rae André………………148
レスリー・キャガン Leslie Cagan…………176
ロザリンド・カワード Rosalind Coward…201
ロドニー・ケイト Rodney Cate……………171
ロビン・モーガン Robin Morgan…………26
ロナルド・レーガン Ronald Reagan………129

引用・参考文献一覧

引用・参考文献を照合する際には人名索引中の著者名、本文中の出版年を参照のこと。

例　バレリー・アモス Valerie Amos
　　プラティバ・パーマー Pratibha Parmar
　　Amos, Valerie, and Pratibha Parmar. "Challenging Imperial
　　Feminism," *Feminist Review*, Autumn 1984.

Amos, Valerie, and Pratibha Parmar. "Challenging Imperial Feminism,"
　　Feminist Review, Autumn 1984.

André, Rae. *Homemakers: The Forgotten Workers*. Chicago: University of Chicago
　　Press, 1981.

Angelou, Maya. "Interview," in *Black Women Writers at Work*. Ed. Claudia Tate. New
　　York: Continuum Publishing, 1983.

Aptheker, Bettina. *Woman's Legacy: Essays on Race, Sex, and Class in American History*.
　　Amherst: University of Massachusetts Press, 1982.

Babcox, Deborah, and Madeline Bekin, eds. *Liberation Now! Writings from the Women's
　　Liberation Movement*. New York: Dell, 1971.

Badinter, Elisabeth. *Mother Love*. New York: Macmillan, 1981.

Barber, Benjamin. *Liberating Feminism*. New York: Dell, 1975.

Berg, Barbara. *The Remembered Gate: Origins of American Feminism*. New York: Oxford
　　University Press, 1979.

Bernard, Jessie. *The Future of Motherhood*. New York: Dial, 1974.

Bird, Caroline. *The Two-Paycheck Marriage*. New York: Rocket Books, 1979.

Boggs, Grace Lee, and James Boggs. *Revolution and Evolution in the Twentieth Century*.
　　New York: Monthly Review Press, 1974.

Brown, Rita Mae. "The Last Straw," in *Class and Feminism*. Eds. Charlotte Bunch and
　　Nancy Myron. Baltimore: Diana Press, 1974, pp. 14–23.

Bunch, Charlotte. "Feminism and Education: Not by Degrees" *Quest*, Vol.V, No. 1
　　(Summer 1979), pp. 1–7.

Bunch, Charlotte, and Nancy Myron, eds. *Class and Feminism: A Collection of Essays from
　　the Furies*. Baltimore: Diana Press, 1974.

Cagan, Leslie. "Talking Disarmament," *South End Press News*, Vol. 2, No. 2 (Spring/
　　Summer 1983), pp. 1–7.

Cartledge, Sue, and Joanna Ryan, eds. *Sex and Love: New Thoughts on Old Contradictions.* London: Women's Press, 1983.

Cassell, Joan. *A Group Called Women: Sisterhood and Symbolism in the Feminist Movement.* New York: McKay, 1977.

Chesler, Phyllis. *With Child: A Diary of Motherhood.* New York: Crowell, 1979.

Chesler, Phyllis, and Emily Jane Goodman. *Women, Money, and Power.* New York: William Morrow and Company, 1976.

Chodorow, Nancy. *The Reproduction of Mothering: Psychoanalysis and the Sociology of Gender.* Berkeley: University of California Press, 1978.

Clarke, Cheryl. "The Failure to Transform: Homophobia in the Black Community," in *Home Girls: A Black Feminist Anthology.* Ed. Barbara Smith. New York: Kitchen Table: Women of Color Press, 1983, pp. 197–208.

Coles, Robert, and Jane Coles. *Women of Crisis.* New York: Dell Publishing Company, 1978.

Cornwell, Anita. "Three for the Price of One: Notes from a Gay Black Feminist," in *Lavender Culture.* Eds. Karla Jay and Allen Young. New York: Jove Books (Harcourt Brace Jovanovich), 1978, pp. 466–76.

Coward, Rosalind. *Female Desire.* London: Paladin, 1984.

Daly, Mary. *Beyond God the Father: Toward a Philosophy of Women's Liberation.* Boston: Beacon Press, 1973.

Delphy, Christine. *Close to Home: A Materialist Analysis of Women's Oppression.* Trans. Diana Leonard. Amherst: University of Massachusetts Press, 1984.

———. "For a Materialist Feminism," trans. Elaine Marks, in *New French Feminisms.* Eds. Elaine Marks and Isabelle De Courtivron. Amherst: University of Massachusetts Press, 1980, pp. 197–98.

Dixon, Marlene. "The Rise and Demise of Women's Liberation: A Class Analysis," 1977.

Echols, Alice. "Cultural Feminism: Feminist Capitalism and the Anti-Pornography Movement," *Social Text* (Spring/Summer 1983), pp. 34–57.

Ehrenreich, Barbara, and Karin Stallard. "The Nouveau Poor," *Ms.*, August 1983, pp. 217-24.

Ehrlich, Carol. "The Unhappy Marriage of Marxism and Feminism: Can It Be Saved?," in *Women and Revolution.* Ed. Lydia Sargent. Boston: South End Press, 1981, pp. 109–33.

Eisenstein, Zillah. *The Radical Future of Liberal Feminism.* New York: Longman, 1981.

Enloe, Cynthia. *Does Khaki Become You?: The Militarization of Women's Lives.* Boston: South End Press, 1983.

Evans, Sara. *Personal Politics: The Roots of Women's Liberation in the Civil Rights Movement and the New Left.* New York: Knopf, 1979.

Fanon, Frantz. *Black Skin, White Masks.* New York: Grove Press, 1967.

Fouque, Antoinette. "Warnings," in *New French Feminisms.* Eds. Elaine Marks and Isabelle De Courtivron. Amherst: University of Massachusetts Press, 1980, pp. 117–18.

Freeman, Jo. *The Politics of Women's Liberation.* New York: David McKay Company, 1975.

Freire, Paulo. *Pedagogy of the Oppressed.* New York: Seabury, 1970.

Friday, Nancy. *My Mother/ My Self: The Daughter's Search for Identity.* New York: Delacorte, 1977.

Friedan, Betty. *The Feminine Mystique.* New York: W. W. Norton Company, 1963.

Fritz, Leah. *Dreamers and Dealers: An Intimate Appraisal of the Women's Movement.* Boston: Beacon Press, 1979.

Goodman, Ellen. "The Turmoil of Teenage Sexuality," *Ms.*, Vol. XII, No.1 (July 1983), pp. 37–41.

Goodman, Gerre, et al. *No Turning Back: Lesbian and Gay Liberation of the '80s.* Philadelphia: New Society Press, 1983.

Gornick, Vivian. *Essays in Feminism.* New York: Harper and Row, 1978.

Greene, Bob. "Sisters—Under the Skin," *San Francisco Examiner,* May 15, 1983.

Greer, Germaine. *The Female Eunuch.* New York: McGraw-Hill, 1971.

——. *Sex and Destiny: The Politics of Human Fertility.* New York: Harper and Row, 1984.

Griffin, Susan. "The Way of All Ideology," *Signs,* Spring 1982.

Gross, Jeanne. "Feminist Ethics from a Marxist Perspective," *Radical Religion,* Vol. III, No. 2 (1977), pp. 52–56.

Hanisch, Carol. "Men's Liberation," in *Feminist Revolution,* Redstockings, 1975, pp. 60–63.

Harding, Sandra. "Feminism: Reform or Revolution," in *Women and Philosophy.* Eds. Carol Gould and Marx Wartofsky. New York: G. P. Putnam, 1976, pp. 271–84.

Hartsock, Nancy. "Political Change: Two Perspectives on Power," in *Building Feminist Theory: Essays from Quest.* New York: Longman, 1981, pp. 3–19.

Heath, Stephen. *The Sexual Fix.* London: Macmillan, 1982.

Hellman, Lillian. *Pentimento.* Boston: Little, Brown, 1973.

Hodge, John. *The Cultural Basis of Racism and Group Oppression.* Berkeley: Time Readers Press, 1975.

Hornacek, Paul. "Anti-Sexist Consciousness-Raising Groups for Men," in *For Men Against Sexism: A Book of Readings.* Ed. John Snodgrass. Albion: Times Change Press, 1977.

Janeway, Elizabeth. *Cross Sections*. New York: William Morrow, 1982.

——. *Powers of the Weak*. New York: Morrow Quill, 1981.

Joseph, Gloria. "The Incompatible Ménage à Trois: Marxism, Feminism, and Racism," in *Women and Revolution*. Ed. Lydia Sargent. Boston: South End Press, 1981.

Kennedy, Florynce. "Institutionalized Oppression vs. The Female," in *Sisterhood Is Powerful*. Ed. Robin Morgan. New York: Vintage Books, 1970, pp. 438–46.

Koedt, Anne, Ellen Levine, and Anita Rapore, eds., *Radical Feminism*. New York: Quadrangle Books, 1973.

Koen, Susan, Nina Swain, and Friends, eds. *Ain't Nowhere We Can Run: A Handbook for Women on the Nuclear Mentality*. Norwich, VT: WAND, 1980, p. 2.

Kollias, Karen. "Class Realities: Create a New Power Base," *Quest*, Vol. I, No. 3 (Winter 1975), pp. 28–43.

Leon, Barbara. "Separate to Integrate," in *Feminist Revolution*. Redstockings, 1975, pp. 139–44.

Malos, Ellen, ed. *The Politics of Housework*. New York: Allison and Busby, 1982.

Markovic, Mihailo. "Women's Liberation and Human Emancipation," in *Women and Philosophy*. Eds. Carol Gould and Marx Wartofsky. New York: G. P. Putnam, 1976, pp. 145–67.

McCandless, Cathy. "Some Thoughts about Racism, Classism, and Separatism," in *Top Ranking*. Eds. Joan Gibbs and Sara Bennett. New York: February Third Press, 1979, pp. 105–15.

Montgomery, Helen. *Western Women in Eastern Lands*. New York: Macmillan, 1910.

Moraga, Cherríe. *Loving in the War Years: lo que nunca pasó por sus labios*. Boston: South End Press, 1983.

Morgan, Robin, ed. *Sisterhood Is Powerful: An Anthology of Writings from the Women's Liberation Movement*. New York: Random House, 1970.

Morrison, Toni. "Cinderella's Stepsisters," *Ms.*, September 1979, pp. 41–42.

——. "What the Black Woman Thinks about Women's Lib," *The New York Times Magazine*, August 22, 1971.

Oakley, Ann. *The Sociology of Housework*. New York: Pantheon, 1975.

Patrick, Jane. "A Special Report on Love, Violence, and the Single Woman," *Mademoiselle*, October 1982, pp. 188, 189, 240, 242.

Person, Ethel Spector. "Sexuality as the Mainstay of Identity: Psychoanalytic Perspectives," in *Women: Sex and Sexuality*. Eds. Catherine Stimpson and Ethel Spector Person. Chicago: University of Chicago Press, 1980, pp. 36–61.

"Redstockings Manifesto," in *Sisterhood Is Powerful: An Anthology of Writings from the*

Women's Liberation Movement. Ed. Robin Morgan. New York: Random House, 1970, pp. 533–36.

Rich, Adrienne. *Of Woman Born.* New York: W. W. Norton, 1976.

Ruddick, Sara. "Maternal Thinking," in *Rethinking the Family: Some Feminist Questions.* Ed. Barrie Thorne with Marilyn Yalom. New York: Longman, 1982, pp. 76–93.

Rule, Jane. "With All Due Respect," in *Outlander.* Tallahassee, FL: Naiad Press, 1981.

Saffioti, Heleieth I.B. *Women in Class Society.* Trans. Michael Vale. New York: Monthly Review Press, 1978.

Schechter, Susan. *Women and Male Violence: The Visions and Struggles of the Battered Women's Movement.* Boston: South End Press, 1982.

Schoonmaker, Mary Ellen. "Bringing Up Baby," *In These Times,* September 7, 1983, pp. 12, 13, 22.

Smith, Barbara. "Notes for Yet Another Paper on Black Feminism, Or, Will the Real Enemy Please Stand Up?," *Conditions: Five,* Vol. 11, No. 2 (Autumn 1979), pp. 123–27.

———, ed. *Home Girls: A Black Feminist Anthology.* New York: Kitchen Table: Women of Color Press, 1983.

Snitow, Ann, Christine Stansell, and Sharon Thompson, eds. *Powers of Desire: The Politics of Sexuality.* New York: Monthly Review Press, 1983.

Snodgrass, Jon, ed. *For Men Against Sexism: A Book of Readings.* Albion: Times Change Press, 1977.

Spelman, Elizabeth. "Theories of Race and Gender/The Erasure of Black Women," *Quest,* Vol. V, No. 4 (1982), pp. 36–62.

Stambler, Sookie, comp. *Women's Liberation: Blueprint for the Future.* New York: Ace Books, 1970.

Thorne, Barrie. "Feminist Rethinking of the Family: An Overview," in *Rethinking the Family: Some Feminist Questions.* Ed. Barrie Thorne with Marilyn Yalom. New York: Longman, 1982.

Valeska, Lucia. "If All Else Fails, I'm Still a Mother." *Quest,* Vol. I, No. 3(Winter 1975).

Vazquez, Carmen. "Towards a Revolutionary Ethics," *Coming Up,* January 1983, p. 11.

Walton, Patty. "The Culture in Our Blood," *Women: A Journal of Liberation,* Vol. VIII, No. 1 (January 1982), pp. 43–45.

Ware, Cellestine. *Woman Power; The Movement for Women's Liberation.* New York: Tower Publications, 1970.

Willis, Ellen. "Toward a Feminist Sexual Revolution," *Social Text* (Fall 1982), pp. 3–21.

Women and the New World. Detroit: Advocators, 1976.

●原著者紹介

ベル・フックス（bell hooks）

1952年、アメリカ合衆国ケンタッキー州生まれ。

スタンフォード大学卒業。ウィスコンシン大学で修士号、カリフォルニア大学サンタクルーズ校にて博士号を取得。

1981年、19歳で執筆を始めた処女作『わたしは女ではないの？　黒人女性とフェミニズム』で人種差別と性差別の構造的結びつきを鋭く指摘し、鮮烈な文壇デビューを飾った。そして、1984年、本書『フェミニズム理論　周辺から中心へ』でフェミニストとしての地位を不動のものとした。

2021年没。

●訳者紹介

野﨑　佐和（のざき　さわ）

1949年、宮崎県生まれ。早稲田大学文学部日本文学科卒業。

戦後日本の高度経済成長（1955〜73年）真っ只中、団塊の世代のひとりとして「受験地獄」といったいわゆる競争社会に抗いつつ歳を重ねる。

転勤族の夫とともに、宮崎、ニューヨーク、東京、イギリス、郡山と国内外を転々とした通算30年間にわたる専業主婦の生活を経て、あけび書房より『専業主婦になるということ』（2014年）、『「二桁九九」で眠る』（2021年）を出版。

「子どもの貧困」をライフワークとする。日本心理学会認定心理士。1級ファイナンシャル・プランニング技能士（CFP）。

毛塚　翠（けづか　みどり）

1955年、高知県生まれ。トロント大学（ビクトリア・カレッジ）東洋学部（東アジア学部）卒業。BA（文学士）。

カナダに13歳のときに移住。24歳で結婚し、日本に帰国。36歳のとき白血病と診断される。治療のために骨髄バンクを介して骨髄移植を受ける。

この経験をきっかけとして、20数年間、公益財団法人日本骨髄バンクの活動に参加してきた。NPO東北青少年自立援助センター理事。

ベル・フックスの「フェミニズム理論」─周辺から中心へ

2017年10月 1 日　第 1 刷発行
2023年 8 月18日　第 2 刷発行

著　者　　ベル・フックス
訳　者　　野﨑佐和、毛塚翠
発行者　　岡林信一
発行所　　あけび書房株式会社

〒167-0054　東京都杉並区松庵 3-39-13-103
☎ 03. 5888. 4142　FAX 03. 5888. 4448
info@akebishobo.com　https://akebishobo.com

版下／キヅキブックス　印刷・製本／モリモト印刷株式会社

ISBN978-4-87154-154-1 C3036

専業主婦という視点から世の中を観てみると…

専業主婦になるということ

野﨑佐和著 「働く女性」問題とともに、「専業主婦」問題を考えることの大切さを説く。鋭い問題意識とやわらかい感性、そして軽妙洒脱な筆で記す専業主婦の社会学、経済学、子育て論、専業主夫論。 1700円

ホッとできるエッセイ集です

生きづらい世を生き抜く作法

雨宮処凛著 社会と政治を見つめながら、しかし肩の力を抜いて今の時代をどう生きたらいいのか。優しくそして骨太に記します。「あなたの違和感ややるせなさに効く言葉がきっとあります」と著者の弁。 1500円

今、私たちは何をしたらいいのか?

重大な岐路に立つ日本

世界平和アピール七人委員会編 池内了、池辺晋一郎、大石芳野、小沼通二、高原孝生、髙村薫、土山秀夫、武者小路公秀著 深刻な事態に直面する日本の今を見据え、各分野の執筆陣が直言する。 1400円

末期がん患者がつづる痛快洒脱なエッセイ集

さよなら さよなら さようなら

田中美智子著 余命わずかと宣告された人気者の元国会議員の筆者。「遺言書代わりに書いたエッセイ集」のはずが、実に楽しく、元気の出る本になりました。山田洋次さん、松田解子さん絶賛。 1600円

目からウロコの一冊

働く女性のメンタルヘルスがとことんわかる本

鈴木安名著 一生のうち1度でもうつ病になる女性はなんと25%。でも大丈夫。心の病になった時の対処法と、ならないための予防法が満載。労働衛生カウンセラー医が記す分かりやすさ抜群の書! 1400円

CDブックス

日本国憲法前文と9条の歌

うた・きたがわてつ 寄稿・森村誠一、ジェームス三木他 憲法前文と9条そのものを歌にしたCDと、森村誠一等の寄稿、総ルビ付の憲法全条文、憲法解説などの本のセット。今だからこそ是非! 1400円

あけび書房の好評既刊本 表示価格は本体